A intervenção psicológica em emergências

CIP-BRASIL. CATALOGAÇÃO NA FONTE
SINDICATO NACIONAL DOS EDITORES DE LIVROS, RJ

I48

A intervenção psicológica em emergências : fundamentos para a prática / organização Maria Helena Pereira Franco. - São Paulo : Summus, 2015.
328 p.

Inclui bibliografia
ISBN 978-85-323-1000-2

1. Psicologia. 2. Psicoterapia. 3. Stress (Psicologia). I. Franco, Maria Helena Pereira.

14-18433 CDD: 150
CDU: 159.9

www.summus.com.br

EDITORA AFILIADA

A intervenção psicológica em emergências

FUNDAMENTOS PARA A PRÁTICA

MARIA HELENA PEREIRA FRANCO
[ORG.]

summus editorial

A INTERVENÇÃO PSICOLÓGICA EM EMERGÊNCIAS
Fundamentos para a prática

Editora executiva: **Soraia Bini Cury**
Assistente editorial: **Michelle Neris**
Capa: **Gabrielly Silva**
Imagem de capa: **bertvthul/sxc.hu**
Projeto gráfico: **Crayon Editorial**
Diagramação: **Santana**

3ª reimpressão, 2021

Summus Editorial
Departamento editorial
Rua Itapicuru, 613 – 7º andar
05006-000 – São Paulo – SP Fone:
(11) 3872-3322
http://www.summus.com.br
e-mail:summus@summus.com.br

Atendimento ao consumidor
Summus Editorial
Fone: (11) 3865-9890

Vendas por atacado
Fone: (11) 3873-8638
e-mail: vendas@summus.com.br

Impresso no Brasil

Sumário

Prefácio

Nunca estamos preparados para um acidente. No entanto, uma coisa é certa: mais cedo ou mais tarde, ele ocorrerá.

As mudanças climáticas, a insatisfação social, o crescimento populacional e o aumento do uso da tecnologia mostram-nos que estamos vulneráveis a acontecimentos desagradáveis – sejam eles naturais ou não – e todo tipo de embate. A despeito da nossa busca de mais segurança, quando algo dá errado, as consequências são enormes. Os aviões estão cada vez maiores, assim como os acidentes em que eles de envolvem; os edifícios estão mais altos, e mais indivíduos morrem quando eles desabam; quanto mais cresce a população, mais gente perece em função de enchentes ou deslizamentos de terra.

Precisamos nos preparar tanto para pequenos desastres como para os de larga escala. O Brasil tem taxas altíssimas e crescentes de mortalidade por homicídio e outras formas de violência. São comuns as guerras territoriais entre grupos de adolescentes, assim como ações de grupos que se percebem em desvantagem e provocam mortes violentas, levando à retaliação também violenta por parte da polícia. Acidentes de trânsito e domésticos são constantes e muitas vezes têm desfecho fatal. Tanto as tempestades intensas como a aridez da seca trazem consequências desastrosas.

A alta frequência de incidentes traumáticos demanda a existência de serviços médicos e de pronto atendimento. No entanto, os profissionais envolvidos estão mais preocupados em salvar vidas que em oferecer apoio psicológico e social aos sobreviventes e à família das vítimas. Ainda assim, as evidências comprovam que as perdas traumáticas provocadas por desastres colocam em risco a saúde mental de todos os envolvidos.

Inúmeras pesquisas sobre as consequências psicossociais dos desastres enfocam o estresse traumático – o impacto provocado naqueles que sofrem ferimentos, vivenciam ameaças à vida ou testemunham situações trágicas. Tais estudos são comuns após as tragédias, mas hoje temos provas de que perdas e lutos também precisam ser compreendidos, uma vez que influenciam os problemas psicossociais originados em áreas de desastre. Em certas comunidades, a exposição recorrente a fatores estressantes prepara a população para lidar com eles, mas não com as perdas. Como exemplo, sabemos que, após o *tsunami* no oceano Índico, em 2004, os sintomas de estresse pós-traumático logo foram controlados, enquanto a depressão e o pesar do luto decorrente da perda da família, de amigos, de bens e de casas permaneceram por muito tempo (Tharyan, 2005).

O Grupo de Intervenções Psicológicas em Emergências (IPE) é uma organização fantástica cujos membros são extremamente qualificados para ajudar a superar a ampla gama de problemas psicossociais que podem decorrer de acidentes que afetam indivíduos, famílias e comunidades.

Internacionalmente conhecida por seu trabalho, a professora doutora Maria Helena Pereira Franco é membro ativo e respeitado do International Work Group on Death, Dying and Bereavement (IWG). É também fundadora do IPE, cujos membros têm atuado em desastres aéreos, incêndios, inundações, casos de violência, entre outros há mais de dez anos no Brasil. Eles compreendem e apoiam pessoas cuja vida virou de pernas para o ar em virtude de incidentes que fugiram de seu controle. E, como os desastres podem afetar também os cuidadores, esse grupo precisou aprender a se apoiar mutuamente. Seus membros estiveram no fogo e dele emergiram, se assim posso dizer, tão lindamente do ponto de vista psicológico como a árvore cujo nome aparece no símbolo do grupo.

Recomendo: leiam este livro excepcional.

Colin Murray Parkes
Psiquiatra, membro da Ordem do Império Britânico
e do Royal College of Psychiatrists

REFERÊNCIA BIBLIOGRÁFICA

THARYAN, P. "Traumatic bereavement and the Asian tsunami". *Bereavement Care*, v. 24, n. 2, 2005, p. 23-26.

Apresentação

Este livro reúne experiências, conhecimentos, reflexões e indagações sobre um campo de atuação na psicologia que vem se desenhando há pouco tempo no Brasil – mais exatamente desde as duas ultimas décadas do século 20 –, embora já conte com alguma tradição em outros países, sobretudo no hemisfério Norte.

Apesar da larga abrangência temática, os autores não tiveram a expectativa de escrever uma obra definitiva. Por ser fruto de experiências, esperamos provocar interesse em dialogar e instigar, para que este livro cumpra sua vocação. Ele foi gestado por um grupo de psicólogos diante de uma data importante: o décimo aniversário da fundação do grupo que vinha atendendo a situações críticas de emergência e desastres, com procedimentos cuidadosos e não por isso menos inovadores. Trata-se do Grupo IPE – Intervenções Psicológicas em Emergências, inserido no 4 Estações Instituto de Psicologia, de São Paulo. Inúmeros estudos, reuniões e discussões de trabalhos teóricos e de experiências nossas e de outros grupos necessitavam de organização e compartilhamento. Sabendo da responsabilidade angariada naqueles dez anos, a escrita deste livro tomou mais tempo do que planejávamos inicialmente, pois as novas possibilidades e os desafios de estudar, aprender e aplicar colocavam-nos diante de uma busca de excelência que por pouco não nos engessou.

Abordamos definições de desastre, crise, trauma e luto. Não apenas por alguma deformação profissional advinda da postura da academia que nos formou e continua nos alimentando intelectualmente, mas pela necessidade de esclarecer o terreno em que pisamos, por mais obscuro e movediço que possa se apresentar.

Quem são os atores desse cenário? Eles podem ser os passageiros de um avião, os moradores de uma cidade afetada gravemente por um fenômeno climático, os socorristas que se preparam para o que sabem que virá – e também para o que não conhecem –, os profissionais da imprensa, os que testemunham os acontecimentos, ainda que pela telinha do celular, os que guardam um registro sensorial de sons, odores, visões, temperaturas, movimentos. São muitos os atores, e sua ordem de entrada no cenário do desastre nem sempre obedece a marcações estabelecidas, a treinamentos e simulações, porque não existem desastres iguais. Até mesmo os anunciados, previsíveis apresentam-se com contornos próprios, ainda que indefinidos.

Assim, podemos definir desastre como um acontecimento ou uma sequência de acontecimentos não planejados que gera uma sequência específica de danos. Falamos da necessidade de um ecossistema vulnerável porque o fato em si não tem potencial para ser causador de um desastre.

No Capítulo 1, os autores definem e fundamentam historicamente a atuação da psicologia em emergência e desastre. Encontram apoio na experiência e nas recomendações da Organização Mundial da Saúde, da Cruz Vermelha Internacional e da Secretaria Nacional da Defesa Civil brasileira. Procurando interpretar as estatísticas de acidentes ocorridos, objetivam extrair desses números lições de prevenção, como mudança de cultura de cidadania. Correndo o risco de apresentar uma relação incompleta, são apresentadas as organizações que têm se destacado nessas ações, tanto no Brasil como no exterior. A diversidade entre elas é surpreendente e mostra até que ponto as diferenças culturais exercem peso nessas especificidades e como a questão das emergências e dos desastres ocupa (ou não) um lugar nas políticas públicas, na destinação de verbas e no incentivo às pesquisas.

Em razão das múltiplas experiências desse grupo, foi possível construir um corpo de conhecimentos que se consolidou com constantes revisões de fundamentos e experiências. Assim, o grupo constituiu-se por meio de uma construção coletiva e dinâmica. O Capítulo 2 mostra esse processo ao enfocar a importância do coletivo e, ao mesmo tempo, delimitar claramente responsabilidades. O espírito de colegiado teve e tem papel relevante na construção dessa prática e na manutenção da saúde grupal.

O Capítulo 3 apresenta o que é característico da atuação da psicologia em emergências, destacando sobretudo que essa atuação sai dos campos tradicionalmente identificados como da psicologia. Determinar a função do profissional da saúde mental, especificamente do psicólogo, e as mudanças de papel em relação ao conhecimento tradicional permite-nos identificar funções novas e variadas, a par com novas atitudes. O ritmo e o timing da ação estão relacionados às contingências da crise. Fica clara a mudança, nem sempre entendida como evolução, nas expectativas e atitudes dos profissionais de outras áreas que não da saúde mental. E, uma vez que essa parceria é entendida como um impositivo, ressalta-se que se trata de identificar e respeitar responsabilidades diversas, o que se busca por meio de consulta participativa e colaborativa.

Deve-se lembrar que o psicólogo que atua em emergências precisa ter, além da formação técnica, uma condição de saúde que o proteja das diferentes demandas e pressões desse ofício. No Capítulo 4 mostramos até que ponto a relação age como fator precipitador de riscos para a saúde desse trabalhador. Os profissionais da área de saúde mental precisam pôr de lado, ou ao menos relativizar, métodos tradicionais, evitando o uso de rótulos e diagnósticos e usando uma abordagem interativa, para oferecer uma intervenção adequada em desastres. Sabe-se que os afetados reagem bem a interesses e preocupações genuínos, mas manter essa postura representa um desgaste físico e emocional de grande porte, o que coloca em risco a saúde do psicólogo. Sabe-se também que as intervenções precisam ser adequadas a cada fase do desastre, o que acarreta mudanças de ritmo e pressão. A consciência de fazer parte dos sistemas de apoio e de que estes são cruciais para a recuperação torna o psicólogo ainda mais sensível à necessidade de autocuidado no que se refere à sua saúde mental.

Deve-se compreender o processo de luto como reação natural e esperada após uma grande perda – decorrente de morte, afastamento, perda de capacidades físicas ou psicológicas, perda do ambiente conhecido (casa, cidade, país) e experiências que envolvem mudanças e exigem da pessoa uma reorganização interna e externa – e que ele sempre está presente em situações de desastre. O luto manifesta-se com particularidades individuais, mas nos desastres chama a atenção o luto coletivo, juntamente aos esforços para a reconstrução da vida, admitindo-se que esta não será a mesma de antes. Tais questões são abordadas no Capítulo 5, que destaca também que, como cada um tem sua concepção de morte – baseada em crenças pessoais e influências culturais –, além de uma história de perdas, os que trabalham com crises precisam conhecer e entender suas questões sobre morte e luto.

A cultura oferece um recurso que ocupa lugar central quando se trata de enfrentar consequências de desastres e outras situações emergenciais. Diante de cenários de destruição, seja objetiva ou moral, os rituais oferecem a possibilidade de contar com o previsível, o conhecido, o organizador. Tais virtudes dos rituais – sejam eles religiosos, comunitários, individuais ou familiares – são chamadas ao cenário da reação ao desastre. O assunto é desenvolvido profundamente no Capítulo 6, com base em experiências dos autores e de outros que compartilharam suas ações e foram consultados na busca de otimizar os rituais de reconstrução de comunidades e indivíduos afetados.

Seja qual for o grau de envolvimento com uma emergência ou um acidente, em geral existe uma experiência de trauma, que requer cuidadosa avaliação para que dela se desenhem as intervenções necessárias. A experiência traumática pode se dar quando a pessoa se confronta com morte, ameaça de morte, ferimentos sérios em si ou no outro e reações de intensa dor, desamparo ou horror. No Capítulo 7, analisa-se como vivenciar uma reação normal diante de um acontecimento anormal, levando em conta que certos fatos sobrepassam a capacidade habitual de enfrentamento. A pluralidade de reações emocionais, cognitivas, comportamentais, fisiológicas e espirituais de indivíduos expostos a um incidente traumático requer conhecimento profundo a respeito de saúde mental. O diálogo psicologia-psiquiatria favorece o diagnóstico, a compreensão dinâmica dos processos decorrentes e as indicações necessárias.

A delicada relação entre a psicologia e a comunicação – sobretudo entre os profissionais da imprensa e os psicólogos, quando ambos atuam no cenário da emergência e dos desastres – é abordada no Capítulo 8. Trata-se de enfoques diferentes, mas não necessariamente conflitantes, para um mesmo fenômeno. Nem sempre essa relação é harmônica, para prejuízo dos profissionais de ambos os lados. Além disso, em desastres a imprensa tem grande responsabilidade na busca de respostas e na transmissão de informações para localizar atingidos e mobilizar a população nas ações de resgate, doações e voluntariado. O profissional da mídia também se expõe frontalmente ao risco de transtornos mentais, risco esse que nem sempre é considerado em sua formação e no gerenciamento do capital humano das empresas de comunicação. O capítulo aborda tais questões com a expectativa de mudar o cenário dessa relação.

Finalizando, convido o leitor a vir conosco nesse percurso, com a certeza de que ele talvez não seja suave, mas sem dúvida desvendará horizontes que estão em construção e em constante revisão, pelos desafios que apresentam.

Boa leitura!

Maria Helena Pereira Franco

1. A psicologia diante de emergências e desastres

ADRIANA S. COGO • ADRIANA V. L. CÉSAR • CRISTIANE C. PRIZANTELI • ELEONORA JABUR • ISABELA G. R. HISPAGNOL • MARIA HELENA P. FRANCO • MARIA INÊS F. RODRIGUEZ • PRISCILA R. D. TOROLHO

No mundo atual, catástrofes – sejam climáticas ou tecnológicas, evitáveis ou imprevisíveis – afetam um grande número de pessoas das mais diversas formas. Entretanto, isso ocorre desde a época em que não havia registro histórico de acontecimentos que afetavam o cotidiano. Basta lembrar, como exemplo, os efeitos da erupção do vulcão Vesúvio, no ano 79 da era cristã, que destruiu completamente a cidade de Pompeia, no Império Romano. A destruição de uma cidade está na categoria dos danos tangíveis, mas também não podem ser esquecidos os danos intangíveis, como a perda da segurança, da dignidade, do cotidiano que organiza o comportamento, do senso de pertencer a uma comunidade.

As situações de emergência e os desastres têm sido estudados com mais afinco devido à maior frequência de ocorrência de catástrofes, tanto naturais como causadas pela ação do homem. Sua visibilidade também aumenta em razão da maior mobilidade de pessoas no mundo e da comunicação instantânea, que possibilita assistir ao desastre ou à emergência praticamente durante seu acontecimento (Manzochi, 2014).

Desastres são, portanto, um fenômeno universal, cujos efeitos podem ter impacto sobre indivíduos, comunidades, nações. Eles roubam das pessoas e das comunidades suas concepções anteriormente estabelecidas sobre si e seu mundo, causando medo, insegurança e desequilíbrio. Integrar o desastre à experiência de vida pode proporcionar meios para que novos significados sejam construídos, bem como uma nova visão de mundo (International Work Group on Death, Dying and Bereavement, 2002).

Nós, psicólogos, diante de situações que provocam destruição em larga escala e do sofrimento humano com difíceis e demoradas perspectivas de reparação, somos impelidos a oferecer às pessoas nosso melhor em conhecimento e experiência para que elas enfrentem e retomem a vida. Tarefa nada fácil. Como pessoas e como parte de uma comunidade, somos também atingidos por tais tragédias e, para lidar com o sofrimento em situações de emergência, é necessária uma forma particular de atuação.

Nem sempre foi assim. A prática e a experiência vividas em cada atuação, a cada acidente, fazem-nos procurar pela melhor forma de fazer nosso trabalho. Muito rapidamente aprendemos que nosso conhecimento a respeito de atendimento emergencial requer constante aprofundamento para responder às demandas, assim como determinadas particularidades de cada situação exigem-nos adaptação. De maneira geral, sem entrar nas especificidades de cada caso, entendemos que, como escreveu Franco (2005; 2012), o objetivo da intervenção na crise desencadeada por desastres é resolver situações de grande pressão, em um período reduzido e com uso de intervenção direta e focalizada, por meio de instrumentos de que a psicologia dispõe, para que os atingidos possam desenvolver novas estratégias adaptativas. Ainda há confusão com tentativas de patologização dos atingidos por aqueles que não percebem uma distinção de campo da psicopatologia e da saúde mental. Neste capítulo, abordamos essas distinções, para que a ação baseada no saber da psicologia das emergências possa ser entendida como apropriada e necessária, independentemente das causas do desastre ou da catástrofe. Não entram em cena os transtornos mentais que existiriam mesmo sem o fato desencadeante, mas sim os efeitos psicológicos prejudiciais e os fatores estressores crônicos gerados por tal experiência desestabilizadora.

O campo da psicologia em desastres é recente e tem como focos a saúde mental e as necessidades psicossociais de pessoas afetadas por catástrofes. Ainda há poucos estudos que validem sua finalidade, o *modus operandi* e os resultados. O apoio psicossocial, no entanto, não se propõe a ser uma solução genérica para o sofrimento e não substitui a segurança física, a justiça social e a dignidade humana. Suas metas são: evitar maiores danos, aliviar o sofrimento imediato e dar apoio efetivo para seu enfrentamento. Isso exige ações que sejam preventivas, sensíveis e progressivas. As técnicas terapêuticas convencionais, pelas quais o paciente fala sobre os problemas, são menos vantajosas do que os métodos de intervenção de crise. Esses métodos buscam identificar problemas e necessidades imediatos, para o desenvolvimento de estratégias de enfrentamento práticas e eficazes (Reyes, 2006a, 2006b). Colocam ênfase em capacitar a população afetada e promover adaptações, ou seja, fortalecer o uso de recursos locais para além daqueles existentes na condição pré-desastre e focar em soluções locais e sustentáveis. Dão preferência a intervenções comunitárias, em lugar de acompanhamentos individuais, por permitir uso mais eficiente e eficaz dos recursos, melhorar a relação entre serviços prestados e características locais e reduzir o estigma associado à assistência psicossocial. Buscam envolver e sensibilizar os líderes locais e seus pares para que entendam os benefícios e os valores das atividades psicossociais para suas populações/comunidades, na expectativa de que se sintam incluídas e busquem recursos para manter essas atividades (Dodge, 2006a).

Essas ponderações apontam para aspectos necessários para um bom trabalho em emergências, além de conhecimentos técnicos. Ter uma boa comunicação escrita e oral é essencial, assim como saber trabalhar em grupo e em cooperação com outros. Ter conhecimento, entendimento e respeito em relação a diferenças culturais, a par com formação em antropologia, sociologia, geografia, economia e religião, é de grande ajuda. Ter humildade para saber coletar essas informações faz muita diferença, sobretudo porque, mesmo com informações iniciais sobre o ocorrido, ao chegar ao local a situação pode se mostrar muito diversa do primeiro cenário apresentado (Dodge, 2006b).

Greenstone (2008) aponta as atividades recomendadas nos diferentes níveis de resposta aos desastres, considerando os diversos atores em cenários que, por definição, são complexos e fluidos. Os níveis identificados são: preparação, mitigação/prevenção (o que fazer para ser proativo e prevenir problemas durante a resposta ao desastre), resposta (o que fazer quando a resposta propriamente tem início), recuperação e gerenciamento das consequências (após a resposta), sobrevivência de quem atuou no desastre, habilidades necessárias. Especificamente para a psicologia dos desastres, o autor focaliza em:

a. treinamento para intervenção em crises geradas pelos desastres;
b. ensino sobre resposta a desastres para membros da equipe;
c. triagem psicossocial;
d. *debriefing* da equipe;
e. treinamento para ressuscitação cardiopulmonar.

Essas habilidades não são adquiridas sem árduo treinamento e constante atualização. São tantas as relações estabelecidas durante o preparo, a resposta e a avaliação de um desastre que qualquer dos focos acima facilmente se desdobra em diversos outros, relativos aos contatos com agentes governamentais, a parcerias com empresas privadas, comunidades atingidas, centros de estudo e pesquisa e órgãos de saúde, para mencionar apenas alguns.

A experiência desenvolvida pelos autores deste capítulo com os demais integrantes do Grupo de Intervenções Psicológicas em Emergências (IPE) afirma que o conhecimento especializado é indispensável e não se obtém em formações ou capacitações de curto prazo. Requer-se do profissional que ele vá muito além de oferecer conforto emocional e técnicas para alívio imediato do sofrimento, para trabalhar com os atingidos na prevenção de transtornos mentais e no fortalecimento de suas redes de apoio e de ações de cidadania. Seria ingênuo afirmar que um único protocolo de ação seria indicado para qualquer comunidade e qualquer acidente. A América Latina apresenta peculiaridades que podem parecer irreconciliáveis em relação ao resto do mundo, o que necessariamente leva a uma cuidadosa avaliação da situação e dos recursos disponíveis. Muitas comunidades são de difícil acesso, distantes dos grandes centros urbanos. Busca-se efetivar um modelo de trabalho, em geral, de autossuficiência, de maneira que os sistemas de governo locais possam atribuir aos líderes comunitários essa tarefa, fazendo, logo após o desastre, o elo entre as equipes de saúde e os grupos locais (como professores e religiosos) com abordagens e intervenções planejadas e organizadas. Poucos são os que conseguem ter todos esses recursos desenvolvidos; o importante, então, é estar ciente dos que já estão disponíveis, tentando estabelecer ligações com os sistemas que estão desconectados e, para localidades que são frequentemente atingidas por acontecimentos naturais, é importante um plano de prevenção desenvolvido com as lições aprendidas com a experiência (Atherton e Sonniks, 2006; Blanco, Villalobos e Carrillo, 2006; Cohen, 2006).

Destaca-se a importância da avaliação dos procedimentos empregados, levando-se em conta as peculiaridades da intervenção e a relação entre necessidades, objetivos e possibilidades (Dziegielewski e Powers, 2000). A eficácia da intervenção em situações críticas, notadamente em emergência e desastre, aponta para a necessidade de identificar as técnicas que apresentam melhores resultados, o que é um desafio não desprezível. Podemos nos apoiar nas técnicas de psicoterapia breve, tradicionais na prática clínica, mas que requerem estudos e adaptações para essas situações. Podemos também recorrer a outras técnicas, específicas ou não da área de emergência e desastre. A integração entre pesquisa e prática nunca será suficientemente valorizada, com um canal de mutualidade entre as duas áreas. Ainda a respeito de intervenções com seres humanos, não é admissível que estas se deem na ausência de uma clara e definida postura ética e política. Valores profissionais norteiam as ações, sem possibilidade de outro caminho que não seja o do extremo cuidado com aqueles que delas se beneficiarão.

Bruck (2007) aprofundou estudos no campo da psicologia das emergências, com foco no comportamento das pessoas em acidentes e desastres. Entende, assim, que o campo de atuação vai desde uma ação preventiva até o pós-trauma, podendo subsidiar intervenções de compreensão, apoio e superação do trauma às vítimas e aos profissionais, com particular interesse pelo SAMU; e que o assunto aborda questões que vão desde a experiência pessoal do trauma até os acontecimentos adversos provocados por calamidades, naturais e/ou provocadas pelo homem. A psicologia das emergências é, para esse autor, um tema de angústia pública de amplo espectro, pelo mal-estar originado pelos acontecimentos públicos traumáticos, assim como pelos provenientes das demais situações-limite de toda a violência urbana.

Ainda no Brasil, Melo e Santos (2011) fizeram extensa revisão da atuação da psicologia dos desastres nos últimos anos, para também concluir ser necessária a ampliação da área, dado que a premência se faz maior e o preparo profissional ainda engatinha.

As diferenças culturais não podem ser desconsideradas, além das especificidades de dada situação de desastre, de forma que as intervenções, mesmo que baseadas em estudos e pesquisas não somente brasileiras, assentam-se na sensibilidade a essas diferenças e consideram as lições aprendidas e recomendações advindas de programas desenvolvidos por organizações internacionais, como a Organização Mundial da Saúde (WHO, 2007) e a Opas (Rodríguez, Davoli e Pérez, 2006; PAHO/WHO, 2010), sua divisão para as Américas, e a Cruz Vermelha Internacional (International Federation of Red Cross and Red Crescent Societies, 2010), por exemplo.

A crescente experiência de nosso grupo em diferentes contextos evidenciou que não há duas situações iguais, e essa prática possibilitou-nos adaptar o conhecimento a cada situação de emergência e desenvolver um estilo específico de trabalhar. Não ignoramos questões existenciais e implicações morais presentes nos desastres, tampouco ignoramos os cuidados necessários ao psicólogo quando responde a uma emergência. Autocuidado e atenção aos pares são pontos de atenção não apenas no preparo desses profissionais, mas também no decorrer da atuação. Não se encerra com a volta para casa, com a retomada de um cotidiano previsível. É uma postura que buscamos ter presente em tempo integral, o que corrobora com a afirmação de Greenstone (2008), ao destacar que cuidar de si é a primeira responsabilidade. A segunda é cuidar dos colegas de intervenção, e somente depois vem cuidar das vítimas. Por mais polêmica que possa parecer essa postura, ela se justifica pelo cuidado em não degradar as capacidades e possibilidades para poder cuidar do outro.

A estigmatização das pessoas atingidas pelo desastre parte de preconceitos sobre a saúde mental. Esses preconceitos exercem um poder patologizante sobre as vítimas, pois faz delas pessoas incapacitadas para reconstruir sua vida com a experiência vivida, sem poder ignorá-la. Cientes desse risco, também cuidamos do caráter educativo voltado para os agentes detentores de autoridade para decisões. Para essas questões, entendemos que um desastre é uma situação de crise, com dimensões a ser identificadas a cada situação emergente, com as chamadas crises dentro da crise (Boin e Hart, 2008; Olson, 2008; McConnell, 2008; Greenstone, 2008). A cada atuação paramos, avaliamos e refletimos para encontrar novas configurações e adequá-las às necessidades da comunidade atingida. A experiência do Grupo IPE destaca a necessidade de treinamento constante, a par com avaliação e realinhamento também constantes de sua prática (Franco, 2012).

As situações de desastre têm sido estudadas pela psicologia em dois campos específicos: na psicologia ambiental e na psicologia das emergências e dos desastres. A primeira busca enfatizar o quanto ambiente e pessoas se influenciam reciprocamente. Já a psicologia das emergências e dos desastres encontra-se envolvida nas diferentes esferas de atuação do psicólogo, baseando-se no estudo dos impactos psicológicos nos indivíduos e grupos, bem como no trabalho preventivo e de auxílio às vítimas diretas e indiretas, para ajudá-las a reconstruir a vida no pós-desastre (Grégio, 2005; Reyes, 2006a; Fávero e Diesel, 2008; Greenstone, 2008; Torlai, 2010). É um campo novo; pesquisadores e psicólogos de campo necessitam se aliar para aprender uns com os outros e avançar nas boas práticas de resposta, com objetivos plenos de significado, de uma maneira que seja culturalmente apropriada e sustentável, para reduzir o sofrimento mental e social, sem causar danos (Ager, 2006; Saraceno, 2006).

Trata-se, portanto, de um ramo da psicologia voltado para o estudo das reações dos indivíduos e dos grupos antes, durante e depois de uma situação de emergência ou desastres. Visa ainda à implementação de estratégias de intervenção psicossocial, evitando e reduzindo as respostas inadaptadas durante o impacto do incidente e facilitando a posterior reabilitação e reconstrução. Nessa proposição, fica claro o alinhamento com as recomendações da Organização Pan-Americana da Saúde (Rodríguez, Davoli e Pérez, 2006), sobretudo no que se refere à necessidade de avaliação das condições dos afetados, sem que se tenha registro sobre aquela população antes do desastre.

A psicologia em emergência e desastre inter-relaciona-se com a psicologia da saúde, psicofisiologia e psiconeuroimunologia para possibilitar uma avaliação acurada das necessidades dos afetados e compreender melhor os efeitos do estresse traumático em curto, médio e longo prazos. Interage com a psicologia do desenvolvimento para entender as características do desenvolvimento biopsicossocial dos seres humanos e poder identificar os grupos mais vulneráveis ao impacto de crises situacionais. Relaciona-se com a psicologia social para assumir a importância de redes de suporte social e do papel que desempenham como estratégia de sobrevivência em situações de crise. Também utiliza os conceitos relacionados à distorção da comunicação social, como o ruído e seus efeitos sobre os grupos humanos, e conceitos relacionados a atitudes, à motivação e ao comportamento grupal, além dos conceitos relacionados ao comportamento organizacional (Jacobs e Meyer, 2006; Pupavac, 2006; Alamo, 2007).

A origem do atendimento psicológico em emergências data do início do século XX, e tem havido um movimento global de crescimento e desenvolvimento dessa área. É preciso, no entanto, que esse trabalho continue em constante desenvolvimento, em face de novas demandas. Além disso, os desastres têm atingido um número cada vez maior de pessoas, não só pela sua magnitude, mas também pela rápida disseminação das informações.

James e Gilliland (2001) observam o quanto o movimento de intervenções em situações de crise cresceu nas últimas décadas. São muitos os fatores responsáveis por esse crescimento, tais como: os demográficos (aumento da pobreza e dos desabrigados, crescimento populacional), os relativos à saúde (surgimento de novas doenças como aids, estresse, alcoolismo), os fatores político-sociais (guerras, aumento do terrorismo e da violência), além dos avanços tecnológicos (o poder da mídia visual em expor as emoções das pessoas e demandar ação sobre ela). Ainda nessa diversidade de possibilidades, chama atenção a presença da ação psicológica com contornos apropriados à ação, que requerem mudanças no *setting* e nas técnicas, como Saakvitne (2006) bem apontou.

Ainda em relação ao notável crescimento das intervenções em crise, percebemos que há consequências em curto, médio e longo prazos para a população afetada e os profissionais que trabalham nessas situações. A constatação dessa demanda direciona-nos cada vez mais para intervenções em crise que previnam reações indesejadas na saúde mental de indivíduos e mesmo de populações inteiras.

Independentemente da origem do desastre, o impacto sobre as sociedades humanas pode ser devastador em quase todos os segmentos atingidos e de maneiras imagináveis. Por reconhecer essa condição, a Organização das Nações Unidas declarou a década de 1990 como a "Década Internacional para a Redução de Desastres Naturais" (DIRDN), visando incentivar a cooperação global por meio de uma série de programas e projetos destinados a aumentar a conscientização e o desenvolvimento de programas para reduzir a perda de vidas, os danos materiais e a perturbação social e econômica provocada por desastres naturais. A necessidade de tais ações foi percebida com base nas crescentes perdas econômicas e humanas decorrentes desses desastres em todo o mundo. Esse aumento foi atribuído às mudanças climáticas e demográficas, a aumentos substanciais na densidade populacional e a uma falha generalizada de planejamento e ações preventivas.

A missão da DIRDN de criar em longo prazo estratégias de prevenção proativa de desastres influenciando o planejamento e a tomada de decisão em cada nível do processo teve sucesso limitado. Em seus dez anos, a DIRDN obteve avanços na colaboração global para coordenar as atividades de redução de desastres e melhorar a resiliência das comunidades afetadas. Mas, ao final da década, desastres de todos os tipos tornaram-se cada vez mais frequentes, e seu custo, cada vez mais caro em termos de dinheiro e vidas.

Nossa experiência mostra-nos que as pessoas envolvidas em uma situação de desastre podem ser afetadas de diversas formas e em diversos graus. A vítima atingida diretamente pode ser: fatal; ferida levemente; ferida gravemente; enferma; mutilada; desalojada; desabrigada; deslocada; e vítima psicológica. Há ainda vítimas afetadas indiretamente: socorristas de diversos serviços nas esferas governamentais e não governamentais; o público com diferentes graus de envolvimento; e membros da mídia (Young, 1998).

A psicologia dos desastres, por sua vez, envolve os diferentes âmbitos de atuação do psicólogo nessas situações; por isso, é fundamental o estudo do impacto psicológico nos indivíduos e na comunidade.

Dodge (2006b) destaca algumas delimitações na tentativa de definir ações. Para ele, se não forem identificadas, da forma mais precisa possível, as necessidades da comunidade a quem se presta socorro, corre-se o risco de prestar serviços não só ineficazes como contraproducentes. Uma decorrência está em que, ao não saber exatamente as necessidades da população, não se pode determinar o que de fato ajuda e, então, o conhecimento não evolui. Identificar as necessidades psicossociais, porém, depende de recursos financeiros, humanos e políticos, entre outros.

DEFINIÇÕES E CONCEITOS

A área de atuação da psicologia que visa estudar e planejar intervenções que minimizam situações de risco tanto na prevenção quanto no auxílio direto às vítimas tem um papel muito importante na cronologia de uma crise. A psicologia também estuda os efeitos nos profissionais que prestam assistência às vítimas e oferece o acolhimento para as vítimas diretas e indiretas. Daí a importância de entendermos o que seria uma situação de emergência e desastre.

De acordo com a Cruz Vermelha Internacional (2010), desastre é o resultado de acontecimentos adversos naturais ou humanos sobre um ecossistema vulnerável, causando danos humanos, materiais e ambientais e consequentes prejuízos econômicos, culturais e sociais. Estes são divididos em duas categorias genéricas: naturais e tecnológicos (International Federation of Red Cross and Red Crescent Societies, 2010).

Os desastres naturais são subdivididos em: desastres biológicos (infestações de insetos); desastres geofísicos (terremotos e *tsunamis*; erupções vulcânicas; movimentos de massa seca, como avalanches, deslizamentos de terra, deslizamentos de pedras e problemas de origem geofísica); desastres climatológicos (secas; temperaturas extremas; incêndios florestais); desastres hidrológicos (inundações e movimentações de massa úmida, como avalanches, deslizamentos de terra, deslizamentos de pedras e problemas de origem hidrofísica); e desastres meteorológicos (tempestades).

Os desastres tecnológicos estão divididos em três grupos: acidentes industriais (derramamentos químicos; colapsos de estruturas industriais; explosões; incêndios; vazamentos de gás; envenenamentos; radiação); acidentes com transportes (aéreos, viários, rodoviários, de trem); e acidentes diversos (colapsos de estruturas domésticas/não industriais; explosões; incêndios). Guerras, fome, doenças e epidemias não estão incluídas nas estatísticas.

A Organização Pan-Americana da Saúde (Opas) define desastre como uma ruptura grave no funcionamento de uma comunidade ou sociedade, causando perdas humanas, materiais, econômicas e ambientais generalizadas, que excedem a capacidade da comunidade ou sociedade afetada de lidar com a situação utilizando seus próprios recursos. É um acontecimento que sobrecarrega a capacidade local, necessitando de ajuda externa em nível nacional ou internacional. A Secretaria Nacional de Defesa Civil (2007) considera que a intensidade de um desastre depende da interação entre a magnitude do acontecimento adverso e a vulnerabilidade do sistema, sendo quantificada em função de danos e prejuízos. Conceitua emergência como uma situação crítica, acontecimento perigoso ou fortuito, na qual há o reconhecimento legal pelo poder público de situação anormal, desencadeada por desastre, causando danos suportáveis à comunidade afetada.

Renedo, Beltran e Valero (2007) definem emergência como um fenômeno ou acontecimento inesperado e desagradável por causar danos ou alterações nas pessoas, nos bens, nos serviços ou no meio, que, apesar de ocasionar uma ruptura na normalidade do sistema, não excede a capacidade de resposta da comunidade afetada.

Assim, podemos considerar as emergências situações inesperadas que comprometem a vida e a integridade física de uma ou várias pessoas, refletindo em perdas materiais, econômicas e da própria vida, causando impacto emocional nos afetados, o que pode interferir na reconstrução da comunidade.

Os acidentes, por sua vez, referem-se a situações ou incidentes perigosos provocados por descargas acidentais de uma substância de risco para a saúde humana e/ou o meio ambiente. Essas situações incluem incêndios, explosões, fugas ou descargas de substâncias perigosas que podem causar morte ou lesões a um grande número de pessoas (Opas/OMS, 2013).

Uma situação de emergência, desastre ou acidente gera uma crise, desencadeada por uma percepção ou experiência de um fato ou uma situação tão crítica que os mecanismos de superação do indivíduo passam a não ser suficientes (Roberts, 2000; James e Gilliland, 2001). Como bem nos aponta Franco (2005, p. 178), "ninguém fica imune ao impacto de uma crise, mas cada pessoa a enfrentará com seus recursos, mesmo que em circunstâncias semelhantes". Assim, as reações a um desastre são variáveis, o que impossibilita prever o tempo de recuperação necessário a cada um. Existem fatores que podem contribuir ou dificultar a recuperação das pessoas, o que enfatiza o quanto é fundamental o suporte psicológico, visando atenuar o estresse agudo sofrido pelo indivíduo, auxiliando-o a lidar com aspectos emocionais envolvidos nas respostas às situações vividas, como veremos mais adiante neste livro.

O impacto de um desastre afeta tanto a comunidade atingida como os integrantes das equipes de emergência. Justifica-se assim a importância da capacitação em psicologia dos desastres, para que as equipes de emergência estejam preparadas para lidar com as reações e os sentimentos das pessoas atingidas, diminuindo os possíveis traumas e/ou as consequências prejudiciais após uma catástrofe. Nunca será demais levar a atenção para os cuidados necessários no preparo e cuidado dos profissionais que atuam em emergências, como ressaltam Enrencheich (2006) e De Soir (2006).

O QUE NOS DIZEM AS ESTATÍSTICAS SOBRE DESASTRES NO BRASIL E NO MUNDO

A Cruz Vermelha Internacional reportou em todo o mundo, no ano de 2010, 351 desastres naturais e 225 desastres tecnológicos, que provocaram o menor número, desde o início da década de 2000, de vítimas fatais – 10.551 em desastres naturais e 6.707 em desastres tecnológicos – e de pessoas afetadas – 142 milhões em decorrência de desastres naturais e 33 mil de desastres tecnológicos (International Federation of Red Cross and Red Crescent Societies, 2010).

Podemos nos indagar sobre os motivos da queda nesses números e considerar que medidas de proteção têm sido desenvolvidas para conter desastres. A cada acidente aéreo, por exemplo, criam-se novas normas e alterações que visam evitar que outros venham a ocorrer. Com relação aos desastres naturais, pensamos que o uso de tecnologias cada vez mais avançadas muitas vezes ajuda o homem a prever e contornar situações como tornados, enchentes etc. Porém, esses números estão longe do ideal, e milhões de pessoas ainda sofrem em decorrência de acontecimentos catastróficos.

Além do mais, apesar dos esforços feitos para reunir dados que correspondam exatamente à realidade do cenário dos desastres no mundo, o problema central na sua obtenção está relacionado à falta de metodologias e definições padronizadas pelas entidades que os reúnem em seus países. As informações, coletadas por diversas fontes públicas, não são especificamente colhidas para propósitos estatísticos; por isso, mesmo que os compiladores dos dados sigam rígidas definições e parâmetros para os acontecimentos considerados desastres, os fornecedores originais das informações não o fazem. Por exemplo, podem aparecer discrepâncias nos dados sobre o número de pessoas afetadas, devido à falta de uma definição com parâmetros rígidos sobre quem são as pessoas afetadas em um desastre, assim como problemas decorrentes da utilização de informações antigas do censo a respeito daquela população das áreas afetadas (*ibidem*).

De acordo com os dados da Cruz Vermelha Internacional (*ibidem*), na última década, mais de 1 milhão de pessoas morreram em decorrência de situações de desastres. A esmagadora maioria deles (em torno de 90%) foi composta por desastres naturais. Quando falamos em pessoas afetadas, o número sobe exponencialmente, ultrapassando 2,5 bilhões no mundo todo.

Com relação ao Brasil, na última década (2000-2009), foram reportadas mais de 7,3 milhões de pessoas afetadas pelos desastres, com um número de mortos em torno de 2.664. No ano de 2009, as 1.871.486 pessoas atingidas no país representam 32,4% das 5.775.652 afetadas em todo o continente americano (*ibidem*).

O Centro de Investigação e Prevenção de Acidentes Aeronáuticos do governo brasileiro (Cenipa) registrou na década passada (2000-2009) 757 acidentes na aviação civil, totalizando 984 mortes em 245 acidentes com fatalidades. Já no ano de 2011, o total de acidentes chegou a 159, sendo 30 deles com fatalidades, chegando a 90 vítimas. Os relatórios recentes registraram, no período de 2012 a fevereiro de 2013, 209 acidentes, sendo 40 desses fatais, com 86 vítimas (Cenipa, 2013)

A Secretaria Nacional de Defesa Civil, em seu relatório de 2010, apresentou os seguintes números referentes aos 893 desastres reportados nesse ano no Brasil: o total de pessoas desalojadas foi de 201.336; o número de mortos chegou a 158; e o número de pessoas afetadas chegou a quase 12 milhões. A grande maioria dos desastres estava relacionada a fenômenos climáticos, especialmente a alagamentos, enxurradas, deslizamentos e estiagem. Dos dados apresentados pela Defesa Civil, o estado do Rio de Janeiro apresentou o maior número de mortos (92) e de pessoas afetadas pelas situações de desastre, ultrapassando 6,5 milhões de indivíduos. A esmagadora maioria concentrou-se na cidade do Rio de Janeiro, com 43 mortes reportadas e mais de 6 milhões de pessoas afetadas em decorrência de deslizamentos em 2010.

Esses números apontam para a necessidade urgente de estudarmos as maneiras de intervir, não só na prevenção dos desastres, como também na atuação após o ocorrido, propondo formas eficazes de responder às necessidades da população sobrevivente, atingida direta ou indiretamente por eles.

A ONU lançou em 2010 a campanha Tornando as Cidades Resilientes, que visa à redução dos desastres no mundo. O programa, como o nome indica, tem por objetivo construir parcerias para que as cidades e os governos locais estejam preparados para responder às situações de desastres. No Brasil, as cidades de Blumenau, Jaraguá do Sul, Rio do Sul, Itajaí, Tubarão e Florianópolis (do estado de Santa Catarina), além de Campinas e Nova Friburgo, demonstraram sua preocupação com a situação das enchentes e seu potencial devastador, que atinge constantemente suas áreas, impactando de forma negativa a população, e uniram-se à campanha da organização em prol da redução dos desastres, sendo esse um passo extremamente relevante do comprometimento das autoridades políticas frente à causa (ONU, 2013).

HISTÓRICO DA PSICOLOGIA DE EMERGÊNCIAS E DESASTRES

Temas relacionados às emergências e a desastres nunca foram tão manifestos em nível mundial como atualmente. Não se trata apenas de um número cada vez maior de notícias a respeito, mas de uma interatividade impensável há até alguns anos. Desastres e emergências ocorrem e é possível acompanhá-los em tempo real, no aqui e agora, o que se torna cada vez mais comum no cotidiano das pessoas.

Pode-se pensar que o número de incidências aumentou, mas não se pode perder de vista a comunicação e a interação presentes no cenário mundial. Discutir emergências e desastres é também refletir a respeito de comunicação e informação, uma vez que esses elementos fazem parte do contexto e podem auxiliar ou não no andamento das operações de intervenção necessárias.

Há pelo menos seis décadas a comunicação de massa tem contribuído para o acesso cada vez mais eficiente e efetivo a ocorrências e notícias no mundo. O século XIX pode ser considerado o marco cronológico da era da comunicação de massa, mas foi a partir do século XX, com o surgimento da televisão, que esse alcance pôde ser claramente observado, e complementado no final do século com o impacto da era da informação, marcada pela popularização dos computadores e sua inserção no dia a dia das pessoas. A internet promoveu uma forma de interação entre as pessoas que acontece em tempo real, seja por imagens, textos ou redes de relacionamento (Mendes, 2007).

As possibilidades que o indivíduo tem, em especial pela internet, de buscar e mesclar informações confiáveis e não confiáveis mostram que as pessoas querem participar da feitura de notícias, que elas não têm interesse em ser meros espectadores, mas sim personagens ativas na divulgação ou mesmo na gravação de vídeos e fotos (Mendes, 2007). Há uma mudança na atitude geral, de uma posição passiva de receber informações para construir e replicar notícias. Isso pode ser observado com clareza em recentes acontecimentos que provocaram comoção mundial, como o terremoto e o *tsunami* ocorridos no Japão, no início de 2011.

Apesar desse cenário, pouco se divulga a respeito do impacto dos desastres na vida e no cotidiano de quem sofre e de quem assiste ou divulga a notícia. A psicologia, em especial, tem sido convidada constantemente a participar do debate e do diálogo com as pessoas que enfrentam tais situações. Nesse sentido, pode ser acrescentado que discutir a respeito de emergências e desastres é também analisar o impacto ocasionado por estes na vida dos indivíduos e as maneiras como podem ser abordados e cuidados.

Neste livro, a atuação da mídia com as populações e comunidades atingidas por desastres tem papel de inegável importância e, por esse motivo, o Capítulo 8 está especialmente dedicado ao tema.

Não é possível datar o exato momento em que se iniciaram as intervenções em crises; a estruturação teórica e conceitual da denominada psicologia de emergência e desastre, no entanto, data do início do século XX. As primeiras aplicações da teoria de intervenção em crises foram relatadas pelo suíço Edward Stierlin. Em seu trabalho *Psycho-neuropathology as a result of a mining disaster*, publicado em 1909, ele focou no atendimento dos envolvidos em uma explosão de uma mina de carvão no norte da França em 1906. Mais de mil mineiros morreram no acidente; os princípios da intervenção em crises foram utilizados para o acompanhamento de seus familiares e amigos, sendo a grande maioria deles crianças (Mitchell e Everly, 2000; Polk e Mitchell, 2009).

Com base nesse estudo, Stierlin concluiu que emoções consideradas violentas, ou seja, repentinas e com intensa carga de estresse, podem contribuir para o surgimento de morbidades psiquiátricas, em especial nos mais idosos, que apresentaram maior vulnerabilidade para essas doenças. No caso das crianças analisadas, a situação foi inversa, e o foco recaiu sobre a resiliência que estas demonstraram em acontecimentos tidos como traumáticos (Halpern e Voiskounsky, 1997).

Posteriormente, importantes contribuições para o campo das intervenções em crises foram dadas pelos trabalhos realizados durante as duas guerras mundiais, com destaque para Salmon, na Primeira Guerra Mundial, e Kardiner e Spiegel, na Segunda Guerra Mundial (Noy, 2004). O foco estava na análise das informações clínicas coletadas com base nos atendimentos aos veteranos da duas guerras. Salmon desenvolveu, com base nas observações dos exércitos britânico e francês, um modelo de tratamento próximo ao campo de batalha no qual oferecia suporte psicológico aos combatentes, com o objetivo de auxiliar no enfrentamento da constante ameaça vivida e minimizar os efeitos devastadores dessa situação. Kardiner e Spiegel, com base no material coletado, elaboraram o conceito de trauma como um acontecimento externo que inicia uma abrupta mudança no processo prévio de adaptação e suplanta a capacidade de funcionamento do indivíduo (*ibidem*).

Segundo Mitchell e Everly (2000), com base nesses desenvolvimentos mencionados foram formulados os três princípios da intervenção em crises: urgência, proximidade e expectativa. Os principais objetivos desse tipo de atuação são vistos na estabilização da situação corrente, na assistência aos envolvidos para facilitar a mobilização de seus recursos e na restauração de um nível adaptativo de funcionamento independente para os envolvidos que se aproxima do nível de adaptação pré-crise.

Além desses avanços teóricos, as Grandes Guerras, como observado, trouxeram novas formas de atuação e atendimento. Durante a Primeira Guerra Mundial, tivemos os primeiros relatos de intervenções realizadas com combatentes *in situ*, o que possibilita uma nova abordagem para os envolvidos em situações de crise. Já na Segunda Guerra Mundial, foram utilizadas de maneira efetiva as primeiras intervenções psicológicas, realizadas por meio dos "desabafos" nos campos de batalha, um dos precursores da ideia do *debriefing*, que será abordado em profundidade nos capítulos posteriores (Guimarães e Guimarães, 2007).

Apesar da importância das contribuições desenvolvidas pelos pesquisadores citados, Mitchell e Everly (2000) apontam Eric Lindemann como um dos pioneiros do moderno modelo teórico e prático de intervenção em crises. Lindemann (1944) realizou a primeira pesquisa sobre a intervenção psicológica no pós-desastre, baseada nos sobreviventes e familiares de vítimas de um incêndio ocorrido em 1943 no clube noturno Cocoanut Grove, em Boston, Estados Unidos, onde aproximadamente 500 pessoas morreram. A pesquisa, intitulada *The symptomatology of management of acute grief*, descreve as características do luto normal e a provável sequência de reações da vítima/sobrevivente, que inclui reações somáticas ou sofrimento corporal, preocupação com a imagem do falecido, culpa, reações hostis e perda dos padrões de conduta. A partir de seu trabalho, teve início o termo "trabalho de luto", que descreve o processo vivenciado pelo enlutado.

Posteriormente, Caplan uniu-se a Lindemann com o intuito de criar o primeiro centro de intervenção em crises dos Estados Unidos, o que possibilitou um aprofundamento nas definições da teoria e prática dos trabalhos realizados (Mitchell e Everly, 2000). Enquanto o foco de Lindemann estava principalmente na resolução do luto após a perda, Caplan expandiu o pensamento de Lindemann, analisando não apenas o trauma da perda de um ente querido, mas qualquer outra perda que decorra de um desastre. Nesse sentido, Caplan considerava a crise um estado que resulta no impedimento de objetivos da vida que não podem ser superados com base nos comportamentos usuais (Dass-Brailsford, 2007).

Um fato importante levantado por Polk e Mitchell (2009) é o de que, nos seus primeiros 30 anos de existência, os serviços de intervenções em crises focavam quase que exclusivamente na vivência do indivíduo, e somente a partir da década de 1930, com o trabalho de Kurt Lewin, um especialista em grupos, foram iniciadas aplicações da intervenção em crises para grupos.

Com base nas ideias desenvolvidas por Lewin, tornou-se possível o desenvolvimento de métodos de intervenção diferenciados para grupos, iniciados nas décadas de 1970 e 1980. Um dos principais métodos foi o *critical incident stress management* (CISM), no qual foram incorporados procedimentos para grandes e pequenos grupos. O CISM consiste em uma técnica de curta duração que foca em um problema imediato e identificável. No caso das crises, o foco está no processo de pré-crise, crise e pós-crise. Esse método tem como objetivo principal permitir o retorno à rotina para os atingidos o mais rapidamente possível, procurando mitigar as chances de desenvolvimento de um transtorno de estresse pós-traumático (Mitchell, 2006).

Em 1970, a Associação Americana de Psiquiatria publicou um manual de auxílio psicológico em emergências, no qual são descritos diversos tipos de reações clássicas aos desastres e os princípios básicos para identificação de riscos das pessoas afetadas emocionalmente e psicologicamente. Material semelhante pode ser encontrado atualmente, desenvolvido pela Associação Americana de Psiquiatria em parceria com o National Child Traumatic Stress Network e o National Center for Post Traumatic Stress Disorder, com segunda edição elaborada em 2006, intitulada *Psychological First Aid* (PFA), disponível no site da associação. A obra explica o que é o atendimento psicológico em situações de desastres ou terrorismo, quais os profissionais envolvidos e em que situações e onde deve ser utilizado, além de apresentar os objetivos básicos desse atendimento específico.

Em 1971, foi criada na França a organização médico-humanitária internacional Médicos Sem Fronteiras (MSF) por jovens médicos e jornalistas que atuaram como voluntários no fim dos anos 1960 em Biafra, na Nigéria. O apoio psicológico faz parte dos cuidados oferecidos pelo MSF e ocupa um lugar importante na medicina humanitária; é oferecido às pessoas que apresentam problemas após vivenciar episódios de violência e perda em contextos de conflito, guerra, catástrofes naturais, epidemias ou, ainda, violência sexual.

Após esse grande avanço na década de 1970, merecem destaque também as décadas de 1980 e 1990, que se caracterizaram por uma tendência a desenvolver estratégias de intervenção psicológica em nível mundial, com importante participação dos Estados Unidos, da América Central e da América do Sul. Complementarmente ao desenvolvimento de estratégias, há um maior detalhamento nos estudos que se referem ao impacto psicológico nas equipes acionadas nos primeiros momentos dos desastres (Alamo, 2007). Com isso, abre-se um novo campo no qual não somente é observado e analisado o impacto nos atingidos diretamente pelo incidente, mas também nas equipes que trabalham com esse público.

Concomitantemente, na Europa, na década de 1980, organizou-se um grupo para enfrentamento das catástrofes denominado *Euro Act Dis*, cujo objetivo era reunir profissionais experientes com interesse na área de desastres para desenvolver um corpo metodológico comum para as ações de enfrentamento dos desastres em toda a Europa. Um dos países que se destacaram nesse período foi a Espanha, que passou a desenvolver uma linha de trabalho sobre os efeitos psicológicos das experiências traumáticas dos desastres e acidentes, em especial após alguns acontecimentos ocorridos no país como, por exemplo, atos terroristas (López-Ibor, 2004).

Em 1991, a Cruz Vermelha criou o Centro de Copenhague de Apoio Psicológico, com o intuito de desenvolver orientações e recomendações para o Programa de Apoio Psicológico da Federação Internacional e para as Sociedades Nacionais, para que estas incorporassem o apoio psicológico em seus programas e projetos. Desde a criação desse centro de referência, o apoio psicológico nas ocasiões de crise, seja no plano pessoal ou comunitário, tem sido cada vez mais presente, tanto em operações de socorro e apoio como ao lado de programas de moradia, alimentação e saúde (Cherpitel, 2001).

Em 2002, ocorreu o I Congresso de Psicologia das Emergências e dos Desastres em Lima, no Peru. Nele foi criada a Federação Latino-Americana de Psicologia das Emergências e dos Desastres (FLAPED), integrada por Argentina, Brasil, Chile, Cuba, Equador, Guatemala, México, Estados Unidos e Peru. Seus principais objetivos estavam baseados na investigação, no ensino e na assistência por meio da geração de conhecimentos da especialidade da Psicologia em Emergência e Desastres. A instituição não obteve os resultados esperados e não chegou a funcionar, mas contribuiu para levantar ainda mais as discussões referentes ao tema na América Latina, com destaque para o Brasil (Ruiz, 2011).

Em março de 2004, foi criada a Sociedad Chilena de Psicología en Emergencia y Desastres (SOCHPED), constituída por psicólogos com experiência em intervenção, capacitação, investigação, desenvolvimento, extensão e demais atividades associadas às temáticas do comportamento humano, das emergências e dos desastres. A sociedade possui vínculos com institutos, fundações, universidades nacionais e internacionais e sociedades, com destaque para a Rede Latino-Americana de Psicologia em Emergência e Desastres.

No Brasil, o primeiro registro do processo histórico de inserção da psicologia no estudo, na pesquisa e na intervenção nas emergências e nos desastres é datado de 1987, com o acidente do césio-137, em Goiânia, considerado o maior acidente radioativo do país. Em 1992 a Universidade Federal do Rio de Janeiro (UFRJ), a Universidade de Brasília (UnB) e a Universidade Católica de Goiânia (UCG), em conjunto com uma equipe de psicólogos cubanos que já havia atuado no acidente nuclear de Chernobyl (ocorrido na Ucrânia em 1986), realizaram atendimento aos atingidos pelo césio-137, adaptando o mesmo programa utilizado em 1986 às necessidades da comunidade afetada (Cogo, 2010).

Em 2001, estabeleceu-se em São Paulo, pelo 4 Estações Instituto de Psicologia, a partir de grupo formado originalmente pelo Laboratório de Estudos e Intervenções sobre o

Luto da PUC-SP (LELu), em 1996, o Grupo de Intervenções Psicológicas em Emergências (IPE), cujo objetivo é oferecer atendimento psicológico especializado a pessoas e comunidades vítimas de desastres, acidentes e incidentes críticos geradores de estresse, trauma e/ou luto, além de capacitar psicólogos para essa área de atuação especializada.

No ano de 2006, realizou-se o I Seminário Nacional de Psicologia das Emergências e dos Desastres, em Brasília, em uma parceria entre a Secretaria Nacional de Defesa Civil e o Conselho Federal de Psicologia, no qual se discutiu e analisou várias questões sobre o desenvolvimento dessa área no Brasil. No mesmo momento, aconteceu a 1ª Reunião Internacional por uma Formação Especializada em Psicologia em Emergência e Desastres, que procurou sintetizar elementos curriculares para compor a formação dos futuros profissionais aptos a colaborar com a Defesa Civil.

No ano de 2010, foi realizada em Brasília a 1ª Conferência Nacional de Defesa Civil e Assistência Humanitária, com o objetivo de discutir as atuais demandas na área de desastres e possibilitar a reflexão para um modelo de política preventiva, não somente de atuação pós-desastre. O relatório final dessa conferência pode ser encontrado no site da Secretaria Nacional de Defesa Civil.

Mais recentemente, em novembro de 2011, foi realizado o II Seminário Nacional de Psicologia em Emergências e Desastres, que teve como objetivo discutir a atuação do Conselho Federal de Psicologia no tema das emergências e dos desastres no plano nacional e internacional, além de analisar e discutir a possibilidade de atuação da psicologia das emergências e dos desastres em sua interface com a defesa civil.

Além desses acontecimentos, foram observadas na mídia especializada abordagens relativas ao tema, como, por exemplo, na capa da revista *Psique*, na edição nº 51 (2010), na qual o destaque foi para a matéria "Psicologia para emergências"; além desta, ainda pode ser observada nos jornais informativos dos Conselhos de Psicologia uma maior preocupação com a importância e relevância desse assunto.

Nota-se que as discussões referentes à psicologia de desastres ainda são muito recentes, em especial no Brasil, e há um grande campo a ser explorado. Nesse sentido, as discussões presentes neste livro podem ser vistas como marcos para o desenvolvimento e aprofundamento nas questões relacionadas ao tema.

GRUPOS ATUAIS DE RESPOSTA A EMERGÊNCIAS NO MUNDO E NO BRASIL

Grupos com atuação em emergência estão se formando nas últimas décadas e se aperfeiçoando para suprir a necessidade de dar suporte amplo e especializado às vítimas de desastres, tanto naturais quanto tecnológicos.

Com base em levantamento acerca da atuação desses grupos, pudemos notar que existem tanto aqueles que trabalham exclusivamente com as questões psicológicas dos desastres como os que dão apoio e suporte às vítimas de uma maneira geral, tendo como membros diferentes especialistas.

Nas pesquisas realizadas foram encontrados grupos atuantes em diversos países das Américas Central, Latina e do Norte, Ásia e Europa. Estes serão apresentados cronologicamente com referência à data de sua criação.

Um dos grupos mais internacionalmente conhecidos por sua atuação em desastres é a Cruz Vermelha Internacional, uma organização humanitária fundada em 1865, com sede na Suíça. A comunidade internacional designou à Cruz Vermelha Internacional a tarefa de promover o Direito Internacional Humanitário e zelar por seu respeito. Trabalha em todo o mundo para prestar assistência às pessoas afetadas por conflitos armados e outras situações de violência.

A Cruz Vermelha Internacional conta hoje com mais de 1.200 pessoas, sendo mais da metade do grupo composta por especialistas, dentre os quais estão administradores, secretários, médicos, enfermeiros, intérpretes, engenheiros, entre outros. Esses funcionários expatriados ou estrangeiros estão distribuídos em mais de 50 delegações, com o apoio de aproximadamente 9.000 colaboradores locais (International Federation of Red Cross and Red Crescent Societies, 2010).

A Associação Mundial para a Redução e Medicina de Emergência (Wadem), grupo criado em Wisconsin, nos Estados Unidos, é uma organização não operacional, não governamental e multidisciplinar, cuja missão é a melhoria global da assistência médica nos momentos pré-hospitalares e de emergência; melhoria da saúde pública; e melhoria na capacidade de prevenção. Foi fundada em 1976 e é composta por médicos, enfermeiros, professores, paramédicos, psicólogos, assistentes sociais, estudantes, dentistas, sociólogos, planejadores e gestores de emergência e autoridades de saúde pública, representando 55 países do mundo.

Nos Estados Unidos, há um programa denominado Community Emergency Response Team (CERT), que foi desenvolvido e implementado pelo Los Angeles City Fire Department (LAFD) em 1985. O CERT tem como objetivo o treinamento e a certificação de cidadãos comuns e funcionários do setor público e privado, a fim de torná-los aptos a prestar assistência de emergência no próprio bairro durante as primeiras 72 horas após um desastre. Esses cidadãos são preparados para atuar em situações de tempestades severas, incêndios florestais perto da cidade, grandes terremotos, distúrbios civis ou outras calamidades, além de derramamentos de materiais perigosos. O programa treina os cidadãos em habilidades básicas de resposta a desastres, tais como segurança contra incêndios, busca e salvamento e organização de uma equipe. O objetivo é que os membros do CERT possam ajudar outras pessoas em seu bairro ou em seu local de trabalho após um acontecimento, quando o atendimento de emergência ainda não tiver chegado.

Na Ásia, há a atuação do Asian Disaster Preparedness Center (ADPC). Criado em 1986, trata-se de uma organização sem fins lucrativos que tem por objetivo efetivar programas e projetos para diminuir o impacto dos desastres dos países e das comunidades na Ásia e no Pacífico.

Em Genebra, há o Grupo de Psicólogos da Associação de Genebra (AGPsy), formado em 1996, inicialmente com o objetivo de atuar em acontecimentos como suicídios, acidentes graves, afogamentos, roubo, sequestro, assalto, assassinato e outras situações críticas. A partir de 2001, no entanto, ele juntou forças com a polícia de Genebra, além de psicólogos e psicoterapeutas, para formar um grupo de intervenção psicológica em situações de crise e catástrofes.

O Centro Latino-Americano de Medicina de Desastres (Clamed) foi desenvolvido pelo Ministério da Saúde Pública de Cuba em 1996 para atender à necessidade de estudantes que desejavam realizar pesquisa e formação sobre a questão da medicina de desastres. A escola fica na cidade de Havana e recebe apoio de governos e organizações internacionais de 35 países, que também ajudam a orientar os seus objetivos.

Na Espanha, encontramos o grupo Isis, criado em julho de 1997 e pertencente ao Instituto de Psicoterapia Psicanalítica de Sevilha. Ele é formado por profissionais de diferentes áreas relacionadas à saúde e capacitados para realizar e assessorar em resgates. Realizam cursos teóricos e práticos com dinâmicas grupais e treinamento em campo, com o objetivo de preparar os participantes para intervir em situações reais de desastre.

No Peru, encontramos a Sociedade Peruana de Psicologia de Emergência e Desastres (SPPED). Criada em 1999, essa instituição é formada por psicólogos capacitados em emergência e desastre que implantaram trabalhos e difundiram técnicas específicas de intervenção. Hoje, os membros da Sociedade de Psicologia continuam com seu trabalho de capacitação, investigação e intervenção, capacitando psicólogos de diferentes instituições.

No Brasil, há a atuação do Grupo de Intervenções Psicológicas em Emergências (IPE), composto exclusivamente por psicólogos e já mencionado neste capitulo.

Há, também, no país uma unidade dos Médicos Sem Fronteiras (MSF), uma organização médico-humanitária internacional. Trata-se de uma iniciativa independente de governos, sustentada, em grande parte, por contribuições privadas. Conta com cerca de 30 mil profissionais de diferentes áreas, espalhados por 65 países, atuando diariamente em situações de desastres naturais, fome, conflitos, epidemias e combate a doenças negligenciadas.

Ainda no Brasil, foi fundada em 21 de setembro de 2012 a Associação Brasileira de Psicologia nas Emergências e Desastres (Abrapede). Trata-se de uma associação de direito privado, autônoma e sem fins lucrativos, formada exclusivamente por psicólogos. Desenvolve atividades técnico-cientificas, como cursos, palestras e congressos sobre o tema.

Na Europa, há a Federação Europeia de Associações de Psicólogos (EFPA), que formou uma força-tarefa em 2001 para enfrentar crises, traumas e catástrofes e tornou-se uma comissão permanente em 2005. Os países que fazem parte da comissão são: Bélgica, República Checa, Itália, Luxemburgo, Holanda, Noruega, Espanha e Turquia. O objetivo dessa comissão é proporcionar boas estruturas para o acompanhamento de sobreviventes e outras pessoas afetadas por desastres, fornecendo ao país atingido uma equipe de especialistas.

No Chile, há a Sociedade Chilena de Psicologia em Emergência e Desastres (SOCHPED), fundada em março de 2004. Trata-se de uma sociedade científica e assistencial sem fins lucrativos, integrada por psicólogos interessados e com experiência em intervenções, capacitação, investigação e desenvolvimento e associada às temáticas do comportamento humano, nas emergências e nos desastres. É diretamente subordinada ao ministério da saúde pública, assim como todas as escolas e instituições do sistema nacional de saúde, no Chile.

No México, há o Grupo de Intervenção Psicológica para Situação em Crise (GIPSE), formado por psicólogos e profissões afins. Foi formado em 2010 na Faculdade de Ciências Humanas U.A.B.C. e conta com mais de 200 membros com diferentes níveis de formação na área da psicologia. O objetivo do grupo é o de oferecer cuidados psicológicos especializados a pessoas e comunidades vítimas de desastres e acidentes.

CONSIDERAÇÕES FINAIS

Há um número crescente de grupos em todo o mundo investindo no trabalho em emergências, com o objetivo de dar não só apoio às comunidades atingidas, mas também prevenção e capacitação de profissionais atuantes na área. Na história da atuação da psicologia, essa é uma área muito recente, que requer avaliações de programas e projetos, conscientização e capacitação de profissionais. Suas interfaces com outras áreas do conhecimento e da prática enriquecem as possibilidades, ao mesmo tempo que abrem o leque para a responsabilidade pelas posições éticas dos profissionais.

Desejamos que este capítulo ofereça oportunidade para outros desenvolvimentos, além de muita reflexão sobre a prática da psicologia das emergências e dos desastres. Apresentamos a seguir um caso resumido de um atendimento que reúne muitos aspectos dos elencados no capítulo, para trazer uma vivência prática do que é esse trabalho. Não apresenta as dimensões quantitativas de um desastre, porém possibilita o contato com as habilidades necessárias para essa resposta, além da condição de prontidão e disponibilidade do profissional.

> *O início desta intervenção começou muito antes do dia da viagem: quinze dias antes, quando recebi um torpedo da coordenadora do nosso grupo perguntando quem tinha disponibilidade para um atendimento fora do Brasil. Para isso, precisava falar in-*

glês, ter o passaporte em dia e vacina contra febre amarela. Aqui podemos pensar nas primeiras especificidades desse atendimento. Seria um atendimento fora do Brasil e em outra língua. Estava evidente, de antemão, que seria necessário vencer a barreira da comunicação em outro idioma.

Logo mais, pude saber onde seria essa intervenção: Namíbia. "Namíbia?!", pensei eu. Sabia que fica na África, mas, afinal de contas, onde é a Namíbia? Percebi claramente que havia saído da minha zona de conforto.

Com uma mistura de impulsividade e desejo de participar desse atendimento, respondi prontamente que me colocava à disposição. E não é que fui comunicada algumas horas depois de que seria eu a pessoa a ir para a Namíbia? Naquele momento a empolgação deu lugar à insegurança, e milhares de perguntas começaram a surgir em minha cabeça: mas o que eu vou fazer na Namíbia? O que aconteceu lá? A quem devo atender? Com quem eu vou? Que língua se fala na Namíbia? Essas perguntas surgiram em relação direta com o aumento da ansiedade.

Mas, afinal de contas, quando eu vou? A primeira notícia era de que iria no dia seguinte, sem hora definida. Assim como eu, minha coordenadora não tinha mais informações. O que eu sabia era o que ela sabia. Eu teria de esperar e a espera angustia.

Cheguei então em casa e tratei de arrumar a mala e pesquisar um pouco sobre o país na internet. Conforme obtive informações, fui me organizando e criando alguns pontos de referência. Lá as pessoas falam inglês, a capital é Windhoek e a população é predominantemente cristã.

Na manhã seguinte, recebi a notícia de que a viagem não seria naquele dia, por questões burocráticas no Brasil. Até então, eu não sabia se a pessoa que faleceu era brasileira ou namibiana, se falece-

ra no Brasil ou em outro lugar. Aos poucos, algumas informações foram chegando, mas mesmo assim com muitas lacunas e incongruências. Pude, no entanto, entender que se tratava de um funcionário que prestava serviços para uma empresa brasileira em Moçambique, que era da Namíbia e estava passando férias aqui no Brasil quando faleceu. Eu iria atender à sua família em Windhoek e acompanharia o traslado do corpo. Mas as informações paravam por aí, e eu ainda não sabia quando iria viajar.

Passaram-se 15 dias até que todos os papéis estivessem prontos para que o corpo pudesse sair do Brasil.

Soube da ida apenas na noite anterior ao embarque, mas foi somente no momento do check-in que eu soube que também levaria a mala do falecido. Pensei que esse também era um ponto novo, que teria de ser trabalhado com a família.

Durante a escala em Johannesburgo, pude conhecer alguns africanos que me deram algumas informações para minha segurança: não pegar um táxi em hipótese nenhuma. Até aí estava tranquila, já que sabia que o genro do senhor falecido iria me buscar no aeroporto.

O problema é que, quando cheguei, ele não estava lá e me vi sozinha no aeroporto, sem poder pegar qualquer táxi para o hotel. Foi aí que o celular me salvou: liguei para o representante brasileiro da empresa na África. O fato de ele ser brasileiro facilitou muito, mas ele estava em Moçambique, e certamente não poderia me buscar. O que havia acontecido é que, por algum erro de comunicação, achavam que eu iria chegar no dia seguinte. Felizmente, ele conseguiu falar com o rapaz que iria me buscar, que assim o fez.

No caminho, ele foi me contando melhor toda a história, a dinâmica familiar e como todos estavam reagindo. Esse rapaz era de Moçambique, falava português e tinha um papel importante nessa família. Isso fez que ele se tornasse a minha referência. Posso dizer que o papel desse rapaz foi essencial para o atendimento, pois inicialmente a família estava muito reticente de falar comigo. Afinal de contas, surge uma mulher que veio do outro lado do mundo querendo falar com eles!

Cheguei então à casa onde todos estavam, apresentei-me e mostrei que havia trazido a mala do pai deles comigo. Todos se emocionaram muito ao abrir a mala. Lá havia presentes e lembranças para os três filhos, além de objetos pessoais. O falecimento do pai tornou-se real, havia se materializado. Até então, eles só tinham notícias, informações. A mala do pai representou a concretude de sua morte. Tentei conversar um pouco com eles, mas estavam todos muito tímidos. Não me senti em momento nenhum rechaçada, senti somente que não estavam à vontade com a minha presença.

Ainda na casa da família, fiquei sabendo que haviam reservado um quarto na casa de um amigo para eu me hospedar. Nesse momento, pude perceber sem dúvida as diferenças culturais. Para eles, não havia dúvidas de que eles deveriam me receber e me hospedar, uma vez que eu estava indo para o país única e exclusivamente para vê-los. Expliquei que a empresa já havia reservado um hotel para mim, agradeci a atenção e declinei do convite. Fiquei ainda na dúvida se eles entenderam a minha recusa ou se o meu gesto foi considerado rude.

Meu "parceiro" me levou então para o hotel, onde descansei um pouco. Ficamos de nos falar mais tarde, para combinarmos algo. Perguntei se eles preferiam que eu fosse até a casa deles ou se gostariam de ir a algum lugar. Decidiram que iriam me levar para conhecer um restaurante de que todos gostavam muito e que cos-

tumavam ir com o pai. Foram todos me buscar no hotel e no caminho já começamos a conversa.

Eles queriam muito saber sobre mim, sobre o Brasil, como meus pais tinham permitido que eu viajasse pra tão longe!

Durante o jantar, eles foram contando um pouco sobre o pai, sobre os sintomas físicos que estavam tendo após a morte dele. Pude aos poucos tranquilizá-los, apontando que eram sintomas esperados diante do que eles estavam passando.

Soube durante as conversas que o velório na Namíbia costuma durar três dias. Havia sido avisada, no entanto, de que o corpo estava em avançado estado de decomposição pelo tempo que havia passado. Precisei avisá-los de que o caixão precisaria ficar fechado, algo que não é costume do país. Esse foi outro impacto para a família. Nesse momento, foi possível perceber que podemos deparar, nos mais diversos tipos de atendimentos, com diferenças importantes nos rituais de despedida. Nesse caso, trata-se de uma diferença cultural entre países muito diferentes e distantes, mas essa questão pode ocorrer em um mesmo país ou até mesmo em uma mesma cidade. O ritual do velório é muito diferente do nosso, e por esse motivo foi necessário ficar muito atenta às questões que emergissem, já que o que para eles poderia ser um grande problema para mim poderia passar despercebido. A família precisou, por questões de força maior, "modificar" o ritual de velório, e essa foi uma questão presente no atendimento: a frustração de não poder segui-lo estritamente como seus costumes ditavam.

Ainda durante o jantar, muitas perguntas sobre o Brasil foram feitas. Percebi que eles queriam e precisavam saber um pouco mais sobre o país no qual seu pai havia falecido. Por um acaso, havia em minha bolsa um mapa. Pudemos olhar juntos a distância entre nossos países, as diferenças e semelhanças geográficas. O clima foi ficando muito mais descontraído e as questões individuais foram aparecendo espontaneamente. Um estava dormindo muito, outro não conseguia comer... Aos poucos fomos conversando sobre isso, comparando e, principalmente, tentando digerir uma história tão difícil.

No fim do jantar, quiseram que eu conhecesse o shopping center mais importante da cidade, e nele foram me mostrando as lojas de que o pai gostava, foram me contando a história daquela família.

No dia seguinte eu já teria de ir embora, e infelizmente não poderia acompanhá-los no velório. Todos fizeram questão de me levar até o aeroporto, e eu aceitei, pois havia percebido que aquilo era algo importante para eles.

Pude perceber com mais clareza a importância de minha ida até lá. Aquela família que havia perdido seu arrimo sentiu-se acolhida e considerada. O homem que era a base da família não havia ido sozinho nesse caminho tão longe entre o Brasil e a Namíbia. Eu o havia acompanhado e isso teve um grande valor para seus filhos.

Fui embora cansada, mas com um sentimento muito bom de que, apesar do pouquíssimo tempo, pude fazer alguma diferença. Constatar que meu treinamento havia me preparado para essa situação foi tranquilizador durante todo o trabalho.

Greenstone (2008) diria que essa atuação mostra, em essência, o que se faz em resposta a um desastre. O profissional em questão tinha o preparo técnico e a disponibilidade pessoal para atuar. A situação apresentou-se inicialmente sem todas as informações que permitissem a configuração da ação, que, por sua vez, desenvolveu-se à medida que os fatos se descortinavam. Encontramos questões culturais importantes, que exigem do profissional, além do conhecimento, uma postura flexível para recorrer ao que sabe e buscar o que desconhece, além do respeito pelas diferenças.

REFERÊNCIAS BIBLIOGRÁFICAS

4 Estações Instituto de Psicologia. Disponível em: <http://www.4estacoes.com/nucleo_intervencoes.asp>. Acesso em: 15 mar. 2013.

Abrapede – Associação Brasileira de Psicologia nas Emergências e Desastres. Disponível em: <http://www.abrapede.org.br>. Acesso em: 14 mar. 2013.

ADPC – Asian Disaster Preparedness Center. Disponível em: <www.adpc.net>. Acesso em: 15 mar. 2013.

Ager, A. "Toward a consensus protocol for psychosocial response in complex emergencies". In: Reyes, G. E.; Jacobs, G. A. *Handbook of international disaster psychology. Fundamentals and overiew*, v. 1, 2006.

AGPSY – Association Genevoise dês Psychologues. Disponível em: <http://www.psy-ge.ch/>. Acesso em: 27 mar. 2012.

Alamo, S. V. *Psicología en emergencias y desastres: una nueva especialidad.* 2007. Disponível em: <http://www.monografias.com/trabajos10/emde/emde.shtml>. Acesso em: 14 mar. 2013.

Atherton, J. S.; Sonniks, M. "Implementation of a training of trainers model for disseminating psychological support in the cuban red cross". In: Reyes, G.; Jacobs, G. A. (orgs.). *Handbook of international disaster psychology. Practices and programs*, v. 2. Westport: Praeger, 2006, p. 89-101.

Blanco, T.; Villalobos, M.; Carrillo, C. "The psychological support network of the Central University of Venezuela and the Venezuelan floods of 1999". In: Reyes, G.; Jacobs, G. A. (orgs.). *Handbook of international disaster psychology. Practices and programs*, v. 2. Westport: Praeger, 2006, p. 71-88.

Boin, A.; Hart, P. T. "Public leadership in times of crisis: mission impossible?" In: Boin, A. *Crisis management*, v. 3. Londres: Sage, 2008, p. 1-15.

Bruck, N. R. V. *A psicologia das emergências: um estudo sobre angústia pública e o dramático cotidiano do trauma.* Tese de Doutorado em Psicologia, Pontifícia Universidade Católica do Rio Grande do Sul, Porto Alegre, 2007.

Cenipa. *Panorama estatístico da aviação civil brasileira para 2000 a 2009*. 2010. Disponível em: <http://www.cenipa.aer.mil.br/cenipa/Anexos/article/19/PANORAMA_2000_2009.pdf>. Acesso em: 27 abr. 2012.

________. 2013. Disponível em: <http://www.cenipa.aer.mil.br/cenipa/Anexos/article/18/2013%2003%2015%20aviacao_civil.pdf>. Acesso em: 16 mar. 2013.

Cert – Community Emergency Response Team. Disponível em: <http://www.citizencorps.gov/cert/>. Acesso em: 15 mar. 2013.

Cherpitel, D. J. *Psychological support: best practices from Red Cross and Red Crescent programmes.* Genebra: International Federation of Red Cross and Red Crescent Societies, 2001.

Clamed – Centro Latino-Americano de Medicina de Desastres. Disponível em: <www.sld.cu/sitios/desastres/>. Acesso em: 15 mar. 2013.

Cogo, A. S. *O psicólogo com atuação em emergências: experiência e significado.* Dissertação de Mestrado em Psicologia Clínica, Pontifícia Universidade Católica de São Paulo, São Paulo, 2010.

Cohen, R. E. "Implementation of mental health programs for survivors of natural disasters in Latin America". In: Reyes, G.; Jacobs, G. A. (orgs.). *Handbook of international disaster psychology. Practices and programs*, v. 2. Westport: Praeger, 2006, p. 53-69.

Dass-Brailsford, P. "Crisis interventions". In: ______. *A practical approach to trauma: empowering interventions.* California: Sage Publications, 2007, p. 93-114.

De Soir, E. L. J. L. "Psychological crisis intervention with military and emergency services personnel". In: Reyes, G.; Jacobs, G. A. (orgs.). *Handbook of international disaster psychology. Fundamentals and overview*, v. 4. Westport: Praeger, 2006, p.113-30.

Dodge, G. R. "In defense of a community psychology model for international psychosocial intervention". In: Reyes, G.; Jacobs, G. A. (orgs.). *Handbook of international disaster psychology. Fundamentals and overview*, v. 1. Westport: Praeger, 2006a, p. 51-64.

______. "Assessing the psychosocial needs of communities affected by disaster". In: Reyes, G.; Jacobs, G. A. (orgs.). *Handbook of international disaster psychology. Fundamentals and overview*, v. 1. Westport: Praeger, 2006b, p. 65-91.

Dziegielewski, S. F.; Powers, G. T. "Designs and procedures for evaluating crisis intervention". In: Roberts, A. R. (org.). *Crisis intervention handbook: assessment, treatment and research.* Oxford: Oxford University Press, 2000, p. 487-511.

Enrenreich, J. H. "Managing stress in humanitarian aid workers: the role of the humanitarian aid organization". In: Reyes, G.; Jacobs, G. A. (orgs.). *Handbook of international disaster psychology. Fundamentals and overview*, v. 4. Westport: Praeger, 2006, p. 99-130.

EFPA – European Federation of Psychologists Associations. Disponível em: <http://disaster.efpa.eu/standing-committee/members/>. Acesso em: 27 abr. 2012.

Fávero, E.; Diesel, V. "A seca enquanto um hazard e um desastre: uma revisão teórica". *Aletheia*, n. 27, jun. 2008, p. 198-209.

Franco, M. H. P. "Atendimento psicológico para emergências de aviação: a teoria revista na prática". *Revista Estudos de Psicologia*, v. 10, n. 2, maio-ago. 2005, p. 177-80.

______. "Crises e desastres: a resposta psicológica diante do luto". *O Mundo da Saúde*, v. 36, n. 1, 2012, p. 54-58.

GIPSE – Grupo de Intervención Psicológica para Situaciones de Emergencia. Disponível em: <http://gipse.net63.net/index.htm>. Acesso em: 15 mar. 2013.

Greenstone, J. L. *The elements of disaster psychology. Managing psychosocial trauma. An integrated approach to force protection and acute care*. Springfield: Charles Thomas Publisher, 2008.

Gregio, C. *Antes e depois do trauma: vivência traumática e o mundo presumido*. Dissertação de Mestrado em Psicologia Clínica, Pontifícia Universidade Católica de São Paulo, São Paulo, 2005.

Grupo Isis – Intervención psicológica en emergencias y catástrofes. Disponível em: <http://www.grupoisis.com/>. Acesso em: 15 mar. 2013.

Guimarães, L. A. M.; Guimarães, P. M. "A técnica de debriefing psicológico em acidentes e desastres". *Mudanças – Psicologia e Saúde*, v. 15, jan.-jun. 2007, p. 1-12.

Halpern, D. F.; Voiskounsky, A. E. *States of mind: American and pos-Soviet perspectives on contemporary issues in psychology*. Nova York: Oxford University Press, 1997.

International Federation of Red Cross and Red Crescent Societies. *World disaster report*, 2010. Disponível em: <http://www.ifrc.org/Global/Publications/disasters/WDR/wdr2010/WDR2010-full.pdf>. Acesso em: 27 abr. 2012.

International Work Group on Death, Dying and Bereavement. "Assumptions and principles about psychosocial aspects of disasters". *Death Studies*, v. 26, n. 6, 2002, p. 449-62.

Jacobs, G. A.; Meyer, D. L. "Psychological first aid: claryfying the concept". In: Barbanel, L.; Sternberg, R. J. (orgs.). *Psychological interventions in times of crisis*. Nova York: Springer, 2006, p. 57-75.

James, R. K.; Gilliland, B. E. *Crisis intervention strategies*. Londres: Brookes Cole, 2001.

Lindemann, E. "Symptomatology and management of acute grief". *American Journal of Psychiatry*, v. 101, 1944, p. 141-48.

López-Ibor, J. J. "Qué son desastres y catástrofes?" *Actas Españolas de Psiquiatría*, Madri, v. 32, suplemento 2, jul. 2004.

Mcconnell, A. [2008]. "Overview: crisis management, influences, responses and evaluation". In: Boin, A. *Crisis Management*, v. 3. Londres: Sage, 2008, p. 187-201.

Melo, C. A.; Santos, F. A. "As contribuições da psicologia nas emergências e desastres". *Psicólogo inFormação*, ano 15, n. 15, jan.-dez. 2011, p.169-81.

Mendes, E. S. *Mediações jornalísticas na era da comunicação de massa:* o ombudsman *na imprensa do Brasil e de Portugal*. Dissertação de Mestrado em Ciências da Comunicação, Universidade de São Paulo, São Paulo, 2007.

Mitchell, J. F. "A brief history of crisis intervention support services in aviation". In: Leonhardt, J. *Critical incident stress management in aviation*. Hampshire: Ashgate Publishing Limited, 2006, p. 65-80.

Mitchell, J. T.; Everly, G. S. "Critical incident stress management and critical incident stress debriefings: evolutions, effects and outcomes". In: Raphael, B. *Psychological debriefing: theory, practice and evidence*. Nova York: Cambridge University Press, 2000, p. 71-90.

MSF – Médicos sem Fronteiras. Disponível em: <http://www.msf.org.br>. Acesso em: 25 jun. 2012.

Noy, S. "The traumatic process: conceptualization and treatment". *Traumatology*, v. 10, n. 4, dez. 2004, p. 211-30.

Olson, R. S. "Toward a politics of disaster: losses, values, agendas, and blame". In: Boin, A. *Crisis Management*, v. 3. Londres: Sage, 2008, p. 154-70.

ONU – Organização das Nações Unidas. Disponível em: <http://www.unisdr.org/campaign/resilientcities/documents/city-list.pdf>. Acesso em: 16 jan. 2013.

Opas/OMS – Organização Pan-Americana de Saúde/Organização Mundial de Saúde. Disponível em: <https://new.paho.org/bra/index.php?option=com_content&task=view&id=578&Itemid=593>. Acesso em: 13 mar. 2013.

PAHO/WHO. *PAHO/WHO Regional disaster response team field manual*. Washington, 2010.

PFA – Psychological First Aid. Disponível em: <www.psychiatry.org>. Acesso em: 24 abr. 2012.

Polk, D. A.; Mitchell, J. T. *Prehospital behavioral emergencies and crisis response*. Londres: Jones and Bartlett Publishers, 2009.

Pupavac, V. "Humanitarian politics and the rise of international disaster psychology". In: Reyes, G.; Jacobs, G. A. (orgs.). *Handbook of international disaster psychology. Fundamentals and overview*, v. 1. Westport: Praeger, 2006, p. 15-34.

Renedo, M. G.; Beltran, J. M. G; Valero, M. V. *Psicología y desastres: aspectos psicosociales*. Castelló de La Plana: Publicacions de la Universitat Jaume I, 2007.

Reyes, G. "International disasters psychology purposes, principles, and practices" (2006a). In: Reyes, G.; Jacobs, G. A. (orgs.). *Handbook of international disaster psychology. Fundamentals and overview*, v. 1. Westport: Praeger, 2006a, p. 1-13.

______. "Psychological first aids: principles of community-based psychosocial support". In: Reyes, G.; Jacobs, G. A. (orgs.) *Handbook of international disaster psychology. Practices and programs*, v. 2. Westport: Praeger, 2006b, p. 1-12.

Roberts, A. R. [2000]. "An overview of crisis theory and crisis intervention". In: Roberts, A. R. *Crisis intervention handbook. Assessment, treatment and research*. Oxford: Oxford University Press, 2000, p. 3-30.

Rodríguez, J.; Davoli, M. Z.; Pérez, R. (orgs.). *Guía práctica de salud mental en situaciones de desastres*. Washington: Organizacion Panamericana de La Salud, 2006.

Ruiz, A. "Em face dos desastres, comunidades podem encontrar seus fatores de proteção". *Jornal do Federal*, ano XXIII, n. 101, jul. 2011.

Saakvitne, K. W. "Psychological interventions for victims of disaster and trauma". In: Barbanel, L.; Sternberg, R. J. (orgs.). *Psychological interventions in times of crisis*. Nova York: Springer, 2006, p. xix-xxii.

Saraceno, B. F. In: Reyes, G.; Jacobs, G. A. *Handbook of international disaster Psychology. Interventions with special needs populations, v. 4*. Westport: Praeger Publishers. 2006, p.xiii-xiv.

SECRETARIA NACIONAL DE DEFESA CIVIL. 2007. Disponível em: <www.defesacivil.gov.br>. Acesso em: 16 mar. 2013.

SOCHPED – Sociedad Chilena de la Psicología de la Emergencia. Disponível em: <http://www.sochped.cl>. Acesso em: 15 mar. 2013.

SPPED – Sociedad Peruana de Psicología en Emergencias y Desastres. Disponível em: <http://psicologiaenemergencias.blogspot.com.br/>. Acesso em: 15 mar. 2013.

TORLAI, V. C. *A vivência do luto em situações de desastres naturais*. Dissertação de Mestrado em Psicologia Clínica, Pontifícia Universidade Católica de São Paulo, São Paulo, 2010.

WADEM – World Association for Disaster and Emergency Medicine. Disponível em: <http://www.wadem.org/mission.html>. Acesso em: 15 mar. 2013.

WHO – World Health Organization. *Risk reduction and emergency preparedness: WHO six-year strategy for the health sector and community capacity development*. Genebra, 2007.

YOUNG. M. A. *The community crisis response team training manual*. 2. ed. Washington: Nova, 1998.

2. Intervenções psicológicas em emergências: a construção de uma práxis

JOSÉ PAULO DA FONSECA • LILIAN G. A. P. BIASOTO • REGINANDRÉA G. VICENTE • REGIS S. RAMOS • SUZANA PADOVAN

A ideia de ter um grupo exclusivamente para trabalhar com emergências "começou no LELu (Laboratório de Estudos e Intervenções sobre o Luto – PUC-SP) e a primeira atividade concreta foi quando ocorreu uma explosão em um shopping, em uma cidade próxima a São Paulo. Era véspera do Dia dos Namorados em 1996 e o shopping estava lotado... Quando cheguei em casa, fiquei pensando o que poderia fazer. Sentia e queria fazer alguma coisa. Isso de querer fazer alguma coisa está sempre presente em mim. Isso é um pouco perigoso pois nem sempre se está preparado para fazer alguma coisa... Não foi uma situação improvisada, mas com certeza naquela época não tínhamos os recursos que temos hoje no IPE".

(Trecho extraído da entrevista com a profa. dra. Maria Helena Pereira Franco, em 20/5/2011)

A prática do psicólogo em emergência tem esta característica: o que aos olhos externos pode parecer trivial e pouco relevante, tal como um psicólogo oferecer um copo de água ou um lenço a quem está em sofrimento, é um procedimento técnico teoricamente fundamentado. Neste capítulo, será apresentada a construção de procedimentos dessa ordem, que, explicados na sua origem histórica, poderão ser contextualizados e compreendidos como uma tentativa de construção de um modelo da atuação do psicólogo em emergências. É um modelo ainda em formação no Brasil, mas que se encontra em processo de contínuo aprimoramento.

Desastres são fenômenos universais ocasionados pela natureza ou intervenção humana e que causam impacto nas pessoas, na comunidade, no país e até mesmo em outros países. Ocorrem reações de ordem intrapsíquica individual e psicossocial. Para o *International Work Group on Death Dying Bereavement* (2002), desastre é um acontecimento traumático que causa perda de vidas, da saúde e de bens materiais e impacta muitas pessoas. Indivíduos que trabalham com desastres devem reconhecer que há uma diversidade multiétnica e cultural que necessita ser considerada fortemente em sua atuação.

Para Cohen (2006), os desastres apresentam-se em fases: ameaça; impacto; consequências de curto, médio e longo prazos. As pessoas afetadas pelos desastres podem ser vítimas fatais; sobreviventes (feridos ou não, com sequelas, mutilados, desabrigados, desaparecidos, psicologicamente afetados); membros da família; amigos íntimos; colegas; pessoas que testemunharam a ocorrência; profissionais da mídia; espectadores; pessoal dos primeiros socorros; outros envolvidos (cuidadores, voluntários, observadores, comunidade, público em diferentes graus de envolvimento, governo).

Janoff-Bulman (1992) indica algumas das crenças universais que são profundamente abaladas diante de um desastre, como: um mundo justo, gente confiando em gente, habilidade de controlar e mudar, segurança e congruência no universo.

Cohen (2006) e Dodge (2006b) mostram-nos que os modelos de assistência à saúde pública em desastres trabalham com a expectativa de que a equipe de saúde mental tenha tido um treinamento tanto com relação à organização numa situação de desastre como às tarefas e ações que precisam ser acionadas. O contato com os líderes regionais é fundamental na troca de informações para uma atuação pontual. É necessário que haja também suporte para sua locomoção, hospedagem e alimentação, além de segurança no local onde irá atuar. Destacam ainda que a equipe de saúde deve prover suporte emocional durante o período agudo que se segue a um desastre. Essa ação ajuda os sobreviventes a expressar e entender o estresse gerado pelo desastre e as reações de luto, auxiliando cada um no resgate do seu equilíbrio e funcionamento. São dadas informações sobre as reações e os comportamentos esperados em situações de desastre.

Greenstone (2008) ressalta que as ações precisam ser pautadas tanto em formação como em autocuidado. Com isso, afirma que o psicólogo que atua em emergências não pode deixar de lado sua humanidade e nem ignorar que o sofrimento humano o toca também, o que acarretaria, se não bem trabalhado, adoecimento psíquico para ele.

Na construção de uma práxis, buscávamos pela experiência avaliada, criticada e reformulada por aqueles que nos precederam. Foi um alento encontrar nesse percurso aqueles que nos inspiraram e com os quais fizemos uma interlocução, ainda que abstrata, sempre que voltávamos de um acionamento ou nos preparávamos, fosse nos treinamentos regulares ou no preparo para uma resposta específica.

O INÍCIO DO GRUPO IPE

A formação do grupo teve início em maio de 2001, quando a profa. dra. Maria Helena Pereira Franco convidou cerca de 20 psicólogos com experiência na área da saúde, parceiros de pesquisa ou mesmo com experiências profissionais diversas para compor o grupo em resposta a uma portaria do então Departamento de Aviação Civil- DAC (Portaria 19/DGAC, de 12/1/2000), que dizia:

> Todas as empresas aéreas que operam no e para o Brasil, em caso de desastre com alguma de suas aeronaves, tinham de assistir aos familiares dos passageiros embarcados. Ou seja, elas deveriam, entre outras providências, disponibilizar um serviço de telefone gratuito, como 0800, para informações relativas ao acidente, fazer notificação pessoal às famílias das vítimas antes da divulgação da lista de passageiros pela imprensa e ainda proporcionar algumas facilidades aos familiares, como transporte para o local do desastre, hospedagem, alimentação, assistência médica e psicológica, enfim, um canal direto, treinado e específico de comunicação entre os envolvidos no acidente e a companhia aérea.

Havia também, na época, uma proposta de prestar serviço a uma empresa aérea brasileira, em conformidade com a determinação legal. Tal solicitação surgiu a partir de uma experiência de serviço voluntário prestado a essa empresa em 1996, por ocasião de um acidente aéreo, por integrantes do Laboratório de Estudos e Intervenções sobre o Luto (LELu), da PUC-SP. Essa experiência, pioneira e seminal, evidenciara a importância de desempenhar essa ação, mas também sua precariedade, pela própria condição do acidente e por não existirem então maiores sistematizações a respeito desse tipo de intervenção. Foi uma experiência relatada e discutida além dos muros da universidade, pelo ineditismo e pelas questões apontadas por profissionais que não eram da área da saúde (Falco, 2003). Alguns dos psicólogos que participaram do LELu foram convidados para participar desse grupo que se formava exatamente porque já tinham essa bagagem a acrescentar.

Na ocasião, pactuou-se a necessidade de reuniões periódicas a fim de se desenvolver treinamento específico para as futuras intervenções, bem como a necessidade de estarmos disponíveis 24 horas por dia e 365 dias por ano.

Aqui cabe um primeiro destaque quanto à especificidade do trabalho psicológico em emergência: é necessário um treinamento especial, já que a formação generalista do psicólogo ainda não contempla de forma consistente essa modalidade de atuação. Há necessidade também de um preparo profissional para trabalhar com disponibilidade integral e sob o impacto de carga emocional forte. Nesses incidentes, as emoções são intensas. Existem aquelas vivenciadas no âmbito do coletivo, que dizem respeito aos envolvidos e à população em geral, e existem também as emoções vivenciadas particularmente pelo psicólogo.

Não se pode esquecer de que, na representação social da figura do psicólogo, espera-se que seja o indivíduo que tenha em si – e suscite nos outros – o controle emocional, mesmo que a situação seja caótica e desorganizadora. Para administrar todas essas emoções, há necessidade de autoconhecimento, reconhecimento do impacto do acontecimento nas emoções e sentimentos, atenção aos seus limites e autocontrole e muita atenção ao autocuidado.

Ao mesmo tempo, requer conhecer e respeitar a equipe, sabendo reconhecer as possibilidades técnicas e pessoais de cada um de seus membros, assim como seus limites, lembrando que, ao longo do tempo, existem as variações e prioridades inerentes ao ciclo vital das pessoas.

Bruck (2007) apontou a dificuldade de integrar os conhecimentos da psicologia das emergências à prática de outros profissionais que atuam na resposta a desastres e situações traumáticas. Nossa experiência pode constatar isso em muitas situações, até mesmo na construção de uma identidade, que não poderia ser abstrata, e sim fundada em vivências. Ainda concordando com Bruck, identificamos uma área de confluência entre os conhecimentos advindos da psicologia social e aqueles da psicologia clínica. Essa confluência carece de fronteiras mais definidas, muito embora a prática evidencie que não são as fronteiras que constroem a área.

Wallon (2007) demarca que toda emoção vem sempre acompanhada de alterações orgânicas, tais como taquicardia e sudorese, ou seja, além do mal-estar psíquico, o mal-estar físico também pode estar presente, demandando, em alguns momentos, intervenção médica.

O PRIMEIRO ACIONAMENTO

Logo na sequência da formação do grupo, houve, em julho de 2001, um acionamento devido ao falecimento por acidente do presidente de uma empresa aérea. Na ocasião, identificou-se a necessidade de ampliação do estudo sobre os processos comunicacionais. Nas situações de emergência, a comunicação deve ser clara, limpa, objetiva e funcional, já que há muitos ruídos comunicacionais que podem envolver facilmente a todos os atores. Ou seja, a comunicação representa um fator de risco à atuação profissional, que facilmente pode se desarticular ou mesmo ser questionada quanto ao posicionamento profissional ou ético frente à "Torre de Babel" que se instala em meio às crises.

A compreensão do comportamento não verbal e do vínculo entre os membros do grupo apresentou-se como uma necessidade e ferramenta de trabalho. Uma equipe que se propõe a atuar em emergência precisa conhecer as especialidades e habilidades de seus membros – por exemplo, saber quem é mais especializado em quadros psicopatológicos, atendimento familiar ou de grupos, trabalho com crianças ou adolescentes –, além de identificar no grupo os profissionais que têm disponibilidade para viagens nacionais e internacionais, domínio de outros idiomas, documentação atualizada para viagens internacionais, vacinas, entre outros.

No trabalho com emergências, o inusitado faz parte do escopo da intervenção. Portanto, quanto mais estável for a configuração e o reconhecimento do grupo, mais se conseguirá garantir algum sentido orientador. Atuar com emergências implica trabalhar com um tempo de resposta ímpar, ou seja, tem-se de pensar em como abreviar o tempo de reposta e a organização, baseados nas poucas informações disponíveis num primeiro momento.

APRENDIZADOS E INVENÇÕES

A partir do primeiro acionamento, os integrantes do Grupo IPE aproximaram-se muito, afetiva e tecnicamente. Não havia mais dúvidas de que se tratava de um grupo de psicólogos com uma proposta de trabalho diferente, surgindo, a partir de então, a necessidade de sistematizar seu significado, agora tornado público, por meio da discussão de teorias, técnicas e procedimentos práticos.

No *Handbook of international disaster psychology*, Dodge (2006a) afirma que o ideal seria que, em uma situação de desastre, a avaliação das necessidades psicossociais fosse realizada logo no início da emergência e a equipe iniciasse o trabalho com todos os seus integrantes desde o início das intervenções, facilitando assim o relacionamento e fortalecendo condutas de trabalho.

Greenstone (2008) destaca também a força do preparo para uma pronta resposta, que seja direcionada para a solução do problema hierarquizado como prioritário, de maneira a não dispersar esforços, tempo e saúde. Suas orientações quanto a estar sempre de prontidão, informar e preparar a família sobre a possibilidade de acionamento, ter pronta uma mochila com o necessário para um deslocamento, entre outras, são fundamentais para os psicólogos do IPE e checadas periodicamente, em exercícios de acionamento.

TEORIAS E TÉCNICAS

Concluiu-se que, para atuar nessa área, não é necessário que todos os integrantes do grupo sigam a mesma abordagem específica da psicologia, e sim que, de acordo com a literatura (Alamo, 2007; Greenstone, 2008; Janoff-Bulmann, 1992; Cohen, 2006; Dodge, 2006a; Bruck, 2007), tenha conhecimentos sobre:

- processos de formação e rompimento de vínculos;
- luto e morte;
- desastres e trauma;
- técnicas de comunicação;
- técnicas de *debriefing*, *defusing* e desmobilização psicológica;
- técnicas de enfrentamento e manejo de estresse;
- manejo de *burnout*;
- psicoterapia e dinâmica de grupo;
- técnicas de intervenção comunitária;
- recuperação de redes de suporte social;
- resolução de problemas em situação de estresse;
- técnicas de atendimento em situação de crises;
- estratégias para manejo da raiva.

Mesmo sem uma padronização teórica, dada a grande diversidade de temas sobre os quais nos debruçávamos, ainda mantemos uma unicidade em postura e procedimentos. Cientes de situações que podem apresentar maior dificuldade no manejo, uma das regras a respeitar sempre é a de comunicação honesta com o coordenador geral e/ou com o coordenador local. Essa conduta visa prevenir ruídos na comunicação, bem como manter uma observação constante sobre as frequentes mudanças no cenário, que podem demandar alterações na orientação.

Um exemplo dessa conduta está no acompanhamento a rituais fúnebres, como velórios, enterros e cerimônias de cremação. No acompanhamento às famílias no momento do enterro de seus familiares, o psicólogo deve considerar a situação com grande potencial de risco de desorganização emocional, necessitando de proximidade e acolhimento, de forma preventiva. Trata-se de uma população de risco que necessita preventivamente dos serviços de saúde mental. O grau de sofrimento pela perda varia de acordo com o vínculo afetivo entre o enlutado e o falecido, entre outros fatores, como o tempo decorrido entre o desastre e a identificação do corpo. É necessário auxiliar essas pessoas no enfrentamento de seu luto, sobretudo no movimento de reconstrução de uma rede de apoio. A colaboração dos representantes religiosos também pode ser muito importante aos sobreviventes, especialmente quando os corpos não foram encontrados ou resgatados.

Quando há a necessidade de os sobreviventes ou familiares de vítimas fatais serem acolhidos em abrigos, avaliamos as condições de cada um para lidar com problemas e enfrentar desafios num ambiente compacto e desconhecido. É importante a realização de uma triagem para oferecer recursos em função do número de cuidadores. As intervenções precisam ser planejadas considerando as urgências, a situação emocional dos sobreviventes e a capacidade dos trabalhadores nos abrigos. As intervenções devem visar ao conforto físico, incrementar a capacidade de organização da vida e oferecer suporte para a convivência entre os sobreviventes. Devem também verificar recursos disponíveis para que se reorganizem num ambiente onde permanecerão por dias, semanas ou meses.

Nesse sentido, objetivando maior compartilhamento das experiências de atuação do Grupo IPE, seguem dois *cases* que descrevem os diferentes níveis de intervenção do grupo.

SÃO LUIZ DO PARAITINGA – ENCHENTE EM JANEIRO DE 2010

A estância turística de São Luiz do Paraitinga localiza-se a 185 km do centro da cidade de São Paulo, no Vale do Paraíba. Tem aproximadamente 10 mil habitantes, sendo 58% na zona urbana.

Em 1º de janeiro de 2010, o centro histórico da cidade foi praticamente destruído por uma enchente súbita. Das 2 mil famílias habitantes na cidade, 700 ficaram desalojadas. Foram hospedadas 32 famílias em quatro abrigos (creches e escolas). As outras foram para casas de amigos e parentes em outras cidades.

A enchente dividiu a cidade, sendo que uma parte da população ficou ilhada. Um grupo de aproximadamente 40 esportistas de rafting *socorreu os ilhados, auxiliando os profissionais bombeiros. Com seus botes, eles transportaram as pessoas para locais seguros. Não houve óbitos nem doenças.*

O Grupo IPE iniciou sua participação nessa tragédia logo após as providências de resgate físico terem sido finalizadas.

Num primeiro momento, dois dos psicólogos estiveram em reunião com a Secretaria da Saúde da cidade, na qual assessoraram a organização de todos os grupos de voluntários profissionais que estavam se disponibilizando para ajudar. Logo no início houve certa confusão, pois os grupos de voluntários que chegavam à cidade iam logo fazendo seu trabalho, sem uma coordenação central e sem orientações. Nessa reunião, utilizamos de nossa experiência em outros eventos para orientar a Secretaria da Saúde na distribuição daquela mão de obra disponível em função das prioridades: famílias que estavam nos abrigos; idosos que eram da Vila Vicentina e estavam hospedados numa casa de repouso em Taubaté; os esportistas do rafting *que haviam prestado os primeiros socorros e estavam abalados; funcionários da prefeitura; pessoas idosas que estavam traumatizadas.*

Um grupo de psicólogos faria os atendimentos às famílias nos abrigos e nas ruas; a equipe de psiquiatria daria um plantão num local predeterminado; outros grupos seriam direcionados de acordo com suas especialidades. Casos de necessidades especiais seriam encaminhados para as universidades de Taubaté, cidade próxima a São Luiz do Paraitinga. Esses eventos foram divulgados por meio de carro de som que circulava pelas ruas informando e orientando a população.

Um questionário foi elaborado pelo Serviço Social com o objetivo de detectar eventuais sintomas de estresse pós-traumático.

A nós, do IPE, além dessa participação na assessoria de organização das atividades, couberam duas outras atividades. Para uma delas, três psicólogos de nossa equipe realizaram intervenções com os idosos da Vila Vicentina, naquela época hospedados nas Casas Pias em Taubaté. Nessa atividade, os envolvidos foram atendidos em pequenos subgrupos, e alguns, individualmente em seus quartos, de acordo com as necessidades que eram detectadas. O foco principal buscava se manter na tragédia e suas consequências.

Dois outros psicólogos do IPE direcionaram suas atividades para os esportistas do rafting, *no sentido de lhes proporcionar um* *espaço para compartilhamento grupal e individual de suas experiências e também de evitar o desenvolvimento do estresse pós-traumático. Na ocasião, foram utilizadas também técnicas de EMDR (*Eye Movement Desensitization and Reprocessing*).*

Esse exemplo mostra-nos como é diversificada a possibilidade de atuação. Os conhecimentos necessários não se restringem àqueles que tradicionalmente encontramos na prática do psicólogo. Foi necessário trabalhar com pessoas desalojadas, com toda uma comunidade extraída de seu cotidiano conhecido e provedor de segurança, buscando elementos de resiliência nos parceiros de acionamento e na população afetada. Trabalhamos fora do ambiente tradicional, estávamos nas ruas, nos gabinetes de políticos, em asilos, em outros municípios, além daquele originalmente afetado. Foram muitas as habilidades necessárias e muitas as habilidades por desenvolver, o que ficou claro nos encontros pós-ação.

ACIDENTE COM ÔNIBUS DE SÃO BERNARDO DO CAMPO

No feriado de 7 de setembro de 2004, estava me preparando para viajar quando recebi uma mensagem de texto no celular: era um acionamento para atender sobreviventes e familiares de um acidente de ônibus em São Bernardo do Campo, cidade do ABC paulista a 25 km do centro de São Paulo.

Frio na barriga, ansiedade, taquicardia, questionamentos... o que farei ao chegar lá? Qual será minha reação? Essas são as algumas das sensações de um primeiro acionamento para atuar em emergência.

Esse acidente causou a morte de 11 pessoas, entre elas três crianças, deixando 44 feridos, muitos deles mutilados. Por volta das

4h45, o ônibus que voltava de Guaraciaba (Zona da Mata de Minas Gerais) para São Bernardo do Campo tombou entre as cidades de Vassouras e Paraíba do Sul, no Rio de Janeiro. Parte dos passageiros foi jogada para fora do veículo e a carroceria caiu sobre eles. Os próprios sobreviventes, junto com os bombeiros, ajudaram no salvamento dos feridos, muitos presos entre as ferragens.

O grupo de passageiros era formado por pessoas que costumavam viajar à cidade mineira, terra natal da maior parte delas. Imaginem um bairro no qual a maioria dos moradores é da mesma cidade, viajam juntos, e acontece um acidente dessas proporções. Todos da comunidade estavam envolvidos direta ou indiretamente com as perdas acarretadas por ele.

Três colegas psicólogos e eu nos deslocamos para a intervenção, que ocorreu em um centro profissionalizante em SBC, onde foram cedidas duas salas. Usamos apenas uma, por considerar que seria importante manter um grupo único, aparentemente mais protegido diante de uma situação nova. Seria a primeira vez que se reuniriam formalmente para falar do acidente, em um contexto protegido, acolhedor, com escuta apurada.

Nesse primeiro encontro, esclarecemos rapidamente quem éramos, que tipo de trabalho fazíamos, enfim, o que e quem era o Grupo IPE. As vítimas estavam disponíveis e a conversa fluiu bem. Inicialmente nossa postura foi de escuta ativa, possibilitando a identificação das demandas e as intervenções necessárias. Alguns participantes do grupo levantaram questões sobre como abordar o tema da morte com crianças e adolescentes, assim como falar do acidente em si.

Surgiram diversos temas, mas o que se sobressaiu foi o quase unânime sentimento de invasão, relacionado à curiosidade das outras pessoas sobre o acidente. O grupo sentia-se unido e ligado pelo acidente. Quando conversavam entre si, conseguiam ampliar e entender um pouco mais sobre o que acontecera. Relatavam que a lembrança do acidente era fragmentada e se manifestava em flashes. Apareceram queixas de pesadelos, agressividade, culpa e raiva. Foram identificadas algumas pessoas em grande sofrimento psíquico, mas que não se davam conta disso, reprimindo esses sentimentos tão fortes.

Emergiu uma demanda de atendimento individual e domiciliar. Uma questão se destacava naquele momento: o medo de andar de ônibus, única opção de transporte para aquela comunidade.

No fechamento do trabalho, num segundo encontro, algumas vítimas foram encaminhadas para atendimento psicológico em consultório com profissionais especializados. Sugerimos também que eles realizassem um ritual em homenagem aos que faleceram. Esse ritual já estava sendo organizado pelos próprios integrantes do grupo. Realizariam no dia 7 de outubro de 2004 uma missa de Ação de Graças com a participação de todos os envolvidos no acidente e para a qual a comunidade também seria convidada. Naquela situação, foi sugerido que cada membro pudesse fazer o seu ritual pessoal conforme sua necessidade.

Atuação encerrada, o sentimento era de dever cumprido e de que fizéramos bem o nosso trabalho. Conforme foi se desenvolvendo a intervenção, pudemos ter uma sensação maravilhosa de ter contribuído para minimizar o sofrimento daquelas pessoas e a certeza de que, a cada novo acionamento, o friozinho na barriga estaria presente, pois cada ocorrência de emergência é única.

Esse segundo exemplo traz um contexto diferente do primeiro, embora se trate também de uma comunidade que foi largamente atingida, viveu a experiência de ser sobrevivente direta e indiretamente e tinha pela frente a tarefa de se reconstruir, dentro de suas possibilidades. A ação pautou-se na validação das perdas, sem a vã tentativa de encorajá-los sem antes ter validado que, sim, haviam vivido perdas importantes e afetavam o mundo presumido de cada um e também da comunidade, em sua identidade que era notoriamente muito forte. Uma questão que ficou evidente nessa intervenção foi a coesão da comunidade, talvez até chegando a ser entendida como uma impermeabilidade à ação externa. Foi necessário entender, do ponto de vista sociocultural, como a comunidade se organizava, em condições anteriores ao acidente, para poder intervir com eles no pós-acidente.

A CONSTRUÇÃO DA IDENTIDADE DO PSICÓLOGO QUE ATUA EM EMERGÊNCIAS

Nós já demos copo de água para as pessoas, já demos lencinhos de papel para quem chorava, já conversamos com crianças, dentre tantas outras coisas. Acho interessante este questionamento sobre o atendimento que fazemos no IPE! Nós rompemos uma barreira quando paramos de fazer a pergunta: "Isso é coisa de psicólogo"? Quando nos perguntávamos isso, a resposta que conseguíamos era: "Dentro do tradicionalmente conhecido, não"! Nós atuamos sob a ótica de um novo paradigma. Pense no seguinte: quando damos um copo de água para alguém, a pessoa bebe e a água ingerida faz com que seu diafragma funcione melhor, faz com que ela respire melhor e isso significa mandar mais oxigênio para o cérebro e este, por sua vez, vai funcionar melhor. Então, tem muito mais em um copo de água do que se possa imaginar. Dar água para alguém é também um ato de caridade. Quando se dá um copo de água para uma pessoa, você está criando uma forma boa de "chegar" na pessoa! Esses são alguns exemplos sobre o significado de um simples copo de água que damos a alguém. A partir desse entendimento novo paradigmático, as pessoas param de perguntar e passam a entender que atuamos em diferentes settings e de diferentes formas.

(Trecho extraído da entrevista feita com a profa. dra. Maria Helena Pereira Franco, em 20/5/2011)

O sentimento de identidade de grupo bem definido mostrou-se uma condição indispensável.

Frequentemente, novas definições de identidade partem da negativa de outras, definindo-se pelo que não é; traça-se um paralelo entre os pontos de convergência e divergência com seus interlocutores, ou seja, a atuação não é a do psicólogo clínico, a do médico ou enfermeiro, tampouco a do assistente social. É fato que o psicólogo que atua nas emergências tem interlocução com esses outros profissionais da área de saúde e, por isso, tem de aprender a falar para além do "psicologuês" e, balizado pelo posicionamento ético, saber ouvir e fugir dos bordões.

Bruck (2007) afirma que a psicologia das emergências estuda o comportamento das pessoas nos acidentes e desastres desde uma ação preventiva até o pós-trauma, podendo subsidiar intervenções de compreensão, apoio e superação do trauma às vítimas e aos socorristas. Abrange desde a experiência pessoal do estresse pós-traumático até os acontecimentos adversos provocados por calamidades, sejam elas naturais e/ou provocadas pelo homem.

Alves, Lacerda e Legal (2012), após cuidadosa e sistemática revisão de estudos da atuação do psicólogo diante de desastres naturais, concluem que os estudos pesquisados apontam para a ação do psicólogo no pós-desastre relacionada à identificação de transtornos mentais, com foco principal no TEPT. Dessa forma, pouco se diz a respeito do preparo desse profissional e pouco se reflete sobre a práxis.

As equipes multiprofissionais surgem em resposta à complexidade das questões que envolvem os atendimentos em emergência que evocam as intervenções em várias frentes. Nesse percurso, cada equipe vai se redefinindo, dialogando e complementando as ações, sem, no entanto, confundir os papéis ou as hierarquias.

Além da dificuldade na autodenominação do psicólogo que atua em emergências, na época (2001) tampouco existia no Brasil um eco social que reafirmasse sua identidade. Ao contrário, era esperado que o psicólogo, com muita habilidade, rapidamente esclarecesse sua função aos pares e prontamente entrasse em ação. Muitas vezes, ele era visto como assessor do médico ou representante da empresa que o contratava, ou então como o profissional que deveria quase magicamente adequar aquela pessoa que está dando mais trabalho a uma expectativa de controle. Havia sempre a árdua tarefa de esclarecer que o papel, em um primeiro momento, era o de ouvir, acolher e, algumas vezes, orientar, o que com frequência era decodificado como... não fazer nada!

DIFERENÇAS ENTRE A ATUAÇÃO DO PSICÓLOGO CLÍNICO E A DO PSICÓLOGO DE EMERGÊNCIAS

O psicólogo clínico dista do psicólogo de emergência em seu escopo de intervenção, *rapport*, enquadre inicial e contrato, local e tempo.

Esse profissional, em geral, é procurado por seus pacientes com uma demanda inicial de atendimento. O psicólogo de emergências chega nas primeiras horas após um acidente oferecendo um serviço que, pelas suas características tradicionais e em razão do estereótipo vigente, muitas vezes é lido como supérfluo diante da gravidade dos fatos. O que hoje já é diferente, na verdade, considerando-se que, na trajetória do Grupo IPE e de outros grupos de trabalho, vem-se delimitando o papel do psicólogo nesse contexto e construindo uma nova modalidade do fazer psicológico.

Pode-se dizer que, se o psicólogo clínico é passivo no recebimento de sua clientela, um psicólogo que atua em emergências aproxima-se, é proativo em sua abordagem, porque sabe que os sobreviventes de uma emergência – vítimas e/ou testemunhas – e os familiares das vítimas apresentam uma baixa capacidade discriminativa por estarem tomados por suas emoções.

O psicólogo clínico estabelece um contrato de trabalho, com honorários e frequência. Os psicólogos que atuam em emergências, em geral, são contratados por uma empresa ou são voluntários em órgãos públicos e não sabem se estarão com as pessoas outra vez, o que demanda uma configuração diferente para a relação e o procedimento de trabalho.

O local de trabalho não é a típica sala confortável, protegida e silenciosa dos psicólogos clínicos. Trabalha-se no local do acidente: no meio de um saguão de aeroporto, em um canteiro de obras, em velórios, cemitérios, no Instituto Médico Legal (IML), em hotéis ou na casa dos familiares das vítimas, enfim, onde for preciso. Trabalhar nessas circunstâncias exige repensar toda a formação profissional e extrair o que de fato é relevante para uma atuação psicológica eticamente orientada e tecnicamente fundamentada, além de flexibilizar e desenvolver procedimentos.

Com a experiência dos IPEs, foi possível aprender que se deve colocar as pessoas em condições de segurança, de preferência em uma sala privativa, com algum conforto. Mas aprendeu-se também que as pessoas não conseguem se distanciar do local de onde podem obter informações. É uma necessidade, pode-se dizer, quase que física; a ansiedade é tamanha que todo o resto é menor: comer e dormir deixam de ser necessidades primárias. No entanto, esta é uma das importantes funções dos psicólogos: cuidar das pessoas, lembrá-las, incentivá-las ou conduzi-las para esses cuidados básicos. Como destaca Oliveira (2014, p. 189), "atuar em situações de emergência é mais que um trabalho: é a construção de um espaço de escuta, suporte e reconstrução junto aos sobreviventes".

O que é privacidade, nesse contexto, também é redelineado. Do ponto de vista prático, a experiência como membro do IPE evidencia que "não se tem a mesinha do consultório com lenços e água", é preciso "carregar" alguns itens de conforto, como será apresentado adiante no item "Procedimentos". Considere-se ainda que, com cada um dos envolvidos, pode haver diferenças oriundas das diferentes histórias de vida e padrões socioculturais, bem como da vivência específica da emergência.

O PROTOCOLO DE INTERVENÇÃO

Partindo do pressuposto de que nas situações de emergência há um intenso impacto de emoções e, quando isso ocorre, há o distanciamento da capacidade cognitiva, há a necessidade do estabelecimento prévio de um protocolo de intervenção. Dodge (2006b) é um dos autores que corroboram a importância de um protocolo nessas intervenções.

Esse protocolo traz diretrizes de procedimentos nas emergências: o que e como falar, como se posicionar eticamente, entre outros. O protocolo de intervenção funciona como um mapa automatizado que é acionado quando necessário, respeitando as especificidades do contexto.

É interessante ilustrar como, em uma situação de emergência vivenciada por duas autoras deste capítulo em outro contexto profissional, foi possível e útil a ambas a execução do protocolo IPE. Refletindo retrospectivamente, perceberam como tinham conduzido a situação, o quanto o protocolo era internalizado e o quanto foi útil em um momento de estresse.

ESPAÇO DE REFLEXÃO, ACOLHIMENTO E CUIDADOS

O percurso de trabalho dos IPEs evidencia a importância de encontros periódicos da equipe, que propiciam trocas que vão além das puramente teóricas e conceituais. São encontros que garantem a proximidade, as trocas, reflexões sobre as atuações, atualização dos conceitos já conhecidos, busca de novos instrumentais e atualizações frequentes sobre um fazer que é sempre novo e desconhecido, como é próprio da ação em emergências.

A supervisão-encontro-reunião-grupo de estudos garante esse espaço de interlocução fundamental a uma prática em permanente construção, além de possibilitar o estreitamento dos vínculos, acolhimento e o sentimento de pertencimento tão fundamental na prática, em razão das profundas rupturas que acontecem na vida das pessoas atendidas.

O fato de esse tipo de atuação ser focado exclusivamente em situações-limite traz como necessidade primordial o reconhecimento dos limites de uma situação, ou seja, quais cuidados são necessários como grupo. Esse ponto será abordado em capítulo sobre prevenção e cuidados (Capítulo 3). No entanto, vale ressaltar a importância da criação desse ritual mensal de um grupo de trabalho e compartilhamento, para a construção de uma equipe com alto desempenho e muita afinidade.

Quando ocorrem as emergências, a necessidade de encontros para *debriefing* é recorrente, porém a prática também mostrou que muitas vezes o tempo é exíguo e deve-se priorizar as vítimas. Assim, ao longo do tempo foi construída uma forma de equacionar essas prioridades. Foi criada a figura do coordenador de campo, responsável por reunir a equipe e manter contato telefônico direto com a coordenação geral, trocando informações importantes para o delineamento da ação. O coordenador de campo reúne-se com a equipe na troca de plantão quando acontece um *debriefing* informal, com troca de informações para o novo grupo, assim como compartilhamento e descompressão dos que trabalharam.

O TRABALHO EM DUPLAS DE PSICÓLOGOS

Na atuação dos IPEs, mostrou-se extremante útil o trabalho de campo em duplas. Fica clara, na experiência prática, a complexidade de questões que se apresentam ao psicólogo que atua em emergências, tanto de ordem conceitual como prática (situação vivencial, concreta, trazida pela emergência). O trabalho em duplas desvela uma oportunidade ímpar de se estabelecer um diálogo contínuo entre o fazer e o pensar a prática; favorece o exercício de manejar as diversidades, repercutindo e refletindo sobre o atendimento propriamente dito, bem como a reflexão sobre ele; e minimiza situações de conflito advindas de questões pessoais, teóricas ou práticas oriundas do exercício da função. Portanto, assegura a tranquilidade, segurança e saúde do psicólogo, bem como a qualidade de atendimento às vítimas.

PROCEDIMENTOS PRÁTICOS PARA A INSTALAÇÃO DO GRUPO

A cada atuação do Grupo IPE, evidenciou-se a necessidade e a premência do desenvolvimento de procedimentos práticos para viabilizar ou melhorar as intervenções. Os passos descritos a seguir foram dados de maneira empírica, a cada reunião do grupo e a cada avaliação de acionamento, mas fundamentados em estudos e treinamentos, e constatou-se que a experiência que nos precede valida nossos esforços – ver os trabalhos de Kehayan e Napoli (2005), Greenstone (2008), Cohen (2006), Atherton e Sonniks (2006), Reyes e Jacobs (2006), Jong (2011) e Ursano *et al.* (2012).

Nome do grupo, logotipo

A atuação em emergência, em campo e com vários atores com finalidades diversas, exige a identificação claramente destacada de cada um dos grupos/segmentos de trabalho. No caso do IPE, buscou-se um nome que identificasse o grupo e garantisse a condição de autônomo, não vinculado a nenhuma empresa.

Muitas sugestões, muita criatividade e a escolha por IPE (Intervenções Psicológicas em Emergências) surgiu e tomou corpo, porque definia que seria um grupo prioritariamente de intervenção de campo e demarcava a formação de origem – psicologia – com a modalidade de atendimento em emergências.

Foi eleito como logotipo um ipê amarelo, fazendo a associação com a árvore símbolo do Brasil (como declarado pela Lei nº 6.607 de 7 /12/1978), e, por fim, encaminhou-se a formalização do grupo, estabelecendo seu vínculo ao 4 Estações Instituto de Psicologia, que responderia técnica e eticamente pelas ações do grupo.

Contatos de todos

A lista com todos os contatos telefônicos dos membros do grupo foi uma das primeiras necessidades evidenciadas durante a atuação do Grupo IPE. Profissionais que atuam em situação de emergência devem ter todos os contatos do seu dia a dia, e de forma acessível, porque a qualquer momento podem ser acionados e têm de responder prontamente. Com o avanço tecnológico dos últimos dez anos, é possível usar a agenda do celular, com tons diferenciados e todas as sofisticações tecnológicas.

Quando o grupo de profissionais é grande (no caso, o Grupo IPE contava em 2011 com 38 psicólogos, número ainda pequeno diante de uma grande emergência), mostra-se conveniente a criação de uma "árvore" de acionamentos, partindo de um ponto para uma cadeia de mensagens, de forma a acelerar o processo de comunicação. Esse processo de acionamento é constantemente revisto, com o intuito de afinar procedimentos, corrigir distorções e manter uma boa comunicação.

Confecção de crachás

A confecção e o uso de crachá identificatório mostraram-se práticas efetivas que garantem o reconhecimento e o fácil acesso a lugares privativos e restritos a profissionais. As informações servem para permitir acesso a ambiente restrito, além de ressaltar aspectos de saúde que mereçam atenção, caso seu portador esteja inconsciente.

A mochila e seu conteúdo

Ao longo das intervenções, constatou-se que guardar bolsas e/ou objetos pessoais no local das intervenções na maioria das vezes não era possível. Ficar horas em pé segurando uma bolsa, por outro lado, não era confortável, e as mãos precisavam ficar livres. Nem sempre havia água disponível, lenços, caneta, bloco de anotações, objetos necessários e, às vezes, fundamentais. Diante da imprevisibilidade e urgência dos acionamentos, concluiu-se que era preciso ter sempre pronta uma malinha, inclusive para uma viagem de alguns dias. Assim, desenvolveu-se a mochila IPE, que deve estar sempre pronta e acessível.

Definir o conteúdo da mochila foi uma construção divertida para o grupo, mas não menos importante. Além do levantamento do que já havia sido experienciado, novas hipóteses foram levantadas, e finalmente chegou-se à elaboração de uma lista com o conteúdo necessário: uma troca de roupa, boné, capa de chuva, água, barra de cereal, lenços de papel, papel higiênico, celular, carregador de celular, caneta, lápis de cor e algo para ser usado em atividades com crianças, bloco de anotações, artigos de higiene pessoal, protetor solar, repelente, documentos pessoais, dinheiro, cartão de crédito, medicamentos de uso pessoal, entre outros.

É interessante observar o quanto esse processo de construção, bem como seu produto final, está alinhado com o que propõe Greenstone (2008), considerando a necessidade de manter sob controle aspectos que sejam geradores de tensão em situações de deslocamento. O que levar para uma ação em campo pouco conhecido, com duração em princípio não prevista, que não falte nem sobre é realmente um exercício que necessita ser constantemente revisto e aprimorado.

Foi criado também, nessa ocasião, um *checklist* com os procedimentos necessários para que o acionamento seja efetivado sem pendências que interfiram na qualidade do trabalho, como:

- organização prévia, incluindo a execução das providências a ser tomadas antes de sair para o acionamento;
- o que levar na mochila e kit de emergência;
- munir-se do máximo de informações disponíveis ao ser acionado;
- documentos pessoais, dinheiro, cartão de crédito;
- medicamentos de uso pessoal;
- programar agendamento ou cancelamento de compromissos, profissionais e financeiros;
- avisar familiares de sua ausência ao ser acionado;
- cuidados com a casa na ausência;

- ao finalizar o trabalho, reportar as informações à coordenação, fazer relatórios, manter sigilo sobre a atuação.

Colete

Com a ocorrência sucessiva de acidentes, verificou-se que os crachás não eram suficientes para a identificação do grupo ou de seus membros. Era preciso algo mais visível, como camisetas ou bonés. Foram adotados, entretanto, coletes de cor cáqui, bordados com nome e logotipo do Grupo IPE e do 4 Estações Instituto de Psicologia, e com vários bolsos, por estes serem mais funcionais que as mochilas.

Ainda em relação a procedimentos práticos, é importante salientar que a apresentação pessoal quanto à vestimenta mostrou-se um tema relevante, pelo fato de o local de atuação ser diverso e, muitas vezes, adverso. Além disso, às vezes ficamos em imersão – vários dias hospedados em um hotel, por exemplo. Sendo um contexto de trabalho, as roupas devem atender a esse princípio, não precisando ser necessariamente formais, mas discretas na cor e no modelo; maquiagem e perfumes devem ser igualmente discretos e os sapatos, confortáveis. Em resumo: a aparência pessoal não deve chamar a atenção ou desviá-la do que é o propósito.

TREINAMENTOS

Os treinamentos iniciais partiram de um material elaborado pela profa. dra. Maria Helena Pereira Franco, com a finalidade de preparar o grupo para o atendimento de vítimas e/ou familiares de vítimas de acidentes aéreos. Com o tempo, esse material foi ampliado e agregou-se a experiência do grupo e outras experiências profissionais de seus membros que pudessem inspirar a construção desse novo exercício profissional.

Há alguns anos foi estruturado o treinamento para o Atendimento Psicológico em Emergências. Essa formação inicial instrumentaliza os aspirantes ao trabalho e aproxima e afina a linguagem entre as quatro gerações de IPEs. A primeira geração foi formada a convite da profa. dra. Maria Helena Pereira Franco; a segunda, por indicação dos próprios membros do grupo; e a terceira e a quarta já tiveram a oportunidade de previamente fazer o curso de emergências sistematizado com base no conhecimento acumulado e, com isso, avaliar o próprio interesse – e, de acordo com o seu desempenho, ser convidado a integrar o grupo.

Atualmente, o conteúdo programático inclui: Organização e Funcionamento do IPE; Desastres em Geral; Transtorno de Estresse Pós-Traumático; Luto e Enfrentamentos; Luto e Desastres; Comunicação Geral Intra e Extra IPE; Técnicas de Comunicação; Habilidades Profissionais dos Participantes do IPE; Ética Profissional; Equipe Multiprofissional; Atendimento Domiciliário; Cuidados com o Profissional.

No tocante a procedimentos, utilizam-se aulas teóricas intercaladas com vivências, jogos, simulações, exibição de filmes e relatos de experiências. Parte-se do pressuposto de que o aprendizado deve ser provido de sentido, partindo de experiências. Mesmo entre os veteranos, periodicamente são realizadas simulações de acionamento, o tempo de resposta é cronometrado e os resultados são avaliados. Simulações de cenas temidas ou casos paradigmáticos também são feitas. A formação deve ser contínua, e a cada emergência há modificações na forma de ver e interpretar o mundo, os indivíduos e o grupo.

Os IPEs participam de eventos científicos e congressos, com o propósito de divulgar e multiplicar o conhecimento acumulado desde sua fundação. Vários deles, em razão de interesse pelo desenvolvimento profissional e profissional, ampliaram seus estudos em cursos de pós-graduação *lato* e *stricto sensu*.

Nesse percurso, algumas parcerias foram desenvolvidas, que, por sua vez, validam a prática do grupo, e gradativamente formam uma rede de atendimento/serviços nos casos de emergência, o que é essencial para atender de forma eficaz a uma demanda tão complexa quanto as emergências.

Escrever sobre a história do Grupo IPE possibilitou sistematizar uma série de afetos e lembranças, reconhecer o substrato científico de tantas vivências e compartilhá-las. É muito gratificante participar do desafio de fazer parte da construção do Grupo IPE, uma prática inovadora de atendimento psicológico.

PERCEPÇÃO DOS MEMBROS DO GRUPO ACERCA DE SUA ATUAÇÃO: O QUE PENSAM E SENTEM OS PSICÓLOGOS DO IPE EM ATIVIDADE? (PESQUISA REALIZADA EM 27/5/2011)

Apresentamos aqui um retrato dos pensamentos e sentimentos dos membros do Grupo IPE nas suas atuações em emergências. Realizamos uma pesquisa com os 38 integrantes do grupo, dos quais 29 responderam a ela.

Na época da realização dessa pesquisa, o grupo era composto por 38 psicólogos, sendo 32 mulheres e seis homens; 20 eram solteiros; 13, casados; quatro, divorciados; um, com união estável; 21 não tinham filhos. Com relação à faixa etária, 15 tinham entre 21 e 30 anos; 13, entre 31 e 40 anos; seis, entre 41 e 50 anos; e quatro, acima de 50 anos de idade. Quanto ao tempo de pertencimento ao grupo: nove ingressaram em 2001; oito, em 2004; cinco, em 2007; nove, em 2008; e sete, em 2010. Já haviam atuado em algum tipo de intervenção 95% dos psicólogos.

Definimos como atuação em emergência aquela que ocorre logo após um acidente e até uma semana depois. Na tabulação e análise, deixamos de considerar, entretanto, intervenções caracterizadas como acompanhamentos de familiares durante longos períodos após o acidente ou mesmo intervenções consideradas preventivas quanto ao desenvolvimento de estresse pós-traumático.

A atividade dos membros do grupo em situações de emergência pode acontecer no local do acidente (nas proximidades), assim como num local base (hotel, aeroporto, IML, domicílio).

Nosso desejo foi o de compartilhar olhares, dividir preocupações e suscitar reflexões. Para que essa meta pudesse ser alcançada, foi solicitado a cada participante da pesquisa que escolhesse apenas uma das intervenções das quais participou para responder às perguntas.

Os acidentes escolhidos por ordem cronológica pelos participantes foram:

- 2006 – Acidente aéreo da GOL.
- 2007 – Acidente na obra da estação Pinheiros da Linha Amarela do Metrô de São Paulo.
- 2007 – Acidente aéreo da TAM.

Foi também perguntado o motivo da escolha de tal intervenção:

> *"Foi o primeiro grande acidente do qual participei."*
>
> *"Foi o mais marcante. Eu estava grávida na ocasião."*

"Foi o local mais longínquo onde atuamos."

"Por ter ocorrido dentro de nossa cidade (São Paulo) e por ter sido muito perto de tudo."

"Foi o primeiro grandão."

"Porque foi o no qual mais tempo atuamos."

"É o mais recente e ficou mais marcado por vários aspectos: local, duração, variedade de situações."

"Porque foi a intervenção em que tive maior participação e envolvimento."

"Pela proporção da tragédia, por ter ocorrido dentro da nossa cidade. Mobilizou muitos sentimentos."

"Pelo fato de ter sido o mais marcante em minha vida, por ter ocorrido perto de casa, por ter ido participar logo na manhã seguinte ao acidente e ter participado do acompanhamento dos familiares nos hotéis, em domicílio e no consultório."

"Por ser na nossa cidade (São Paulo). Como se fosse no quintal de casa, mostrando a vulnerabilidade do aeroporto de Congonhas e suas consequências nos arredores."

Os psicólogos, além de preparo técnico, mostraram a necessidade de um forte sentimento de pertencer à comunidade atingida, no dimensionamento não apenas do desastre, mas de seu envolvimento nos esforços de resposta a ele.

Elaboramos oito perguntas para que os membros do grupo respondessem de forma dissertativa. Dessas, sete foram tabuladas por categorias e pelo maior número de respostas obtidas. Quanto à oitava pergunta, transcrevemos algumas declarações.

Os resultados são os que seguem, ilustrados por alguns depoimentos. Salientamos que, nas análises, aparecem repetições dos pensamentos e sentimentos em várias das perguntas efetuadas. Isso ocorreu porque, conforme o trabalho vai se desenvolvendo e as situações, se sucedendo, o fato gerador se modifica, mas os pensamentos e as sensações a ele associados se mantêm, variando apenas em intensidade. Há, então, um *continuum* de pensamentos e sentimentos ao longo dos acontecimentos.

1 – Qual a sensação que teve quando foi convocado para participar da intervenção? Em que pensou? Como se sentiu?

Nessa fase, as sensações e os pensamentos são relatados pela quase totalidade dos participantes, independentemente do tempo de pertencimento ao grupo.

- Apreensão, receio, medo, temor, não saber o que vai encontrar no local da intervenção, qual será o impacto que terá ao chegar lá. Isso diz respeito tanto às proporções quanto ao tipo do incidente. Na universalidade de características de cada acidente, existem particularidades que o diferencia de qualquer outro, gerando temor pelo desconhecido e a sensação de ser sempre o primeiro.
- Ansiedade, adrenalina, coração acelerado: essas sensações surgem ao pensar na crise gerada por um incidente de grande porte, pelo trauma que ele causa aos familiares e outros envolvidos direta ou indiretamente e por saber que terá de lidar com sentimentos muito fortes que permeiam essas situações. Esses sentimentos são intensificados quando se pensa nas dificuldades de locomoção até o local do incidente.
- Ambivalência de sentimentos, querer e não querer: mais presente nos relatos dos membros mais antigos, principal-

mente pelo fato de já terem vivenciado situações "semelhantes" e imaginarem as cenas que reencontrarão, reviverão.

- Sensação de desorganização, de estar perdido: todo primeiro momento é de caos, sentido tanto internamente ("o que vou fazer/como poderei ajudar/o que me espera") quanto, num segundo momento, externamente, ao chegar ao local da intervenção.
- Satisfação em poder ajudar e ser um participante do grupo: pensamento e sensação presentes em todos os membros do grupo. A possibilidade de poder ajudar, mesmo que seja aparentemente pouco diante do tamanho da tragédia, é percebida como muito gratificante, uma oportunidade de se doar a essa atividade, ajudando pessoas em sofrimento. Essa sensação de satisfação também se manifesta pelo fato de pertencer ao Grupo IPE.

"Tinha ao mesmo tempo sentimentos ambíguos de não querer ir a campo, por conta de todo o sofrimento que presenciaria, e também sentia como se eu tivesse de ir, como uma missão, como um soldado, que sabe que um dia pode ter de ir para uma guerra."

"A primeira sensação é adrenalina pura, frio no estômago, querer e não querer."

"Por ser em São Paulo e pela rapidez com que se passou do acionamento à ação, não deu tempo para assentar a ideia e rever mentalmente o protocolo antes de chegar ao local."

"Friozinho na barriga e sensação de 'Que é que eu vou fazer ali? Como posso ajudar?'"

"Como se fosse meu primeiro atendimento. Depois a gente percebe que não passa mesmo, porque cada evento é único e como se fosse o primeiro."

2 – Quando estava a caminho do local da intervenção, quais pensamentos lhe ocorreram? Quais foram as sensações que teve? Quais emoções afloraram?

Os pensamentos e as sensações nessa segunda fase aparecem como uma continuação da etapa anterior. A ansiedade de chegar logo ao local intensifica-se pela preocupação com o deslocamento e o itinerário a ser percorrido. Quando há necessidade de grande deslocamento geográfico, esse tempo maior intensifica a ansiedade, o medo, a preocupação, o receio, a adrenalina, o frio na barriga, a insegurança – sentimentos esses associados ao pensamento a respeito do que se encontrará no local da intervenção. Por mais experiência e treinamento que se tenha, cada acontecimento é único e, portanto, exige dedicação como se fosse o primeiro.

> *"O tempo que eu tinha para chegar ao aeroporto e embarcar era tão curto que naquele momento a necessidade e ansiedade para chegar a tempo se sobrepuseram a qualquer outra emoção."*
>
> *"Um misto de motivação, preocupação, medo da sobrecarga emocional sem data e hora para acabar."*
>
> *"Foi um caos para conseguir chegar devido ao trânsito causado pela interdição das ruas próximas. A cada cinco, dez minutos passados, a ansiedade e a angústia por ainda não estar com a equipe aumentavam."*
>
> *"Como minha viagem até São Paulo durou aproximadamente cinco horas, ocorreram vários sentimentos que foram se intercalando durante a trajetória, tais como: medo e angústia ao pensar em quanto aquelas pessoas estariam impactadas e com intensa dor e sofrimento. Ansiedade para chegar rápido ao local e daí poder ajudá-las assim como para encontrar os colegas do grupo. Ao mes-*

mo tempo vinha uma sensação de imensa satisfação em poder estar indo ajudar as pessoas."

3 – Ao chegar ao local da intervenção, como se sentiu?

A sensação mais relatada pela maioria é de caos interno, que aos poucos vai se modificando conforme cada um começa se organizar mentalmente, recorrendo às experiências e aos aprendizados, principalmente pela utilização de mecanismos racionais e lógicos.

O ambiente físico onde se dará a intervenção também, em geral, está um caos. Um olhar especializado, como é o caso do dos membros do IPE, aos poucos nota que esse caos exterior aponta para uma organização, que vai ocorrendo aos poucos: montam-se as salas, é providenciado local/hotel, chama-se retaguarda médica e de enfermagem, fazem-se os primeiros acolhimentos, suprem-se as necessidades básicas e de segurança, "protegem-se" os envolvidos diante do assédio da mídia.

Foi apontada pelos membros do IPE a existência de um suporte essencial: o acolhimento e compartilhamento entre eles. Isso traz sensação de conforto e segurança. A transmissão de informações entre todos da equipe é fundamental não apenas durante as intervenções, mas também nas trocas de plantão. Os membros mais novos do grupo declaram que se sentem mais seguros e confortáveis quando são acolhidos e apoiados pelos mais antigos.

Outro sentimento que aparece com frequência nos relatos é o de grande tristeza pelo sofrimento dos envolvidos na tragédia.

"Aliviada ao ver como as pessoas já estavam organizadas: sala de crise funcionando, todo mundo lá. Havia lugar para eu

trabalhar, foi um alívio! Angústia em obter o máximo possível de informações para tomar as decisões." (depoimento da coordenadora do grupo)

"Senti o caos instalado, fui procurar a equipe da empresa e me apresentei, mas todos já estavam correndo de um lado para outro, completamente atordoados. Lembrei-me do que escutei ao realizar minha primeira intervenção em um acidente anterior: 'Olhe em volta, e perceba onde você pode intervir, quem está ao seu redor e como você pode fazer'."

"É sempre uma primeira vez... mas logo o desafio de fazer o trabalho acontecer vai tomando conta e os sentimentos mais positivos relacionados à potência por poder fazer alguma coisa diante do caos são muito bons."

4 – Durante sua atuação: quais sensações, sentimentos, emoções lhe ocorreram?

O que se pode observar aqui são dois aspectos contrastantes e complementares:

- Acolher: embora a atenção/tensão constante e um estado de alerta presentes durante toda a intervenção gerem um cansaço físico e emocional muito grande, existe uma enorme motivação em poder acolher, escutar e apoiar os familiares e envolvidos na tragédia.
- Ser acolhido: o acolhimento e o compartilhamento entre os membros do IPE durante as intervenções e nas trocas de plantões aparecem como uma forte sensação de estar sendo cuidado, tanto pelos colegas como pela coordenação. Esta, por sinal, desempenha um papel fundamental tanto na logística como nos cuidados com os IPEs.

Novamente, aqui surgem sentimentos de tristeza pelo sofrimento dos outros e compaixão pela dor, acompanhados de uma sensação de frustração pela enorme demanda, da qual parece que não se pode dar conta. Sensação de impotência diante da gravidade e proporção do incidente e de tanto sofrimento também é frequente.

> *"Muitas vezes, frustração e impotência diante de tudo aquilo. Muitos questionamentos. Mas também existe a certeza de querer e estar apta para realizar o trabalho. Vontade de estar ali para trabalhar."*
>
> *"Muita compaixão e empatia pelas pessoas, pois é impossível não se colocar no lugar delas e imaginar o tamanho da dor. Mas acho que esse é um bom motivador para o trabalho."*
>
> *"Emoção por alguns relatos, identificação com algumas situações, capacidade de acolher, escutar e dar apoio."*
>
> *"A insegurança e o medo de errar foram diminuindo à medida que a intervenção tomava forma. Estar diante de pessoas tão fragilizadas e em sofrimento despertou em mim um sentimento de solidariedade, além de um extremo cuidado para não causar um estrago maior na vida delas. A coordenação teve um papel fundamental de confiança e organização direcionando cada IPE a um local, com um objetivo definido."*
>
> *"A coordenação, considerando o fato de eu estar num período pós-operatório, me convocou para locais mais protegidos. Fiquei nos hangares, me senti cuidada, protegida e útil porque estava trabalhando. Em alguns sepultamentos e/ou visitas domiciliares me senti esgotada física e emocionalmente."*

5 – Ao deixar o local da intervenção, como se sentia, em que pensava, quais emoções emergiram?

Os sentimentos mais relatados nessa etapa foram: cansaço, esgotamento físico e mental, compaixão e tristeza por participar de tanto sofrimento e uma briga interna entre o cansaço e a vontade de continuar trabalhando.

A agitação, hiperatividade e adrenalina continuam ainda por algumas horas. O desligamento e a volta à rotina vão chegando aos poucos. A sensação nesse momento é gratificante e de dever cumprido.

Os relatos dos IPEs indicam-nos que, após um incidente de grande porte, inesperado, violento, envolvendo grande sofrimento, ninguém que dele participa sai ileso: nem os familiares, nem outros envolvidos, nem as equipes de profissionais. Esses incidentes constantemente os remetem a uma reflexão a respeito do sentido da vida e de seus significados, alterando, inclusive, em alguns casos, a escala de valores até então prevalente.

> *"Percebia que toda vez que voltava para o hotel para dormir chegava com muita dor no corpo, a ponto de não conseguir levantar um dos braços nem para passar a mão na cabeça. Conforme tomava um banho, com água morna caindo nos ombros e nas costas, melhorava."*
>
> *"Sempre ao reencontrar a família vinha uma grande tristeza relativa a como a vida é fugaz e incontrolável. Todos esses acidentes são, de certa forma, indigestos, na medida em que nos mostram de forma real e crua a imprevisibilidade da vida."*
>
> *"Como passei várias semanas hospedada no mesmo hotel que o dos familiares, a minha rotina diária (dia, noite e às vezes até de madrugada) mudou completamente, passou a ser totalmente dire-*

cionada ao atendimento das famílias. Então, quando deixei o local, tive uma sensação muito estranha, acho que uma sensação de 'vazio', fiquei 'meio perdida'."

"Sai de lá 20 horas depois, sem dormir, muito cansada, com uma sensação de irrealidade, parecia que eu estava em uma bolha flutuando. Muito antenada, difícil de desligar." (depoimento da coordenadora do grupo)

6 – Após chegar a sua casa/trabalho, como se sentia, em que pensava, quais emoções emergiram?

Depois de uma experiência tão intensa, ao chegar em casa os membros do grupo relatam ainda adrenalina alta e esgotamento físico e emocional. O relaxamento demora, mas aos poucos vai ocorrendo, muitas vezes ajudado por um longo, aconchegante e demorado banho. Sentem vontade de se nutrir/alimentar prazerosamente como se fosse uma forma de compensar toda a energia despendida no trabalho. Sentem também necessidade de ficar com os familiares e estreitar o convívio, valorizar os momentos de aconchego e acolhimento proporcionados por esse contato.

"Ao chegar em casa, precisei tomar um banho, parecia que era o jeito concreto de tirar algumas emoções grudadas em mim pelos atendimentos. Além disso, era uma forma de relaxar fisicamente, pois eu havia ficado tensa e em estado de alerta durante horas."

"Predominava um sentimento que imagino ser de um combatente de guerra, sem poder dividir os horrores do combate, mas feliz por contribuir com a saúde mental das pessoas envolvidas. O carinho e a alegria de meus filhos eram também uma vitamina fundamental."

"Cansaço, ainda muita adrenalina, demorei para descansar/relaxar um pouco, nunca completamente. Fiquei poucas horas em casa e voltei para a sala de crise. Ter tomado um bom banho, bem demorado, foi muito importante." (depoimento da coordenadora do grupo)

"Cheguei em casa ainda com a adrenalina elevada, fui tomar um longo banho para relaxar e repensar como eu, enquanto IPE, poderia contribuir para minimizar a dor daquelas pessoas que sabia que veria e conviveria ao longo do atendimento psicológico emergencial."

"Apesar de querer continuar atuando, chegar em casa era muito prazeroso. Momentos como o banho ou uma refeição caseira tomaram novos sentidos para mim. Estar próxima de minha família foi fundamental para que eu seguisse bem e capaz de realizar meu trabalho."

7 – O que você faz para cuidar de você após participar de uma intervenção?

Os principais cuidados relatados foram: tentativas de relaxar, banhos longos e demorados, alimentação prazerosa, convívio familiar, brincar com os filhos e animais de estimação, descansar, fazer atividades relaxantes, tais como ver programas de entretenimento na TV, ouvir música, dançar, ler, ir ao cinema, conversar com pessoas queridas sobre assuntos triviais, fazer massagem ou automassagem e dormir para descansar.

"Banho quente, comida gostosa, uma noite de sono reparador e cancelar a rotina de trabalho no dia seguinte (pelo menos). Rezo, divido com os pares e com a terapeuta."

"Acho que poder primeiramente me alimentar adequadamente (o que às vezes fica difícil nos primeiros momentos de um acidente), dormir e conversar sobre outras coisas com as pessoas.

Poder dividir/compartilhar com colegas/amigos do IPE sentimentos presentes. Acho muito importante ter este espaço e não ficar a sensação de estar só."

"Costumo estar rodeada de pessoas de que gosto. Não tomo decisões importantes quando sei que estou mobilizada pela intervenção. Respeito meu cansaço e quando possível faço atividades de que gosto para relaxar."

"Estar com pessoas de que gosto, dar boas risadas, falar de coisas banais, ouvir música... O momento do banho, para mim, é sagrado: hora do autocuidado, de relaxar e até chorar quando preciso. A automassagem após estar relaxada é algo que me ajuda muito quando me sinto cansada e sem energias."

8 – Relate um episódio que tenha sido mais marcante nas suas atuações em intervenção no IPE

"O momento em que vaza de um rádio de um repórter da Rede Globo a voz da Fátima Bernardes dizendo que não havia sobreviventes no acidente. Os familiares das vítimas entraram em uma histeria coletiva. As pessoas gritavam, choravam, desmaiavam, socavam as mesas. Foi um momento difícil..."

"O olhar de um pai observando o que restou do filho no IML. É uma cena que permanece em minha memória, uma imagem de dor sem palavras."

"Quando, num dos reconhecimentos da vítima, a familiar me pegou pelo braço e pediu para que eu a acompanhasse dentro da sala do IML e fizesse uma oração junto com ela para sua sobrinha... ali na urna, com seu corpo completamente desfigurado..."

"Chegar ao local onde atuaria (saguão do aeroporto de Congonhas – Pavilhão das Autoridades) e ver pelas janelas o acidente

(o que restou do avião) logo ali do lado. Sentir cheiro de queimado, ouvir os sons, isso tudo foi muito marcante.”

“Estava no IML quando um viúvo, a quem eu já havia atendido anteriormente, foi até lá para buscar pertences da esposa. Ao sair da sala de pertences, ele me perguntou se os corpos das pessoas estavam ali também. Disse que sim. Ele, após um ou dois minutos, perguntou novamente, e ouviu a mesma resposta. Mas, perguntou uma terceira vez, e consegui perceber que algo não o satisfazia na pergunta e nem na resposta. Falei isso a ele e perguntei se ele gostaria então de ficar algum tempo naquele local, mas sozinho. Ele disse que sim e eu propus que ele então pudesse falar para a esposa o que ele quisesse. Percebi, nesse momento, que havia acontecido uma comunicação entre mim, psicóloga, e ele, paciente, maior do que o conteúdo consciente, expresso na fala.”

“Aguardar um comissário de bordo que chegava de um voo a trabalho. Minha missão era contar para ele que sua esposa, grávida, estava no avião do acidente.”

“Atendimento/acompanhamento da noiva de uma vítima que resolveu ficar no local do acidente acompanhando as buscas até que encontrassem seu noivo, com a certeza de que ele estaria vivo. Ela estava acompanhada de suas duas irmãs e chegaram dois amigos trazendo comida e cobertor para que pudessem ficar ali muito tempo. Foi complexo lidar com as situações ao redor, inclusive profissionais que estavam trabalhando nas buscas.”

O que se pode observar fartamente por meio dos resultados dessa pesquisa é a importância não apenas de conhecimento teórico e técnico, mas também de preparo psicológico a quem se empenha em uma intervenção em emergência.

Lidamos com as pessoas num momento extremamente delicado e crítico da vida. Medos, ansiedades, tristezas, planos desfeitos, presente, passado e futuro, questionamentos e dúvidas são alguns dos aspectos relevantes a quem é atingido por um desastre e àqueles que se propõem a auxiliar técnica e humanitariamente essas pessoas. Os cuidados, não apenas com aqueles que estão sofrendo pelo impacto de perdas tão abruptas, mas também com os colegas de grupo e consigo mesmo, precisam sempre estar presentes.

Limites para "reabastecimento" físico-emocional são necessários a quem está na linha de frente para o acolhimento e atendimento às vítimas de desastres. Precisamos estar atentos a nós mesmos como seres humanos, pois também estamos suscetíveis de sofrer pelos impactos gerados pelos desastres.

Deixamos aqui nosso mais profundo agradecimento a todos os participantes do Grupo IPE não apenas por terem aderido a essa pesquisa, mas principalmente por participarem tão ativamente do grupo e de forma tão madura, humana e dedicada.

REFERÊNCIAS BIBLIOGRÁFICAS

ALAMO, S. V. *Psicologia en emergencias y desastres: una nueva especialidad*. 2007. Disponível em: <http://www.monografias.com/trabajos10/emde/emde.shtml>. Acesso em: maio 2011.

ALVES, R. B.; LACERDA, M. A. C.; LEGAL, E. J. "A atuação do psicólogo diante dos desastres naturais: uma revisão". *Psicologia em Estudo*, v. 17, n. 2, Maringá, 2012, p. 307-15.

ATHERTON, J. S.; SONNIKS, M. "Inplementation of a training of trainers model for disseminating psychological support in the Cuban Red Cross". In: REYES, G.; JACOBS, G. (orgs.) *Handbook of international disaster psychology. Practices and programs*, v. 2. Westport: Praeger, 2006, p. 89-101.

BRUCK, N. R. V. *A psicologia das emergências: um estudo sobre angústia pública e o dramático cotidiano do trauma*. Tese de Doutorado em Psicologia, Pontifícia Universidade Católica do Rio Grande do Sul, Rio Grande do Sul, 2007.

COHEN, R. E. "Implementation of mental health programs for survivors of natural disaster in Latin America". In: JACOBS, G. A.; REYES, G. (orgs.). *Handbook of international disaster psychology.* Londres: Greenwood Publishing Group, 2006.

DODGE, R. G. "Assessing the psychosocial needs of communities affected by disaster". In: JACOBS, G. A.; REYES, G. (orgs.). *Handbook of international disaster psychology. Fundamentals and overview*, v. 2. Londres: Greenwood Publishing Group, 2006a.

_____. In defense of a community psychology model for international psychosocial intervention. In: JACOBS, G. A.; REYES, G. (orgs). *Handbook of international disaster psychology. Fundamentals and overview*, v. 1. Londres: Greenwood Publishing Group. 2006b.

FALCO, L. F. "Vencendo a turbulência". In: ROSA, M. (org.). *A era do escândalo: lições, relatos e bastidores de quem viveu as grandes crises de imagem.* São Paulo: Geração Editorial, 2003, p. 33-68.

GREENSTONE, J. L. *The elements of disaster psychology. Managing psychosocial trauma. An integrated approach to force protection and acute care.* Springfield: Charles Thomas Publisher, 2008.

INTERNATIONAL WORK GROUP ON DEATH DYING BEREAVEMENT. "Assumptions and principles about psychosocial aspects of disasters". *Death Studies*, v. 26, n. 6, 2002, p. 449-62.

JANOFF-BULMANN, R. *Shattered assumptions: towards a new psychology of trauma.* Nova York: Free Press, 1992.

JONG, J. "Nongovernamental Organizations and the role of the mental health professional". In: URSANO, R. J. *et al.* (orgs.). *Textbook of disaster psychiatry.* Nova York: Cambridge University Press, 2011, p. 206-46.

KEHAYAN, V. A.; NAPOLI, J. C. *Resiliency in the face of disaster and terrorism: 10 things to do to survive.* Fawskin: Personhood Press, 2005.

OLIVEIRA, S. R. *É possível dizer adeus? Repercussões de múltiplas perdas e o desaparecimento de pessoas em contextos de desastres.* Tese de Doutorado em Psicologia Clínica, Pontifícia Universidade Católica do Rio de Janeiro, Rio de Janeiro, 2014.

REYES, G.; JACOBS, G. A. "International disaster psychology: purposes, principles and practices". In: REYES, G.; JACOBS, G. (orgs.) *Handbook of international disaster psychology. Fundamentals and overview*, v. 1. Westport: Praeger, 2006, p. 1-14.

URSANO, R. J. *et al.* "Individual and community response to disasters". In: URSANO, R. J. *et al.* (orgs.). *Textbook of disaster psychiatry.* Nova York: Cambridge University Press, 2011, p. 3-28

WALLON, H. [1941]. *A evolução psicológica da criança.* Trad. Claudia Berliner. São Paulo: Martins Fontes, 2007.

3. O atendimento psicológico em emergências: diferentes *settings*

CRISTINA F. DELDUQUE DA COSTA • ESTER P. AFFINI • IARA B. ALVES • JOSÉ PAULO DA FONSECA • LILIAN G. A. P. BIASOTO • MARCELO M. S. GIANINI • MARIANGELA DE ALMEIDA • RACHEL R. RIGHINI • REGINANDRÉA G. VICENTE • SAMARA KLUG

INTRODUÇÃO

O contexto de atendimento é significativo a todos os profissionais de saúde, pois interfere diretamente na realização de procedimentos e intervenções. Além das questões de viabilidade ambiental para realização de procedimentos, o local em que acontece o encontro entre profissional e atendido pode ser um facilitador para determinar os modelos de atuação e os comportamentos a eles relativos.

Na psicologia, há uma ampla discussão sobre o contexto e as condições materiais e éticos para a realização dos atendimentos.

Cabe destacar que, devido ao impacto de suas descobertas, a teoria de Freud (1975) popularizou-se e é hoje a mais conhecida das teorias psicológicas entre profissionais de saúde e também pela população leiga. Podemos observar na prática profissional que muitos confundem psicologia com psicanálise, sem distinguir entre o modelo de atuação de ambos.

É importante ressaltar esses aspectos quando se trata do ambiente de atendimento, pois os clientes e outras categorias de profissionais de saúde demonstram crenças em relação à atuação do psicólogo associadas à psicanálise.

No desenvolvimento de suas técnicas de trabalho, com o objetivo de atingir conteúdos inconscientes e com as dificuldades decorrentes de cumpri-lo, Freud utilizou-se de métodos de trabalho como hipnose, regressão e associação livre. Esses métodos exigem um contexto de consulta específico; qualquer interferência dificulta e/ou impede o desenvolvimento do trabalho, devido à dificuldade de acesso aos conteúdos inconscientes e, principalmente, aos aspectos da transferência e contratransferência. Esse conceito justifica características da relação entre o profissional que atua em uma abordagem psicanalítica e seus clientes e explica a relevância do ambiente em que ocorre o encontro e sua influência na técnica.

Hoje são inúmeras as teorias e técnicas psicológicas, mas poucas foram as mudanças em relação ao contexto de atendimento clínico, apesar de muitas dessas técnicas não terem a transferência como instrumento e não objetivarem o acesso ao inconsciente. O modelo de atendimento psicanalítico é basicamente um modelo de atendimento de consultório, que busca propiciar ao cliente a possibilidade de uma regressão ao inconsciente; ele reviverá, em sua relação com o terapeuta, conteúdos primários de sua vida emocional. Essa influência psicanalítica em relação ao ambiente do atendimento pode mobilizar crenças nos profissionais de saúde, ou nos clientes, sobre a necessidade de um ambiente que propicie privacidade, neutralidade e impossibilidade de interrupção por fatores externos, como telefone, campainhas e intrusos ao espaço analítico.

Sabe-se que esses fatores são necessários para a realização de um processo de análise e também são facilitadores para muitas técnicas psicológicas; porém, em alguns ambientes de atuação do psicólogo, como hospitais e o domicílio dos pacientes, são incompatíveis. Por isso, é importante ressaltar que, no atendimento em emergência, aspectos como privacidade, neutralidade e impossibilidade de interrupção dificilmente acontecem e deve-se aprender a atender com as interferências.

Outra influência significativa da psicanálise na compreensão popular corresponde às crenças relativas à duração do tratamento. Como a psicanálise não estabelece inicialmente um período de duração do tratamento, muitos pensam que ele ocorre com outras técnicas psicoterápicas, considerando isso um dificultador para o trabalho do psicólogo em equipes de assistência em emergência.

As diversas abordagens psicoterápicas entendem enquadramento como uma série de regras colocadas no início do processo terapêutico relativas ao seu funcionamento geral, tais como horário, duração das sessões, frequência, pagamentos e sigilo. Além do enquadramento, há o conceito de *setting* terapêutico, que se refere ao local e ambiente onde ocorrem as sessões. Geralmente esses dois conceitos envolvem um princípio de estabilidade, de manutenção desse ambiente físico aparentemente seguro e estável e das normas regentes. Tudo isso é estratégia clínica para organizar, ordenar e ditar um contexto funcional para a relação paciente-psicólogo, o que, para Freud (1975), seria visto como uma oportunidade inicial de enfrentamento das neuroses, e o que Winnicott (1994) descreveu como o início de um ambiente de *holding*, que gera ao paciente um clima de conforto e a sensação de cuidado materno.

Considerando a falta de esclarecimento que existe sobre o papel do psicólogo e as crenças sobre a psicologia e psicanálise entre os profissionais de saúde e na comunidade, e que o atendimento domiciliário propõe intervenções clínicas nela, torna-se necessário descrever algumas características da atuação do psicólogo. Para isso, é utilizado o Manual do Conselho Regional de Psicologia (Brasil, 2001), que contém informações, leis, resoluções e normas que dizem respeito ao exercício da profissão de psicólogo. De acordo com esse manual, no item "Legislação específica do Conselho Federal de Psicologia", os métodos psicológicos são entendidos como um conjunto sistemático de procedimentos aplicados à compreensão e intervenção em fenômenos psíquicos nas suas interfaces com os processos biológicos e socioculturais, especialmente aqueles relativos aos aspectos intra e interpessoais" (p. 62).

O psicólogo ampliou seu trabalho e conquistou diversos espaços de atuação, como a escola, a comunidade e o hospital, e suas intervenções podem ser terapêuticas sem necessariamente ser psicoterápicas. Então, como trabalha um psicólogo diante do caos físico e psíquico em uma situação de emergência?

A emergência já parte do pressuposto de que algo saiu do previsto, da organização conhecida, que algo está fora do normal e esperado. Ao invés de um local fixo, fechado, privativo, com hora marcada, o trabalho muitas vezes é feito em local público, com pessoas passando e falando (chorando ou gritando), barulhos, cheiros e dificuldades inerentes à situação presente. Enquanto no consultório o psicólogo está em um lugar conhecido por ele, planejado e familiarizado, em meio à emergência é inevitável a contaminação pelo que está ocorrendo ao redor, por toda a tragédia e o caos decorrentes dela, o que o coloca em um campo de desconforto maior; independentemente de quantos anos de experiência tenha em emergências, tudo parece sempre novo e desafiador, inclusive o fato de não saber nem quem vai atender nem por quanto tempo. Todo o contexto muda e a atuação deve se moldar ao que é possível naquele momento, com os (geralmente poucos) recursos disponíveis. O contexto de emergência inclusive torna quem será assistido pela psicologia outro fator-surpresa, pois há vítimas diretas e indiretas que são impactadas em uma situação de diferentes formas.

Greenstone (2008) resume o contexto de emergência afirmando que ele não termina até que acabe. O pós-acidente já é o preparo para um próximo acidente, que será mais ou menos bem atendido a partir de como a equipe se prepara e avalia a ação. O psicólogo que responde com eficiência aos desastres apoia-se no tripé de treinamento, no apoio psicológico e nos cuidados pós-desastre. Com isso, ele chama a atenção para a necessidade do autocuidado no desempenho dessas funções, novas no cenário da psicologia, como dizemos aqui, e, portanto, em construção de identidade. O psicólogo é ator de forte presença no cenário dos desastres, pois também é afetado por eles e apresenta necessidades que devem ser consideradas no desenho de uma intervenção, pré e pós-desastre.

Affini (2004) ressalta a importância dessa atuação que ocorre em ambiente tão diferente do corriqueiro e o cuidado com o tipo de vínculo que será estabelecido, a fim de preservar os objetivos e limites do trabalho. Ehrenreich (2006) e De Soir (2006) também chamaram a atenção para esse aspecto, ressaltando que o preparo para atuar em emergências é necessário, mas pode não ser suficiente se aquele que atua nesse campo não tiver condições psicológicas e organizacionais para entender as demandas.

O psicólogo capacitado em emergência desenvolverá um longo trabalho que visa à adaptação à nova realidade, aceitação e elaboração do que se passou, ou seja, um enquadramento do que é possível naquele momento. Pequenas coisas que provavelmente não fariam sentido no consultório psicológico fazem grande sentido aqui; por exemplo, o psicólogo sugerir à pessoa afetada pela emergência que está com as roupas sujas ou molhadas que se troque, começando assim a se destacar de ser mais um figurante da cena caótica em questão, por exemplo. Esse pode ser o início da organização dessa pessoa, uma primeira referência a quem teve seu mundo interno e externo devastados ao mesmo tempo.

O psicólogo certifica-se de que a pessoa se alimentou, bebeu água, não está com frio ou calor, o que dificilmente faria no cotidiano do consultório. Procura também um lugar para se sentar com mais conforto e privacidade e, especialmente, busca protegê-la de algum possível desdobramento do desastre, quando ainda se encontra na cena deste. Quanto mais próxima ao momento do incidente, mais concreta é a ação do profissional, que não vai usar de interpretações, e sim de ações mais diretivas e uma escuta que visa validar sentimentos ou preocupações do assistido em questão; o objetivo terapêutico maior é o de facilitar ao atendido a organização interna e externa, orientar e proteger (de perigo físico, de complicação psiquiátrica, da invasão de imprensa e outros curiosos, da exploração ou negligência de alguma empresa envolvida na causa da tragédia) e, ao mesmo tempo, ajudá-lo a elaborar, construir significado para o ocorrido e desenhar seu plano de ação a partir de então.

De acordo com Cabral e Nick (s/d), terapia é um tratamento que tem por finalidade aliviar ou curar e psicoterapia é a aplicação de técnicas especializadas ao tratamento dos distúrbios mentais ou aos problemas de ajustamento cotidiano.

Nos serviços de assistência domiciliária, o psicólogo utiliza-se de técnicas de psicoterapia, pois seu foco está nos problemas de ajustamento e manejo das dificuldades, o que propicia essa reflexão sobre atuação e contexto.

Conforme o Manual do Conselho Regional de Psicologia (Brasil, 2011, p. 134),

> psicoterapia é o processo científico de compreensão, análise e intervenção que se realiza por meio da aplicação sistematizada e controlada de métodos e técnicas psicológicas reconhecidos, orientando para o restabelecimento do equilíbrio psíquico, prevenção e cura das patologias psicológicas, visando ao bem estar, crescimento pessoal e saúde mental dos pacientes.

Técnicas psicoterápicas são, na maioria das vezes, utilizadas em contextos de atendimento clínico como consultórios, clínicas, ambulatórios e hospitais. As psicoterapias foram evoluindo em função das demandas sociais e do contexto em que ocorrem. São apresentadas abaixo algumas definições de novas técnicas abordadas no decorrer deste trabalho.

- Psicoterapia breve: é uma terapia de resolução de problemas em um número reduzido de sessões. Tem tempo e objetivos limitados.
- Psicoterapia focal: procura localizar determinada situação conflitiva que seria determinante da queixa do cliente. Busca resolver a queixa do paciente ou um conflito predominante.

De acordo com Knobel (1986), a diferença entre psicoterapia focal e breve é que, na psicoterapia focal, procura-se resolver a queixa do cliente ou um conflito predominante. Na psicoterapia breve, ajuda-se a manejar diversos conflitos. Ou seja, na psicoterapia breve pode-se tratar de esclarecer focos, ou melhor, vários conflitos que hão de ter a qualidade de ser predominantes e acessíveis, enquanto na psicoterapia focal procura-se localizar determinada situação conflitiva da queixa.

Refletindo ainda sobre as questões dos objetivos em psicoterapia, ressalta-se que nos novos modelos psicoterápicos existem diferenças de foco entre o intrapsíquico e o relacional.

Atenta ao foco relacional, surge a terapia sistêmica, com base em uma nova concepção da doença mental, em oposição às chamadas psicologias psicodinâmicas baseadas no intrapsíquico. O que é assinalado por teoria dos sistemas em psicoterapia é uma série de conceitos enraizados na teoria geral dos sistemas e na cibernética. A noção geral de sistemas pode ser definida como um conjunto de elementos em interação. Isso implica a ideia de que as características dos elementos dependem das relações específicas no interior do sistema (Carter e McGoldrick, 1995).

Os conceitos-chave do pensamento sistêmico têm que ver com a totalidade, a organização e a padronização. Os acontecimentos são estudados dentro do contexto no qual ocorrem e a atenção é focalizada nas conexões e relações, mais do que nas características individuais. Essa técnica busca desenvolver um trabalho de curto prazo dentro de um enfoque relacional (Papp, 1992).

Como é ainda incipiente a sistematização sobre as possibilidades de atuação do psicólogo nos serviços de assistência domiciliária, torna-se importante desenvolver uma reflexão com base no que tem sido feito nesses serviços, pelos trabalhos que ocorrem em contextos diferenciados, como o hospitalar e o da clínica escola. Sabe-se que um profissional bem preparado e experiente pode estar aberto à realização de qualquer um desses tipos de intervenção, considerando que o cliente terá papel importante nessa tomada de decisão. É essencial que o psicólogo clínico reconheça claramente a demanda e responda de acordo com os objetivos propostos por quem o solicita. As metas da psicoterapia refletem uma mistura dos desejos do cliente e das metas profissionais do clínico, que, por sua vez, deve assegurar a funcionalidade da integração de ambas as metas.

Primeiro, o clínico pode escolher ajudar os clientes a viver melhor em sua atual situação de vida, avaliando a si mesmo e suas expectativas, a fim de buscarem uma adaptação de suas capacidades, interesses e necessidades. Considera-se aqui que uma boa adaptação deve ser baseada em uma compreensão do cliente e de sua situação atual de vida, para que um bom ajuste possa ser adquirido sem que se mascarem dificuldades ou problemas importantes na pessoa ou no ambiente social.

Segundo, as intervenções podem ser conduzidas para ajudar os clientes a alterar suas situações de vida. Essa meta pode ser alcançada refletindo com os clientes sobre novas possibilidades que exerçam sobre ele um efeito positivo ou intervindo diretamente para alterar seus sistemas sociais do cliente.

De acordo com Knobel (1986), a terapia breve é uma psicoterapia de tempo e objetivo limitados e de predomínio cognitivo. Cada terapeuta deverá configurar o que será seu tempo operacional dentro do enquadre disponível nesse processo terapêutico. Nessa abordagem, o terapeuta deve buscar uma compreensão do paciente e de suas condições reais internas e externas.

Há também a questão que Affini (2004) ressalta sobre a importância do sigilo na equipe interdisciplinar. A privacidade física que o consultório oferece nem sempre pode ser garantida, tampouco a continuidade de encontros com um mesmo psicólogo.

Além desses aspectos, é importante que o psicólogo que atue em situações de emergência considere as especificidades que serão tratadas a seguir: as primeiras horas do acidente apresentam um cenário com informações insuficientes e que, muitas vezes, não se confirmam; o atendimento domiciliar em emergência apresenta necessidades que o diferenciam de outros contextos; o atendimento hospitalar em consequência de emergência e desastre apresenta contornos que o distinguem das emergências e urgências hospitalares; e as reuniões de familiares e sobreviventes, bem como as celebrações, sejam religiosas ou não, trazem oportunidades terapêuticas que exploraremos a seguir.

1 – AS PRIMEIRAS HORAS DO ACIDENTE

OS PRIMEIROS MOMENTOS PÓS-ACIDENTE AÉREO EM SÃO PAULO

Início de noite chuvoso em São Paulo naquele 17/7/2007. De repente, todos os veículos de comunicação informam sobre um acidente indescritível no aeroporto de Congonhas com um Air Bus A320 da TAM, o voo 3054, com 187 passageiros a bordo. A aeronave havia saído de Porto Alegre às 17h16min e chegara a Congonhas às 18h51min. Chegara ao aeroporto e passara direto! Direto para o outro lado da Av. Washington Luiz, em direção e ao encontro de um prédio de escritórios da TAM Express, onde havia 12 funcionários trabalhando e empregados de um posto de gasolina.

Começamos a receber as informações sobre o acidente a partir do noticiado pela mídia, por amigos e conhecidos que, informados sobre nossa atuação em emergência, nos avisavam do ocorrido. A perplexidade se instaurava a cada notícia, a cada nova informação e com o desencontro de informações. Ouvimos nas rádios e assistimos à televisão e deparamos com as cenas, chocantes! Todos nós assistíamos em tempo real àquela tragédia.

Alguns de nós, assim que depararam com a notícia, entraram em contato e informaram nossa coordenação, que, em busca de maiores informações, nos indicou que ficássemos alertas.

Naquele momento, disparamos avisos de prontidão aos familiares próximos, informando de um possível deslocamento para o local do acidente. Frio na barriga é pouco para a sensação sentida, mesmo porque era época de férias, muitos de nós tínhamos conhecidos viajando, outros especificamente em percurso aéreo.

Fomos prontamente acionados, e a primeira missão era chegar até o local do acidente. A cidade parou aquela noite! Uma interligação importante em São Paulo, a Avenida 23 de Maio, que liga as regiões norte e sul de São Paulo e leva a maior parte dos passageiros ao aeroporto, estava interditada em consequência do acidente, então foi preciso encontrar rotas alternativas para evitarmos ficar parados no caminho. Um percurso que requer em média 30/40 minutos foi feito em cerca de 1h e meia. Bastante difícil!!

A caminho, no carro, além de buscarmos informações pelo rádio, pudemos nos preparar para o que iríamos encontrar pela frente. Esse é um exercício importante: pensar no possível panorama a ser encontrado e em como iniciar a atuação com as informações passadas pela coordenadora, que, em geral, são ainda incipientes, principalmente quando nosso trabalho começa na sequência quase que imediata ao acidente.

A sensação de caos compartilhada com cada morador da cidade naqueles momentos foi muito marcante e a chegada ao aeroporto também, com os sons, os cheiros, a desorganização, a mídia e o questionamento constante: como começar? O que vamos encontrar?

Fomos orientados a nos encaminhar ao salão nobre do aeroporto de Congonhas, local escolhido pelos organizadores para acolhimento aos familiares e amigos das vítimas que para ali se dirigiam. Muitos repórteres, médicos, equipes de enfermagem, agentes da defesa civil, muitos curiosos, pessoas solidárias, muitos funcionários, colegas de grupo, muito de tudo naquele local que, de nobre, não tinha mais nada a não ser a nobreza de acolher aquelas pessoas, arrebentadas pela perplexidade e pelo sofrimento.

O assim chamado salão nobre é todo envidraçado, bem próximo ao local onde o avião acidentado ainda ardia. Muita fumaça. Dali se podia ver a cena. Podiam-se ouvir sons estranhos e também sentir os odores: cheiro de coisas queimadas que ardiam em nossas narinas. Um cheiro que ainda pode ser sentido, à medida que escrevemos este relato. Cenas e sensações fortes e inesquecíveis. Um caos!

Mas, como no caos há uma ordem, desde que se tome certa distância para verificar, estávamos ali recebendo e acolhendo familiares e amigos de vítimas, funcionários da companhia aérea e seus parentes. Todos em busca de informações, todos em busca de seus parentes e amigos. Por telefone, recebíamos informações e orientações da coordenadora do grupo, que, instalada numa sala estratégica, próxima e a distância daquele local, mas não da tragédia, participava também ativamente da coordenação das atividades com a diretoria da empresa aérea, dos órgãos da aviação (ANAC) e de outras pessoas que ali estavam para o gerenciamento da crise.

Desde nossa chegada ao local, deparamos com pessoas que estavam concentradas à espera de informações e confirmações e em extremo sofrimento com as incertezas e as possibilidades. Foi impactante, e ter encontrado nesse local outros membros do Grupo IPE, poder traçar juntos nossas ações e compartilhar o que ia sendo percebido deram-nos a certeza de poder contar com o apoio e a continência da equipe em uma atuação de tão grandes proporções e com exigências que faziam que muitos de nós tivéssemos de nos deslocar a vários lugares, como residência de familiares, hotel e hospital.

Às vezes nos perguntávamos: "O que fazer agora?" E a resposta vinha instantaneamente com a chegada de mais familiares e amigos de vítimas, de quem íamos ao encontro para acolher, orientar, acompanhar, ficar próximos.

Ali estávamos nós, um grande grupo de psicólogos do IPE, para o início de uma jornada que duraria alguns dias, depois meses, depois anos. Dali nos deslocávamos para vários lugares na prestação de nossos serviços.

Estar presente nas horas subsequentes a um acidente possibilita-nos, além de maior acuidade nas percepções, acolher as pessoas que, em sua quase unanimidade, estão aflitas à procura de notícias, e os desencontros, atropelos e desorganizações nas informações são comuns.

Essas primeiras horas ali naquele local foram extremamente marcantes para todos nós. Havia vozes, havia olhares, havia odores, havia silêncio, havia questionamentos, havia dor, havia horror, havia sofrimento, havia de tudo. Isso nos afetava diretamente, pois ali estávamos vivendo aquela situação "ao vivo e em cores".

O cansaço vinha, mas era imperceptível. Era necessário que a coordenação nos avisasse e, às vezes, até nos ordenasse que fôssemos descansar, para poder voltar mais tarde! Qual nada, o tempo passava, as horas corriam e o desejo de fazer o que estávamos fazendo imperava sobre a possibilidade de um descanso.

Para muitos de nós, aquelas primeiras horas foram o período mais próximo, mais pesado, mais doloroso e, ao mesmo tempo, gratificante ("Estamos aqui em ação, depois de tanto preparo teórico, de tanto debate, de tanta aprendizagem, estamos aqui na função primeva do IPE").

Temos um lema no grupo que é: "Tomara que nunca mais precisemos trabalhar". Paradoxal, mas um jeito amoroso e esperançoso de esperar que desastres, acidentes e crises não ocorram. Impossível, não é mesmo?

Com esse relato, convidamos o leitor a transpor-se para o cenário descrito e entrar em contato com toda a particularidade que a situação exige do profissional, como técnico treinado para esse tipo de intervenção, e, por outro lado, do ser humano, despreparado para enfrentar o rompimento de uma realidade presumida. Compartilhar a descrição de um cenário inusitado, os pensamentos, sentimentos, solilóquios coopera para dimensionar o que os constructos teóricos descritos a seguir significam. Nas intervenções psicológicas de emergência não é suficiente conhecer ou saber descrever as teorias que as sustentam. É necessário, sobretudo, saber significá-las.

Acidentes e desastres podem ser uma experiência traumática. Por traumas entendemos acontecimentos extraordinários, não por sua excepcionalidade, mas porque superam as capacidades adaptativas às condições de vida (Herman, 1993).

A Pan American Health Organization (PAHO, 2002) considera o período de 72 horas a partir do ocorrido as primeiras horas de um acidente, por entender que seja diferenciado para as condições de reação ao acontecimento, por parte das vítimas diretas ou indiretas e do grupo de profissionais envolvidos. Mesmo grupos experientes nesse tipo de intervenção, como é o caso do Grupo de Intervenções Psicológicas em Emergências (IPE), que desde 2001 atua em emergências e conta com treinamentos contínuos e específicos para sua equipe, nessas circunstâncias encontram imprevistos no trabalho em campo. Cada acidente é único e, consequentemente, envolve pessoas diferentes e relações diferentes, e exige um conjunto de intervenções próprias.

Em nossos treinamentos, como membros do IPE, tentamos nos aproximar ao máximo das situações de que temos conhecimento, pois as atuações profissionais anteriores nos dão base para definirmos estratégias, avaliar alternativas, pensar nas intervenções bem-sucedidas e elaborar melhor as que não corresponderam aos objetivos. Quando chegamos ao cenário do acidente, a situação configura-se com mais detalhes, que são dotados de intenso dinamismo, o que leva a constantes reformulações.

Atuar em desastres implica uma organização prévia. No caso do atendimento psicológico em emergência, consideramos imprescindível estar de prontidão 24 horas por dia por todo o ano, estar acessível e conectado com o restante da equipe e com a coordenação e informar sobre impossibilidade de contato, mesmo que seja por um ou dois dias. Sinalizar a disponibilidade para viagens dentro e fora do país, domínio de outros idiomas além do português, documentação atualizada para viagens internacionais e vacinas também são requisitos necessários. Em qualquer momento podemos ser acionados, o que pressupõe algumas providências, tais como: manter uma mochila pronta, informar as pessoas do nosso convívio diário sobre nossa ausência em caso de acionamento e projetar, mesmo que sem muitas informações a princípio, o tempo que estaremos em plantão.

A fim de facilitar a resposta imediata às situações emergenciais, ao longo de sua existência o Grupo IPE desenvolveu um protocolo de atuação, uma árvore de acionamento, os passos de cada membro em uma situação de acionamento, padrões de respostas (informando disponibilidade imediata, em médio e longo prazos) e meios de acionamento (celular, telefone fixo, mensagens de celular, e-mails); definições de plantões, escalas de substituições; monitoramentos de campo, coordenadores de campo; estratégias de identificação dos membros do grupo, como crachás, mochilas, colete. Também criamos a lista de materiais específicos para constar na mochila, os itens essenciais para atuação em emergência, para deslocamentos a longas distâncias e por longo período de tempo.

O acionamento inicial sempre é feito pela coordenação do grupo que coleta informações: ocorrência, local para onde devemos nos dirigir, a quem devemos nos reportar localmente, a quem procurar, o objetivo inicial, outras pessoas do grupo que estarão trabalhando e em qual local. Esse protocolo permite-nos grande funcionalidade para mapeamento das disponibilidades dos membros do grupo, de modo que a coordenação consiga traçar um plano de ação, estabelecendo plantões e escalas de troca de plantão e definindo os diferentes locais de atuação.

Nossa árvore de acionamento permite agilidade e eficácia, para que sejam estabelecidos níveis diferenciados de atuação, como coordenadores de campo e de turnos, sob a regência da coordenadora do grupo, não sobrecarregando os membros, almejando que as escalas tenham seis horas de atuação. Quando a atuação é realizada em outras cidades, estados ou mesmo em território internacional, as escalas de trabalho tendem a ser mais longas, mas o contato telefônico frequente com a coordenação e mesmo com outros membros do grupo ampara e auxilia, facilitando trocas sobre as demandas do trabalho e do psicólogo.

Chegar ao local do acidente não é tarefa fácil e, às vezes, nem mesmo é possível ou recomendável. Há o cuidado com o impacto pelo cenário que iremos encontrar, a quem nos reportar, identificar os parceiros em meio ao aparente caos que se instala nessas circunstâncias. No momento inicial, é comum termos poucas informações sobre o ocorrido. Esse local pode ser tanto aquele onde aconteceu o acidente, no qual estarão presentes atores como equipes de resgate, equipes médicas e representantes da mídia, como um hotel para onde foram encaminhadas as pessoas envolvidas no acontecimento de maneira direta e indireta, ou o Instituto Médico Legal, ou uma delegacia, ou a residência de familiares. Assim, nosso objetivo inicial é nos situarmos no contexto e lidarmos com as poucas informações dos fatos, buscando identificar as necessidades prementes e estabelecendo com outros profissionais contato no sentido de uma ação mais coordenada.

Na maioria das situações de acidente, há uma pessoa responsável por nos receber e nos posicionar diante da situação, muitas vezes, vinculada à empresa ou ao grupo que nos acionou para a atuação, mas pode ocorrer de termos de construir esse caminho. Com essas informações básicas, damos andamento ao nosso trabalho específico.

Outro aspecto importante a lembrar é que esses locais costumam ser de difícil acesso, pelo acidente em si ou pela mobilização de familiares, jornalistas e curiosos em busca de informação, o que nos exige muita atenção, cuidado e clareza na atuação.

A identificação clara e objetiva de quem somos é fundamental para o desenvolvimento do nosso trabalho. Isso é feito em várias frentes. Nossas falas têm por objetivo nos apresentar e diferenciar dos outros atores na situação do acidente; buscam também manter distinta nossa ação, sem vinculação com órgão, empresa ou grupo, possibilitando maior isenção em nossas intervenções. Os identificadores, como crachá, colete e mochila, facilitam, além da nossa movimentação pelo local, a referência de que existem ali profissionais preparados para lidar com reações de pessoas expostas à crise desencadeada pelo acidente. A identificação visual dos membros do grupo possibilita e facilita a busca por parte de pessoas que necessitam do nosso apoio, tendo também um papel importante na construção e manutenção da identidade do grupo.

Outro aspecto a destacar é a importância de tomarmos conhecimento das redes de apoio disponíveis em uma intervenção, bem como nos apresentarmos para essas equipes. As equipes de resgate e de cuidados médicos devem estar cientes da nossa disponibilidade de atuação. Algumas pessoas têm necessidades especiais, como: uso contínuo de medicação, dificuldades físicas, transtornos emocionais específicos e preexistentes. Esses casos devem ser tratados em parceria com a rede médica de apoio.

Taylor (1987) fez uma classificação das vítimas de acidentes, que nos interessa porque permite um dimensionamento das ações necessárias por essa perspectiva. No primeiro nível estão as pessoas que sofrem impacto direto do desastre; no segundo nível estão seus familiares diretos; no terceiro nível, os integrantes das equipes de primeira resposta ao acidente; no quarto nível, a comunidade envolvida; no quinto nível, aqueles que tomam conhecimento do acidente; no sexto nível, quem deveria estar no local, mas não estava por diversos motivos.

A primeira ação na intervenção em situações de emergência é o resgate físico, feito pela primeira equipe a chegar ao local, habilitada na verificação das necessidades de sobrevivência física de indivíduos e comunidades e na redução dos estressores traumáticos agudos: cuidados médicos para os feridos, abrigo, alimentação e vestimenta para os desabrigados, proteção temporária para impactos traumáticos adicionais. Essa equipe também mobiliza esforços na reconstrução das capacidades físicas adaptativas para obter bem-estar para, depois, darmos início à intervenção psicológica em emergência.

Essa intervenção é bem diferente da tradicional em nossa profissão, pois, nesse caso, além de não termos um *setting* terapêutico definido, as pessoas afetadas no acidente apresentam diversas reações emocionais devido ao abrupto impacto da notícia do desastre. Esse impacto tem como características a desordem e o choque, que podem durar segundos ou minutos. Os afetados têm a sensação de parar no tempo; observa-se um longo silêncio, seguido de ruídos e muita desorganização.

Os sintomas característicos resultantes da exposição a um acidente traumático envolvem: a revivência persistente do acontecimento traumático; esquiva persistente de estímulos associados com o trauma; embotamento da responsividade geral e estado de alerta. Algumas reações de estresse podem manifestar-se logo após o impacto emocional (estresse agudo) ou depois de algum período (se superior a 30 dias, transtorno de estresse pós-traumático); o tempo de duração também é variável e deve ser observado. Essas reações serão exploradas no capítulo sobre estresse pós-traumático.

O objetivo dos psicólogos que intervêm nos primeiros momentos com as vítimas de primeiro nível é aliviar as manifestações sintomáticas e o sofrimento, visando à redução dos sentimentos de anormalidade e enfermidade. Nessa aproximação, utilizamos uma abordagem firme e tranquila, demonstrando interesse genuíno e uma escuta ativa e atenciosa, transmitindo às vítimas confiança e acolhimento, para promover espaço e condições de segurança para que possam falar sobre suas experiências no acidente e iniciar o processo de elaboração.

Com base na experiência de Young (1998), a proposta de um atendimento psicológico especializado a pessoas em situações de crises, catástrofes e emergências é reduzir o estresse agudo causado pelo impacto e restaurar as capacidades adaptativas. Assim, procuramos: restaurar a dominância do funcionamento cognitivo sobre reações emocionais, facilitar a restauração do funcionamento das instituições sociais e da comunidade, facilitar o reconhecimento cognitivo do que aconteceu, oferecer oportunidades para as vítimas avaliarem e utilizarem apoio familiar ou da comunidade, oferecer educação sobre expectativas futuras e oferecer oportunidade para os sobreviventes organizarem e interpretarem – cognitivamente – o acontecimento traumático.

Nossa atuação preconiza cuidados para a prevenção de luto traumático, pois os indivíduos submetidos a esse tipo de situação tendem a ficar desorganizados, vivenciando intenso sofrimento psicológico, com prejuízo no funcionamento familiar, social e ocupacional.

Conforme a notícia do acidente se espalha, aumenta a desorganização diante da crise, e as vítimas de segundo nível começam a chegar ao local do acidente em busca de informações. Na maioria das vezes, os familiares ficam sabendo do acidente pelos meios de comunicação e partem em busca de notícias sobre pessoas queridas que podem ou não estar envolvidas. Esses desdobramentos geram, além de muita angústia, um aumento na desorganização instalada pelo acidente e a consequente necessidade de ampliação nos cuidados com as informações veiculadas, a assistência, organização e centralização das ações. Esses aspectos, em sua maioria, ficam a cargo da coordenação do grupo, que está em contato direto com os responsáveis pelo centro de gerenciamento de crise ou com os interlocutores dos vários segmentos envolvidos na ação, quando se trata de grandes acidentes. Seu trabalho, então, implica garantir acesso a informações fidedignas e elaboração de planos de ação coordenados.

Os familiares sofrem um profundo impacto emocional, ansiosos por informações e esclarecimentos que podem ainda não existir ou ainda são sigilosos, restritos a investigações, ou ainda incipientes e não confirmados. Devemos tomar cuidado para não dar informações falsas ou distorcidas, risco presente diante das especulações da mídia e de curiosos e, sobretudo, ter consciência do que nos cabe transmitir.

Os familiares, assediados pela mídia, podem sofrer abuso na exposição de sua imagem e seu sofrimento. Na busca de esclarecimento, alguns aliam-se à imprensa, ação que pode causar divisão entre as famílias.

Aproximar-se dos familiares no momento de crise é um dos grandes desafios para os psicólogos. Devido à falta de informações ou mesmo a especulações, pode-se criar a ideia de que estamos no local para "enganá-los", como se fôssemos cúmplices da situação. Posturas reativas à nossa ação, como evitação e agressividade, podem ocorrer, exigindo habilidade na discriminação do nosso papel naquele momento e acolhimento para essas reações esperadas diante da situação.

A confiança é conquistada com o contato, possibilitando empatia, mantendo uma postura tranquila, atenta, disponível, congruente. Para isso, fazemos uso da escuta ativa, acompanhando a fala da pessoa, promovendo contato visual e gestual (expressões faciais); parafraseando ("Você estava dizendo que..."); refletindo sentimentos ("Parece que você está com raiva"); permitindo e até incentivando a expressão das emoções; e respeitando o silêncio. Buscamos também auxiliar o familiar a identificar os problemas decorrentes da situação. Junto a cada um, verificamos os problemas e levantamos as possibilidades de solução mais imediatas, buscando identificar as pessoas da sua rede de apoio que podem ser ativadas para auxiliá-lo nos desdobramentos.

A atitude de acolhimento requer do profissional sensibilidade, postura atenta e empática, confiança e disponibilidade para que os familiares se sintam seguros para expressar emoções, falar sobre sentimentos e expor medos e ansiedades. Pode também abrir espaços de reflexão sobre o momento de sua vida, planos e projetos, iniciados ou não, que precisarão ser revistos.

As vítimas de terceiro, quarto, quinto e sexto níveis dificilmente estarão presentes no local do desastre ou serão atendidas pelo serviço de psicologia nas primeiras horas, devido à sua ausência ou por serem priorizadas as vítimas diretas e seus familiares.

Os integrantes das equipes de atendimento de primeira resposta ao acidente, ou seja, as vítimas de terceiro nível, raramente necessitam de alguma intervenção nas primeiras horas do acidente. São profissionais qualificados e preparados para colaborar com suas habilidades, conseguindo preservar-se emocionalmente naquele momento.

A rapidez e o excesso de informação da atualidade e o papel desempenhado pela mídia fazem que acidentes tomem uma proporção imensa de catarses emocionais. As pessoas que são informadas sobre a ocorrência dos acontecimentos por meio desses meios são identificadas como vítimas de quinto nível. Ao assistirem ao sofrimento humano, podem identificar-se com a história, desencadeando medos e sofrimentos relacionados a perdas significativas na vida. Notamos, então, a dimensão dos danos emocionais provocados em um acidente.

As pessoas que deveriam ou poderiam estar no local do acidente, mas não estavam, vítimas de sexto nível, vivenciam um processo de reconstrução da sua história, refazendo em pensamento o percurso dos acontecimentos que fizeram mudar sua trajetória. É a forma como elaboram sua proximidade com a morte, como se tivessem tido uma segunda chance de vida.

O trabalho nas primeiras horas de um desastre é sempre um desafio ao nosso profissionalismo e humanidade.

Fui acionada para ir ao IML (Instituto Médico Legal) Centro, para acompanhar familiares das vítimas que poderiam a partir daquele momento fazer diariamente reconhecimento de possíveis pertences de seus familiares mortos no maior acidente aéreo do país.

A cada familiar que adentrava no IML, pensava intimamente qual seria a história que ali seria verbalizada quanto ao ente falecido no acidente. Quais sentimentos seriam expressos naquele momento de atendimento que poderia ser único, uma vez que alguns familiares faziam rapidamente o reconhecimento de pertences das vítimas e tinham a "sorte" de ter o corpo também agilmente reconhecido e liberado para a realização de translado, sepultamento e cerimônia religiosa familiar.

Outros desses familiares solicitavam informações mais detalhadas por meio de reuniões prontamente realizadas com os médicos legistas e responsáveis pelos exames de DNA na busca de identificação dos corpos, uma vez que muitos deles se encontravam em estado crítico e dilacerados pelo choque e pela violência do acidente. Em outros momentos os delegados eram requisitados a prestar informações referentes ao inquérito aberto por conta do acidente, ao mesmo tempo que eram pressionados para que as identificações dos corpos fossem feitas o mais breve possível, para que pudessem retomar a vida e, dessa forma, diminuir o sentimento de angústia causado pela expectativa da espera.

Os atendimentos ocorriam nas salas de recepção do IML, salas de atendimento forense, sala de reconhecimento de pertences; alguns atendimentos ocorreram no estacionamento do IML, tantas vezes quanto foi necessário, uma vez que alguns familiares apresentavam restrições diante da possibilidade de entrar no Instituto Médico Legal. Em muitos momentos, os atendimentos se prolongavam, e lembrava aos familiares de que era hora de se alimentar e hidratar, pois, em situações de estresse, muitas vezes as pessoas não sentem fome e nem sede, precisando ser lembradas quanto ao autocuidado necessário. Em muitos momentos exerci esse papel, de oferecer lanches, sucos e água, enquanto conversávamos sobre sentimentos de perda, vazio, raiva etc.

Em alguns momentos, os sentimentos se confundiam entre tristeza e raiva, comoção e culpa, principalmente para aqueles que, por conta de uma viagem rotineira e que deveria ter sido rápida, não puderam se despedir no aeroporto, não tiveram a oportunidade de dizer coisas que são ditas em momentos de despedida final e em vida. Poucos familiares insistiram em entrar nas salas onde se encontravam os corpos já identificados, preferindo guardar em suas memórias a imagem do seu familiar ainda em vida. Porém, houve uma familiar (tia de uma das vítimas do acidente) que, por ser médica, insistiu e justificou veementemente a necessidade pela qual se daria a vontade de ver e se despedir de sua sobrinha. Essa familiar teve sua necessidade atendida para realizar sua cerimônia pessoal. Entretanto, ao ser autorizada a sua entrada para ver o corpo, agarrou-se em meu braço e disse que precisaria que eu entrasse com ela, porque acreditava que, mesmo estando irreconhecível o corpo de sua sobrinha, confiaria em minha palavra diante da afirmativa que fiz, assegurada pelo legista, de que aquele corpo totalmente irreconhecível e dilacerado pertencia à sua familiar. Entramos então juntas e de braços dados na sala onde se encontrava a urna com o corpo de sua familiar, nos aproximamos e, ante seu pedido emocionado, contou-me como foi o nascimento da sobrinha, as expectativas diante de seu crescimento e os tantos sonhos que aquela jovem nutria diante da possibilidade de uma longa vida. Ainda em lágrimas, puxou-me para bem perto da urna, fazendo que eu tomasse consciência de que aquele corpo dilacerado e queimado em nada poderia lembrar a imagem vista em fotos minutos antes de entrarmos naquela sala. A tia, ainda bastante emocionada, pediu-me que, juntas, fizéssemos uma oração para que sua querida sobrinha, a partir dali, pudesse descansar em paz, e assim o fizemos. Ao final, ela depositou um tercinho na urna. Saímos daquela sala em absoluto silêncio, porém, ao retornarmos à recepção do IML, ela, sem dizer ao menos uma palavra, abraçou-me tão forte que parecia que a qualquer momento eu poderia ficar sem ar. Em meu ouvido disse apenas: "Obrigada por ter ficado comigo e rezado pela minha sobrinha, agora vou poder seguir meu caminho sabendo que você disse a verdade quando afirmou que aquele corpo irreconhecível, mutilado, queimado, transfigurado e dilacerado era, sim, a minha sobrinha. Você e eu sabemos que era ela, sim, obrigada".

Na formação básica do psicólogo nem sequer se cogita uma conduta como a descrita acima, não é previsto que um psicólogo acompanhe o reconhecimento de um corpo e, tampouco, reze com seu paciente ou cliente. As intervenções psicológicas em emergência exigem "um fazer diferente". A fundamentação teórico-prática que justifica uma intervenção como a descrita é a necessidade da adoção de uma postura empática e uma escuta sensível. Qualquer outro tipo de abordagem, seja interpretativa, avaliativa ou outra, é estéril nesse contexto.

2 – ATENDIMENTO DOMICILIAR EM EMERGÊNCIA

A ida à casa de alguém, no papel e com a responsabilidade de psicólogo especializado em situação de emergência, é sinal de que alguma coisa grave aconteceu com essa família. Seus membros não vivenciam um bom momento e podem não saber ainda sobre o fato, ou talvez já saibam, ou talvez alguns saibam enquanto outros o desconheçam. Encontraremos pessoas desconhecidas para nós, e não sabemos como reagem diante de adversidades. Olhando de dentro para fora, essas pessoas também não nos conhecem, nem imaginam quem somos, o porquê de estarmos ali e nossas intenções.

Sendo a base para intervenção psicológica em emergência a compreensão do outro, devemos estar atentos, pois cada unidade familiar tem sua dinâmica, suas relações construídas entre os membros e suas regras de funcionamento, que são formadas de acordo com seu histórico, valores culturais, crenças religiosas e aspectos sociais envolvidos.

Os processos socioculturais também exercem influência sobre as formas de significar o acidente, ou seja, a maneira como cada família lida com crises depende de fatores sociais e culturais, facilitando ou dificultando a intervenção. Não podemos desconsiderar que, dentro do mesmo grupo familiar, podem existir pessoas que tenham visões diferentes sobre o mesmo fenômeno.

Um aspecto a ser destacado é a necessidade de observar a existência de conflitos anteriores no relacionamento familiar. As crises deflagram situações mal estabelecidas que agem como intensificadoras. Nessa experiência, é comum observarmos a recorrência de conflitos na comunicação entre membros da família, o que pede ao profissional que se mantenha imparcial, objetivo e focado na manutenção e no equilíbrio psíquico das pessoas envolvidas, para a busca de soluções.

A intervenção domiciliária ocorre em casos específicos, tais como: situações em que existem pessoas que precisam ser avisadas sobre o acidente; familiares que preferem aguardar informações em casa em vez de se dirigirem ao local em que ficam concentradas as pessoas envolvidas no acidente, seja pela expectativa de resgate ou pela busca de informações; abordagens com crianças e idosos que se mantêm distantes do acidente, ou pessoas com necessidades especiais (incapacitação física, mental e emocional).

Uma forma efetiva de chegar até a residência é por meio de uma pessoa conhecida que seja referência para as pessoas dessa casa. Por exemplo: no caso de comunicar um acidente de um funcionário, recomenda-se que esteja presente alguém que represente a empresa e/ou seja conhecido da família. É fundamental conhecer e entender a história de cada pessoa a que atenderemos e, para isso, temos de conhecer a história familiar, os antecedentes, as relações afetivas, o modo de vida, as pessoas que podem ajudá-las. Disso dependerá a interação e a efetividade do trabalho. Em situações sem uma pessoa conhecida para as apresentações, o profissional apresenta-se e faz menção a pessoas, instituições e situações que validem sua presença no cenário.

O psicólogo que atua em crise intervém na família para compreender a relação estabelecida entre esta e o acontecimento, oferecendo alternativas para lidarem com as adversidades. Nessa prática, a intervenção da psicologia em emergência é facilitadora, ao pensar novas estratégias de enfrentamento, visando preservar a saúde emocional dos envolvidos.

Existem detalhes importantes a ser observados antes da entrevista: clareza sobre a identidade das pessoas que serão abordadas, local para esse encontro, quem são as pessoas que devem permanecer na hora dessa conversa e identificar com a família se existem pessoas que precisam de uma atenção especial, como crianças e idosos.

No caso das crianças, a intervenção psicológica deve adequar-se à sua compreensão cognitiva, utilizando conversas, atividades lúdicas e desenhos, com o objetivo de oferecer à criança a oportunidade de compreensão do ocorrido, para que consiga elaborar suas emoções, pensamentos e sentimentos. Permitir momentos de descontração e criatividade pode fortalecer a autoestima e estrutura de enfrentamento da criança.

A experiência mostra que lidar com crianças atingidas por desastres requer atenção especial a seu desenvolvimento cognitivo e emocional, bem como aos fatores que sustentam sua segurança após o desastre (Greenstone, 2008; Boyden *et al.*, 2006; Ronan, Finnis e Johnston, 2006). Com base nesse conhecimento, é importante conscientizarmos a família de que a criança é mobilizada pelas relações à sua volta (família, amigos e comunidade); quando os adultos se apresentam seguros, a criança pode expressar seus temores. Dependendo do desenvolvimento cognitivo e emocional de cada uma, ela terá diferentes formas de elaboração e compreensão do fato. Manter a rotina das crianças é uma das formas de reorganizarem-se diante das emergências. Então, quanto antes elas voltarem às atividades de rotina, como atividades escolares, grupo de amigos e horários, melhor será a sua adaptação.

No atendimento psicológico em emergência aos idosos, devemos lembrar que constituem um grupo que pode ser acometido por doenças crônicas, como síndrome metabólica, hipertensão, diabetes, problemas cardiovasculares, e, portanto, devemos estar atentos a alguns cuidados especiais. As informações sobre o que está acontecendo devem ser fornecidas de maneira clara e correta, levando em conta que muitas vezes os familiares tendem a esconder a verdade, preocupados com sua fragilidade. Tal atitude somente tumultua mais a situação; o idoso acaba percebendo movimentações fora da rotina familiar e sofre, percebendo que algo está sendo mantido em segredo. A informação deve ser dita e a família é orientada para isso, considerando-se as necessidades de cada pessoa, como figura de apoio no ambiente, uso de medicações, segurança física e necessidade de acompanhamento.

A presença de alguém de confiança da criança e/ou do idoso para fazer a apresentação do profissional é necessária. Sem distorções, é informado que o psicólogo está ali para uma conversa. Devemos promover a subjetividade do familiar sobre o tema, o que facilita a comunicação e possibilita melhor compreensão do ocorrido, levando-o a pensar, por exemplo, na pessoa vítima de primeiro nível, onde estaria naquele momento, trazendo sua consciência e ajudando-o a entender a situação, colaborando na reconstrução da sua estrutura cognitiva.

Qualquer que seja a notícia grave a ser dada à criança, é recomendado que essa comunicação seja feita por uma pessoa conhecida, da confiança de quem a recebe, para favorecer a compreensão. O psicólogo deve ser um facilitador dessa comunicação, colaborando no planejamento de sua efetivação. Como será dada a noticia? Onde? Quando? Para quem? Essas perguntas norteiam as decisões. Caso as pessoas conhecidas não se sintam encorajadas para essa tarefa, o psicólogo pode encarregar-se dessa comunicação, de preferência com uma pessoa de referência ao lado, validando tais informações, organizando ideias e confirmando o dito. Tanto o psicólogo como o familiar devem estar disponíveis para escutar, dando o tempo necessário para a pessoa apropriar-se da notícia e organizar-se, sendo estimulada a fazer perguntas sobre a ocorrência.

O psicólogo está atento para não desfocar de suas metas, pelo pouco tempo que tem para desenvolver seu trabalho, e ajudar o indivíduo a lidar com a avalanche de emoções e pensamentos desencadeados. Compreendendo e lidando com eficácia com suas emoções e pensamentos, as pessoas são capazes de desenvolver uma estratégia para lidar com os problemas, para que possam identificar possibilidades e utilizá-las pragmaticamente. Observar o estado cognitivo e afetivo das pessoas que estão sendo trabalhadas serve de medida para percebermos se elas estão acompanhando o discurso e processando as informações. Ajudará a perceber tanto o momento de parar temporariamente com as informações como identificar a necessidade de intervenção medicamentosa.

O psicólogo pode propor alguns encontros na residência, mesmo após o momento de crise. Então, deve ser feito o enquadramento para definir horários, periodicidade, se os encontros serão individuais ou em grupo familiar, visando ao acolhimento e à escuta adequada, compreendendo esse momento de mobilização emocional. Em alguns casos, o trabalho pode estender-se para a psicoterapia breve focal, cujo objetivo é analisar a situação emocional que as pessoas enfrentam.

A intervenção psicológica na residência em situações de emergência tem como base a psicoterapia breve sistêmica; visa à promoção, manutenção e/ou restauração da saúde psíquica da família; o desenvolvimento e a adaptação de suas funções com a finalidade de restabelecer o seu funcionamento diante da crise.

3 – ATENDIMENTO HOSPITALAR EM EMERGÊNCIAS

A urgência solicita a criação de um novo espaço que contenha a resposta necessária para a reintegração emocional do paciente (Sterian, 2001).

Quando atendemos a uma emergência, nossa primeira ação é de acolhimento das vítimas, dos familiares e das demais pessoas envolvidas, atingidos direta ou indiretamente pelo desastre. O motivo está na realidade de que essas pessoas se confrontaram com a morte, ou sofreram ferimentos sérios, ameaçando seu equilíbrio biopsicossocial.

Quando feridas e necessitadas de cuidados físicos, são encaminhadas para hospitais. O tipo e o grau de ferimento determinarão o encaminhamento ao sistema hospitalar. A entrada no hospital é dada sempre pelo pronto-socorro, pela porta da emergência, e isso potencializa o impacto do acidente e do morrer, a fragilidade humana física e psíquica. Traz a sensação de não ser dono de si, do seu corpo, quebrando a linearidade da vida e das nossas funções cotidianas.

Perez (2005) destaca que a vivência da hospitalização em uma unidade de emergência é reconhecida como uma situação-limite, na qual qualquer pessoa tem sua capacidade adaptativa posta à prova, podendo apresentar quadros de desorganização psíquica, picos de ansiedade, entre outras manifestações de significativa importância.

Nesse momento, a presença segura e serena do psicólogo de emergências é fundamental para promover apoio emocional, segurança e conforto. As intervenções psicológicas buscam alívio da angústia e da ansiedade, favorecendo o desenvolvimento de um estado emocional mais tolerável e capaz de restaurar a estabilidade emocional e as relações com o ambiente.

A família e a vítima vivenciam o impacto do inesperado, o medo, a ansiedade, o estresse, a sensação de proximidade com a morte. Todos vivenciam o desamparo. Querem ouvir e ser ouvidos, perguntar e ter respostas.

O acompanhamento do psicólogo de emergências se faz necessário não só com a vítima e os familiares, mas também com a equipe de saúde. Com a vítima, precisamos despertar sua confiança, transmitir-lhe segurança para que possa falar e pensar no que aconteceu, deixá-la expressar tristeza, medos, angústia, escutar suas queixas sem julgamento, sempre focando a reestruturação psíquica para que o indivíduo retome o controle de sua vida.

Com os familiares, podemos acompanhá-los na busca de informações sobre parentes que estão hospitalizados, possibilitando orientações e informações seguras vindas da equipe de saúde, e acolhê-los na angústia, ansiedade e dor por seu familiar ferido. Ajudá-los, quando necessário, a contatar outros familiares e/ou amigos com quem tenham vínculos. Oferecer acompanhamento enquanto durar a hospitalização.

Com a equipe de saúde, é importante buscar conhecer da melhor forma possível o estado de saúde da vítima, pois são com essas informações que trabalharemos com a(s) vítima(s), seus familiares e amigos. Sabemos que o nível de ansiedade presente nas emergências favorece transferências de conteúdos internos da vítima e dos familiar(es), como nos casos em que a família duvida, critica e ataca a equipe de saúde. Nosso papel caracteriza-se em participar ativamente do cuidado, sendo ágeis, flexíveis e tolerantes em situações extremas.

O psicólogo de emergência deve ser um mediador entre as necessidades da família e da equipe, promovendo um ambiente propício aos cuidados necessários à vítima e família.

Quando é necessária a internação na Unidade de Terapia Intensiva (UTI), a vítima/paciente ficará exposta a outros agentes estressores, como ritmo acelerado guiado por um intenso controle dos parâmetros clínicos, constantes necessidades de mudanças nas condutas médicas e nos cuidados de enfermagem e elevado nível tecnológico e de alta complexidade. A família não pode permanecer com a vítima, exceto no horário de visita.

Para minimizar o sofrimento emocional da vítima/paciente e de seu familiar, recomendamos:

- Ser continentes, dar à vítima a possibilidade de falar da angústia, das dúvidas, dos medos, das dificuldades e da tristeza.

- Facilitar a comunicação, pois muitas vezes a vítima precisa de ajuda para entender e ser entendida.
- Mediar a comunicação entre a vítima, sua família e a equipe médica.
- Estar atentos às necessidades da vítima e familiares e da equipe, que mudam a cada momento em UTI.
- Ajudar paciente/vítima e família na adaptação às alterações e às perdas de ordem física, emocional e social.

Quando vítimas, familiares e amigos não necessitam de cuidados físicos, são encaminhados para casa, hotel, abrigo. Se acompanharmos essas pessoas e notarmos algum sintoma físico ou psíquico que esteja causando sofrimento e ameaçando a sua saúde, devemos encaminhá-las para uma avaliação médica, a um pronto-atendimento, pois uma hospitalização pode ser necessária para auxiliar sua recuperação.

4 – REUNIÕES DE FAMILIARES E CELEBRAÇÕES

Assim como diversas associações são fundadas por familiares e portadores de algum tipo de enfermidade (portadores de deficiências, pacientes oncológicos, transplantados, entre outros) por proporcionar um maior apoio a necessidades específicas de uma população, após grandes desastres envolvendo alto número de vítimas – *tsunamis*, enchentes, acidentes de avião, entre outros –, também é comum e esperado que a comunidade afetada se reúna. Diante de novos desafios que a experiência pós-desastre lhes traz, como questões de ordem burocrática, jurídica, prática, emocional e espiritual, é importante que a comunidade consiga se organizar para que perceba, apesar do sentimento de impotência diante do trauma pelo qual acabou de passar, que pode conseguir novamente se reerguer, restabelecendo sentimentos de autoconfiança e autoestima (Parkes, 1998). Apenas os envolvidos saberão identificar com maior precisão quais de fato são suas necessidades, seus valores, deveres e rituais importantes para aquela cultura.

Sabe-se que um dos fatores de risco para o luto complicado é a falta de suporte social e familiar. Em grandes desastres, os sobreviventes chegam a perder toda a família, além de amigos e vizinhos, e uma nova rede de apoio passa então a ser necessária como um fator de proteção para que desenvolvam um processo de luto normal.

Os impactos que a morte pode ter numa família vêm sendo estudados por diversos autores. Franco (2008) sintetizou alguns fatores que devem ser observados quanto ao luto familiar (mais informações sobre o assunto podem ser encontradas no Capítulo 5):

- dificuldades práticas do adulto enlutado de assumir funções do morto às quais não estava acostumado;
- sintomas físicos, que são decorrências fisiológicas normais do enlutamento, mas podem ser autoperpetuados pelas preocupações do enlutado em relação à sua saúde futura;
- solidão e isolamento, frequentemente aumentados pelo embaraço e pela inabilidade da comunidade de mencionar a morte ou o morto;
- forte intensidade do luto, às vezes acompanhado por sentimentos de pânico ou ideias suicidas;
- falta de um contexto para a expressão de culpa ou raiva, uma vez que a família em sua totalidade e também

em sua especificidade está enlutada e, muitas vezes, não oferece espaço para essas manifestações.

Quando as famílias afetadas se reúnem, os indivíduos têm a oportunidade de se expressar e se identificar com outros que vivem a mesma dor, apoiando-se mutuamente. Esses fatores mais críticos do luto familiar e individual passam a ter um local de maior acolhimento, inclusive pelos profissionais presentes, podendo ser identificados e cuidados com atenção – por exemplo, comportamentos suicidas, dificuldades de comunicação e tomada de decisões que podem ocasionar dificuldades de relacionamento entre membros da família, e mesmo sintomas físicos que podem passar despercebidos pelos enlutados.

Segundo a Organização Mundial da Saúde (2003), os profissionais de emergência devem facilitar a criação de grupos de apoio dentro das comunidades, com o foco em buscar soluções de enfrentamento para as dificuldades encontradas, incluindo as estratégias tradicionais já utilizadas pela comunidade, o apoio emocional mútuo e a geração de iniciativas para a comunidade.

Nas reuniões de familiares, podem-se notar alguns dos princípios dos grupos de apoio:

- orientação quanto às reações normais do luto pelos profissionais presentes;
- diminuição do sentimento de isolamento e de ser diferente das demais pessoas;
- segurança em encontrar ajuda e apoio;
- capacidade de lembrar e dividir sua dor;
- compartilhamento de recursos de enfrentamento;
- construção de novos vínculos.

O psicólogo já começou o seu trabalho ao apoiar os enlutados e auxiliá-los a se reorganizar na situação pela qual estão passando. Ao ser convocado e convidado pelas famílias envolvidas a participar dessas reuniões, permanece na função de proporcionar suporte emocional aos enlutados, numa abordagem ativa, enfocando o desenvolvimento de estratégias de enfrentamento. Outra intervenção é proporcionar orientações quanto às reações esperadas do luto; embora deem suporte aos enlutados, essas reuniões também lhes relembram o momento do trauma e das perdas. Emoções e sensações vividas no momento da notícia e do choque podem ser revividas. O momento das reuniões, que para alguns é experimentado como de muito conforto por não se sentirem sozinhos e estarem num ambiente acolhedor, para outros é de revivência de uma situação muito dolorosa.

A importância do psicólogo ali presente se dá então por ajudar a facilitar esse apoio e organização grupal num processo de luto coletivo, ao mesmo tempo que se resguarda o direito de cada um de viver seu momento particular do processo de luto individual e até familiar. Por ser algo tão único e pessoal, cada indivíduo tem de ser respeitado em seu tempo e modo: enquanto alguns podem estar com muita raiva e culpa, outros podem já aceitar melhor a situação. Essas reações devem ser sempre observadas, evitando que ocorram desentendimentos e tentando respeitar o desejo de cada um e de suas famílias quanto aos rituais e às decisões tomadas num contexto grupal, o que não é simples.

Durante as reuniões, diversos tipos de profissionais estarão trabalhando, como médicos, enfermeiros, policiais, bombeiros, paramédicos, voluntários, jornalistas, religiosos, entre outros. Cada equipe de profissionais tem seus objetivos, e devem ser estabelecidas as relações necessárias, tentando não ultrapassar o espaço do outro campo de atuação, desde que respeitados os enlutados presentes.

As reuniões podem ocorrer nos mais diferentes locais, espaços e ocasiões, desde espaços comunitários cedidos pelo poder público e ONGs – escolas, abrigos, hospitais – até os cedidos por empresas privadas, como hotéis, além de igrejas, templos, praças, ruas e o próprio local do acidente/desastre. São realizados passeatas, homenagens, celebrações, como funerais e cultos religiosos, e atos ecumênicos.

Fonseca e Vasconcelos (2005, p. 63) ressaltam que "a fé é uma forma de auxílio, uma opção importante de apoio e conforto", buscada para tornar suportável a dor insuportável da perda. Parkes (2008) relata a importância do papel dos rituais e memoriais quando uma comunidade é atingida por um desastre, assim como para um enlutado por outro tipo de perda. Os rituais de luto ajudam os enlutados a compreender que de fato houve uma perda e ajudam a eles e às comunidades a reconstruir sua identidade. Como exemplo, Parkes relata as cerimônias religiosas e de homenagem às vítimas e aos sobreviventes do ataque terrorista de 11 de setembro de 2001, nos Estados Unidos, que permanecem mesmo após 11 anos terem se passado. No Brasil, formaram-se associações de familiares enlutados por acidentes aéreos, como a Associação dos Familiares das Vítimas do Acidente Aéreo da Gol (AFAVIGOL), em 2006; a Associação dos Familiares das Vítimas do Acidente Aéreo da TAM (AFAVITAM), em 2007; e a Associação dos Familiares Vítimas do Voo 447 da Air France (AFVV447), em 2009.

Nas diferentes intervenções psicológicas em emergência realizadas pelo Grupo IPE, pudemos cooperar com a clarificação da necessidade e do desejo da criação de rituais (de caráter religioso ou não) como um espaço de expressão dos sentimentos atinentes ao luto e de possibilidade de alguma organização psicológica. Nossa experiência reitera o que é apontado pela literatura e alerta para a necessidade de todos os profissionais envolvidos em atendimento de emergência estarem atentos para as especificidades desse tipo de intervenção.

Para concluir este capítulo, cabe-nos ressaltar a diversidade de ações possíveis na prática do profissional psicólogo diante de emergências causadas por situações de desastre, que exigem uma formação e o desenvolvimento de habilidades adaptadas às demandas. Experiências com outras situações de intervenção psicológica podem ser valiosas se o profissional souber identificar a especificidade e tiver a plasticidade necessária para empregar a técnica com a sensibilidade que a situação exige.

REFERÊNCIAS BIBLIOGRÁFICAS

AFFINI E. P. *Construindo um significado para a atuação do psicólogo em serviços de assistência domiciliária*. Tese de Doutorado em Psicologia Clínica, Pontifícia Universidade Católica de São Paulo, São Paulo, 2004.

BOYDEN, J. *et al.* "Children affected by armed conflict in South Asia: a regional summary". In: JACOBS, G. A.; REYES, G. (orgs.). *Handbook of international disaster psychology. Interventions with special needs populations*, v. 4. Londres: Greenwood Publishing Group. 2006.

BRASIL. Conselho Regional de Psicologia. *Manual do Conselho Regional de Psicologia*. São Paulo, 2001.

CABRAL, A.; NICK, E. *Dicionário técnico de psicologia*. São Paulo: Cultrix, s/d.

CARTER, B.; MCGOLDRICK, M. *As mudanças no ciclo de vida familiar*. Porto Alegre: Artes Médicas, 1995.

DE SOIR, E. L. J. L. "Psychosocial crisis intervention with military and emergency services personnel". In: JACOBS, G. A.; REYES, G. (orgs.). *Handbook of interna-*

tional disaster psychology. Interventions with special needs populations, v. 4. Londres: Greenwood Publishing Group, 2006.

Ehrenreich, J. H. "Managing stress in humanitarian aid workers: the role of the humanitarian aid organization". In: Jacobs, G. A.; Reyes, G. (orgs.). *Handbook of international disaster psychology. Interventions with special needs populations*, v. 4. Londres: Greenwood Publishing Group, 2006.

Fonseca, J. P.; Vasconcelos, M. M. de. "Religião, morte e luto". In: Franco, M. H. P. *Nada sobre mim sem mim: estudos sobre vida e morte*. São Paulo: Livro Pleno, 2005.

Franco, M. H. P. "Trabalho com pessoas enlutadas". In: Carvalho, V. A. de *et al.* (orgs.) *Temas em psico-oncologia*. São Paulo: Summus, 2008.

Freud, S. [1937]. "Análise terminável e interminável". In: Freud, S. *Edição standard das obras psicológicas completas de Sigmund Freud*, v. 11. Trad. sob a direção de Jayme Salomão. Rio de Janeiro: Imago, 1975, p. 239-87.

Greenstone, J. L. *The elements of disaster psychology. Managing psychosocial trauma. An integrated approach to force protection and acute care*. Springfield: Charles Thomas Publisher, 2008.

Herman, J. *Trauma and recovery: the aftermath of violence – From domestic abuse to political terror*. Nova York: Basic Books, 1993.

Hisada, S. *Clínica do* setting *em Winnicott*. Rio de Janeiro: Revinter, 2002.

Knobel, M. *Psicoterapia breve*. São Paulo: E.P.U., 1986.

Laplanche, J.; Pontalis, B. J. *Vocabulário da psicanálise*. São Paulo: Martins Fontes, 1983.

Organización Panamericana de la Salud, Organización Mundial de la Salud. "Protección de la salud mental en situaciones de desastres y emergencias". *Serie Manuales y Guias sobre Desastres*, n. 1, 2002. Disponível em: <http://www.paho.org/Spanish/PED/SaludMentalTotal.pdf>. Acesso em: 16 out. 2014.

Papp, P. *O processo de mudança: uma abordagem prática à terapia sistêmica de família*. Porto Alegre: Artes Médicas, 1992.

Parkes, C. M. *Luto: estudos sobre o pesar na vida adulta*. São Paulo: Summus, 1998.

_____. "Bereavement following disasters". In: Stroebe, M. *et al.* (eds.). *Handbook of bereavement research and practice: advances in theory and intervention*. Washington: American Psychological Association, 2008, p. 463-84.

Perez, G. H. "O psicólogo na unidade de emergência". In: Ismael, S. M. C. (org.). *A prática psicológica e sua interface com as doenças*. São Paulo: Casa do Psicólogo, 2005, p. 56-65.

Ronan, K. R.; Finnis, K.; Johnston, D. M. "Interventions with youths and families: a prevention and stepped care model". In: Jacobs, G. A.; Reyes, G. (orgs.). *Handbook of international disaster psychology. Practices and programs*, v. 2. Londres: Greenwood Publishing Group, 2006.

Sterian, A. *Emergências psiquiátricas: uma abordagem psicanalítica*. São Paulo: Casa do Psicólogo, 2001.

Taylor, A. J. "A taxonomia dos desastres e suas vítimas". J. *Psychosom Res*, *v.* 31, n. 5, 1987, p. 536-44.

Winnicott, D. W. [1959]. "A interpretação da psicanálise". In: *Explorações psicanalíticas*. Trad. José Octávio A. de Abreu. Porto Alegre: Artes Médicas, 1994.

World Health Organization. Department of Mental Health and Substance Dependence. *Mental health in emergencies: mental and social aspects of health of populations exposed to extreme stressors*. Genebra, 2003. Disponível em: <http://www.who.int/disasters/repo/8656.pdf> Acesso em: 3 maio 2011.

Young, M. A. *The community crisis response team training manual*. 2. ed. Washington: National Organization for Victims Assistance-NOVA, 1998.

4. A saúde emocional do psicólogo que atua em situações de emergência

ANA LUCIA TOLEDO • CRISTIANE C. PRIZANTELI • KARINA K. POLIDO • MARIA HELENA P. FRANCO • SANDRA R. B. DOS SANTOS

Todas essas pessoas cuidam de outras pessoas e se importam com elas. O valor do cuidado que oferecem está na sua qualidade, e essa é uma forma de relação de amor.
(Colin Murray Parkes, 2010)

É sabido que o trabalho em emergências é intrinsecamente estressante. Condições fisicamente exigentes ou nada prazerosas, carga de trabalho pesada, em longas horas, com risco de fadiga crônica e falta de privacidade e de espaço particular, acrescidas do fato de se estar separado de seus familiares por longos períodos, representam impacto severo no risco de adoecimento. Com frequência, há carência de recursos e suporte quando acionado e um inadequado reconhecimento pelo seu trabalho. A convivência muito próxima e prolongada dentro de uma equipe representa importante fator gerador de conflitos (Ehrenreich, 2006).

Newman e Shapiro (2006), ao ampliar as condições acima mencionadas, ressaltam ainda que o trabalho em ajuda humanitária expõe os profissionais a situações de difícil manejo, como conflitos com as autoridades locais e a angústia moral por decisões – que eventualmente terão de tomar – em relação a quem será ajudado e quem não terá ajuda. Encontram limites na autoridade para prestar a ajuda necessária, enfrentam perigos crônicos e são repetidamente expostos a histórias traumatizantes, tragédias pessoais ou cenas terríveis, podendo eles mesmos passarem por experiências horríveis.

O ofício de psicoterapeuta é muito particular em vários aspectos: o trabalho compreende muitas horas em isolamento, com pessoas em crise, com tendências suicidas ou homicidas, ou em processo de luto pela perda de entes queridos. O psicoterapeuta é treinado para focalizar sempre os problemas dos outros e oferecer apoio, empatia, interpretação, explicação e direção, sem esperar retorno. A natureza desse trabalho inclui um interminável ciclo de começos com novos pacientes, a psicoterapia propriamente dita e um novo ciclo de términos desses relacionamentos; existem ciclos de conexões e desconexões regulares a ser enfrentados e elaborados.

Essas particularidades da profissão de psicoterapeuta trazem algumas consequências. As pesquisas de Zur (2011) mostram que os psicoterapeutas têm maior probabilidade de se tornar deprimidos e abusar de substâncias ou atitudes suicidas do que qualquer outra profissão da área da saúde, como medicina, enfermagem e odontologia. Essas consequências podem ser ainda mais severas quando se considera o trabalho com vítimas de emergências e traumas severos. Acreditar que profissionais que lidam com vítimas de emergências e traumas possam emergir intactos do contato com o sofrimento e a perda é uma postura não realista. É necessário que se reconheça que profissionais que trabalham com essa população correm o risco de internalizar o que os pacientes sentem. Além disso, pelo alto grau de exposição à situação traumática, o profissional que atua em emergência coloca em risco a sua saúde mental, como afirmam diversos estudiosos do tema (McFarlane, Van Hooff e Goodhew, 2009; Van Der Velden e Kleber, 2009; Maguen *et al.*, 2009; Ursano, Fullerton e Benedeck, 2009).

Rynearson, Johnson e Correa (2006) consideram que o processo complexo de situar-se mental, espiritual, psicológica e espiritualmente diante de uma situação traumática, sobretudo se relacionada a uma morte violenta, exige do profissional, seja ele aquele que responde a acidentes, o que está em um pronto-atendimento ou o psicoterapeuta, uma postura suportiva e fundada no que recebe os cuidados por ele oferecidos. Com esse objetivo, as tarefas dele requeridas são:

a. estabelecer e manter condições de segurança;
b. desenvolver a ideia do que são reações normais a fatos anormais;
c. restabelecer o senso de resiliência com foco na história vivida e narrada;
d. fortalecer habilidades de enfrentamento;
e. ajudar a estabelecer padrões de autocuidado em curto e longo prazos.

O processo de construção da relação terapêutica na psicoterapia com sobreviventes e/ou familiares de situações traumáticas apoia-se no *self* do psicoterapeuta como um elemento fundamental para que se estabeleça uma relação clara e aberta. Um mecanismo de defesa muito utilizado pelos pacientes e que os ajuda a distanciá-los das experiências afetivas dolorosas como raiva, tristeza, vergonha e insegurança é a dissociação. Esse tipo de mecanismo de defesa pode ser primeiramente acessado pelo psicoterapeuta; no entanto, se não for reconhecido e processado, pode ser impulsivamente atuado (Pearlman, 1995).

A CONTRATRANSFERÊNCIA NO ATENDIMENTO A VÍTIMAS DE TRAUMA E SUAS CONSEQUÊNCIAS PARA O PSICOTERAPEUTA

Grandes demandas são dirigidas aos psicoterapeutas por parte dos sobreviventes e/ou vítimas de situações traumáticas. Uma delas é a empatia genuína que permite ao paciente avaliar a terapia como uma situação de segurança e proteção, que favorece a expressão da ansiedade e dos sentimentos de vulnerabilidade. Além dessas demandas, os pacientes também podem expressar a descrença em relação à expectativa de obterem alguma espécie de ajuda, o que pode acarretar certa frustração narcísica por parte do psicoterapeuta (Klain e Paviae, 1999).

O tratamento inicial às vítimas de emergências e traumas é considerado fator fundamental na prevenção de sintomas graves, como transtorno do pânico e depressão, e terá grande importância também no decorrer do tratamento. Muitos fatores podem influenciar tanto o encaminhamento do tratamento quanto o seu prognóstico; podemos destacar, entre eles, a atitude do psicoterapeuta, sua conduta frente ao paciente e o modo como lida com seus próprios sentimentos.

A fim de evitar que a dupla terapêutica seja engolida por essas experiências afetivas dolorosas, pode ser identificada a tendência à idealização do psicoterapeuta como "salvador", tanto por parte do paciente como do próprio profissional. Como o poder da transferência é muito difícil de ser notado e totalmente vivenciado, é importante salientar o quanto é indispensável o tratamento pessoal do psicoterapeuta. Sentimentos contratransferenciais intensos podem ser gerados nele quando se fala no contato com pacientes vítimas de situações traumáticas. Utilizaremos aqui a definição de Racker (1982) de contratransferência, ou seja, da totalidade da resposta psicológica do analista ao paciente. Trata-se de estar frente a frente com pessoas em grande sofrimento psíquico, além do fato de que as situações traumáticas podem evidenciar tanto a fragilidade quanto a impotência do psicoterapeuta. Para evitar a mudança da visão de mundo e a dor psíquica, o psicoterapeuta também pode lançar mão de certos mecanismos de defesa, como a negação e o isolamento (Eizirik *et al.*, 2006).

Uma vez que os pacientes nessas condições adversas não costumam ter consciência de suas experiências afetivas, por esses sentimentos serem muitas vezes intoleráveis e contraditórios, os psicoterapeutas são aqueles que, geralmente, identificam em primeiro lugar, por meio de si mesmos, a raiva, o medo, a vergonha e a insegurança. Se não forem adequadamente reconhecidos e elaborados, esses sentimentos podem ser reproduzidos e reexperimentados ao longo do tratamento por ambos, além de produzirem temores e impasses em ambos (Pearlman e Saakvitne, 1995).

Além disso, os sentimentos contratransferenciais intensos que podem aparecer no psicoterapeuta de vítimas de traumas surgem pelo fato de ele estar diante de pessoas em grande sofrimento psíquico, e também porque as situações traumáticas deixam evidentes a fragilidade e a impotência do profissional como pessoa comum (Eizirik *et al.*, 2006). A intensidade desses sentimentos vai sinalizar o tipo de resposta adversa que o psicoterapeuta pode desenvolver.

Arbore, Katz e Johnson (2006) afirmam que os conteúdos contratransferenciais que mais podem se manifestar de modo inconsciente nessas circunstâncias são:

- **Impotência:** é um sentimento extremamente desagradável para um cuidador e, a fim de evitá-lo, o profissional pode criar um distanciamento daquele que está sofrendo ou tornar-se muito envolvido. Esse sentimento pode se infiltrar no relacionamento terapêutico sob a forma de pensamentos em assuntos diferentes daquele que o paciente está relatando, ou a procura de razões pelas quais o paciente supostamente não quer ser ajudado.
- **Vergonha e embaraço:** podem surgir devido aos medos inconscientes do psicoterapeuta a respeito de sua morte, por exemplo. Ao presenciar a desintegração física ou psicológica do paciente, esses sentimentos podem surgir e provocar uma dificuldade do psicoterapeuta de "ver" diretamente o sofrimento daquele de quem cuida, o que pode trazer como resultado o olhar do profissional "para outro lado", seja literalmente ou figurativamente.
- **Negação:** com o intuito de aplacar sua ansiedade, o profissional pode evitar falar sobre a realidade da experiência do paciente, numa tentativa inconsciente de fazer o problema desaparecer. As reações mais comuns nesse caso são a tentativa de resolver o problema e fornecer um conselho equivocado.
- **Raiva e hostilidade:** podem infiltrar-se sob a forma de sarcasmo ou aplicação de rótulos ao paciente. Esses sen-

timentos podem estar inconscientes, seja pela inabilidade do psicoterapeuta em ajudar quem está sofrendo ou devido às suas frustrações pessoais ou profissionais.

- **Tristeza:** quando envolvidos nos seus sofrimentos, os profissionais não conseguem manter uma conexão com o paciente. Essa situação pode gerar a reversão dos papéis e fazer que o paciente tente confortar o psicoterapeuta ou, ainda, mudar de assunto para aliviar o desconforto do profissional.
- **Inquietação:** advém da ansiedade do profissional em fazer tudo certo, em aliviar a dor do paciente. Para isso, pode impor aquilo que acha certo, fazendo que as suas necessidades precedam as necessidades da pessoa que sofre.

TRAUMA SECUNDÁRIO E/OU FADIGA POR COMPAIXÃO

A empatia é um fenômeno central e de extrema importância quando se visa compreender a natureza da relação cuidador/paciente. Segundo o Moderno Dicionário da Língua Portuguesa, empatia vem do grego *empátheia* e pode ser definida como:

> Projeção imaginária ou mental de um estado subjetivo, quer afetivo, quer conato ou cognitivo, nos elementos de uma obra de arte ou de um objeto natural, de modo que estes parecem imbuídos dele. Na psicanálise, estado de espírito no qual uma pessoa se identifica com outra, presumindo sentir o que esta está sentindo. (Weiszflog, 2009)

Existem indícios convincentes de que nossa estrutura animal é constituída de forma a proporcionar o fenômeno da empatia e o fato de que podemos encontrar fenômenos semelhantes em outros animais é uma fonte de confirmação de suas bases biológicas (Lago, 2008).

Moll *et al.* (2006) afirmam que os seres humanos costumam sacrificar benefícios materiais para apoiar ou se opor a causas sociais e os efeitos neurobiológicos referentes à satisfação de doar são os mesmos ocasionados pela obtenção de uma gratificação.

O contágio emocional ou a angústia pessoal diante do sofrimento dos outros compreende reações pré-empáticas, identificadas nas primeiras fases do desenvolvimento humano, que também podem se manifestar na vida adulta (Falcone *et al.*, 2008).

A empatia, porém, não é um fenômeno puramente biológico e animal, mas um construto multidimensional, com três componentes principais: cognitivo (perspectiva e processos regulatórios), afetivo (compartilhamento de emoções) e comportamental. Entretanto, não basta perceber de forma acurada os pensamentos e sentimentos de alguém sem experimentar compaixão e interesse pelo seu bem-estar, pois isso não traduz manifestação empática (*ibidem*).

Decety e Jackson (2006) defendem a existência de três componentes funcionais que produzem a empatia: o compartilhamento afetivo entre o "eu" e o "outro" (percepção-ação que nos leva ao compartilhamento de representações), a consciência do eu/outro (identificação temporária, sem confusão entre o eu e o outro) e a flexibilidade mental para adotar uma perspectiva subjetiva do outro.

Assim, a empatia resulta da interação desses três componentes funcionais, de modo que nenhum deles sozinho pode explicar a amplitude do fenômeno da empatia humana. Ela é componente fundamental para a relação de ajuda e, no entanto, é o fator que faz que os cuidadores estejam mais vulneráveis e sensíveis ao sofrimento alheio. Quando ocorre o compartilhamento de emoções sem a existência da consciência eu/outro é que se configura o fenômeno do contágio emocional, ou seja, quando o observador promove uma identificação total com o objeto (Lago, 2008).

Desse modo, em 1988 Figley publicou uma pesquisa na tentativa de compreender os efeitos do trabalho com pessoas sobreviventes de situações traumáticas. Em 1995, o termo *fadiga por compaixão* foi proposto por Figley para descrever o custo associado ao cuidar de outros em sofrimento. Esse conceito aplica-se à prática dos psicoterapeutas que ouvem as histórias densas de traumas compartilhadas pelos pacientes, que acabam transformando permanentemente tanto a visão de si quanto de seu mundo presumido. Também conhecido como *trauma secundário*, foi um termo proposto para designar o que sentiam os profissionais que trabalhavam em emergências e eram repetidamente expostos a vítimas de trauma. Esses profissionais começavam a experienciar sintomas de Transtorno de Estresse Pós-Traumático (TEPT), como pesadelos e pensamentos intrusivos.

Figley (1988, 1995) identificou que as famílias e os profissionais da área de cuidados tornavam-se vítimas secundárias e desenvolviam uma ampla variedade de sintomas físicos e psicológicos, paralelos aos sintomas descritos pelos sobreviventes de desastres, que incluíam depressão, pesar, ansiedade, raiva, vergonha, imagens intrusivas, pesadelos, baixa autoestima e culpa por estar vivo e divertir-se. Em comparação a um grupo de controle, constatou-se que, após o surgimento dos sintomas físicos, estes davam lugar a doenças graves, que chegavam a aumentar a taxa de mortalidade entre os profissionais da saúde.

Em 1995, Yassen afirma que, para conseguir resistir ao estresse e ao trauma, os profissionais da saúde deveriam realizar um gerenciamento das funções vitais (sono, fome, exercícios, descanso, recreação, contato com a natureza, manutenção de estruturas de trabalho) e limitar a exposição a situações traumáticas. Monroe (2009) sugere ajuda e apoio de pares, ou de uma equipe especial que forneça uma perspectiva externa e medeie os papéis dos cuidadores na comunidade. Enfatiza as vantagens do treinamento adequado, incluindo a habilidade do cuidador de reconhecer e cuidar de suas respostas de estresse. Se essa habilidade não estiver presente, a situação pode se agravar e o psicoterapeuta pode desenvolver a síndrome de *burnout*.

BURNOUT

O termo *burnout* para a psicologia foi mencionado pela primeira vez pelo psicanalista Fregenbauer, em 1974, quando constatou inúmeros sintomas apresentados por um paciente em decorrência de impotência relacionada ao desgaste profissional. O *burnout* tem sido reconhecido como um risco ocupacional para profissões envolvidas com cuidados à saúde em vários países desde 1976, graças às pesquisas de Maslach. Atualmente, a definição mais utilizada pelos psicoterapeutas é a de Maslach e Jackson (1981), que a definem como uma síndrome multidimensional, que se constitui como uma maneira de enfrentar, mesmo que de forma inadequada, a cronificação do estresse ocupacional quando outras estratégias de enfrentamento falham.

Em 1989, na décima revisão da Classificação Internacional de Doenças (CID-10), o *burnout* aparece como "Síndrome do Esgotamento Profissional", em um grupo de classificação intitulado "Problemas Relacionados à Organização de seu Modo de Vida". No Brasil, em 6 de maio de 1999, foi aprovado o Anexo II do decreto 3.048 da Secretaria da Previdência Social do Ministério da Previdência Social, que trata dos Agentes Patogênicos causadores de Doenças Profissionais; na Tabela de Transtornos Mentais foi incluída a categoria "Síndrome de Esgotamento Profissional", com o mesmo significado de *burnout*. A Tabela 1 traz uma síntese das definições da síndrome de *burnout* ao longo do tempo.

Autores	Definições
Freudenberger (1974)	O recorrente acúmulo de estresse pode conduzir ao desenvolvimento dessa síndrome, definida como experiência de colapso, desapontamento, exaustão física e emocional e detrimento do interesse, demonstrados por trabalhadores que não apresentavam nenhum quadro psicopatológico antes de seu surgimento.
Freudenberger e Richelson (1980, p. 13)	"[...] estado de fadiga ou frustração provocada por devoção a um modo de vida, ou relação que não tem produzido a recompensa esperada."
Edelwich e Brodsky (1980, p. 14)	"Perda progressiva de idealismo, energia, propósito, e preocupação como resultado de condições de trabalho."
Freudenberger e Richelson (1991)	"A Síndrome de Burnout é resultante da frustração e da fadiga do indivíduo frente a investidas constantes em atividades/causas/relacionamentos/modos de vida, sem que essas venham a corresponder às expectativas, ao longo de um período de tempo."

Autores	Definições
Moreno, Oliver e Aragoneses (1993)	Os profissionais deslumbrados com a profissão são os mais facilmente alçados por esta síndrome. Aqueles cujas expectativas são abreviadas pela realidade contextual e, em decorrência da constante frustração, normal nas profissões e ofícios da contemporaneidade, terminam por substituir os comportamentos de dedicação e compromisso no trabalho por atitudes indiferentes, dignas da autoestima comprometida.
Maslach e Leiter (1997)	Erosão de compromisso com o trabalho; este, que no início da carreira era importante, significante e desafiador, torna-se desagradável, esvaziado e sem sentido.
Codo e Vasques-Menezes (2009, p. 235)	"[...] 'Síndrome da desistência', uma vez que o indivíduo, nesta situação, deixa de investir em seu trabalho e nas relações afetivas procedentes dele; há uma evasão emocional das atividades e, com isto, o trabalho se torna despersonalizado, mecânico."
Silva (2000, p. 16)	"Colapso das estratégias funcionais de enfrentamento em resposta ao estresse laboral."
Maslach, Schaufeli e Leiter (2001)	Problema específico ao contexto de trabalho, em contraste com a depressão, que tende a penetrar no domínio da vida da pessoa.
Benevides-Pereira (2002, p. 45)	"[...] A resposta a um estado prolongado de estresse ocorre pela cronificação deste, quando os métodos de enfrentamento falharam ou foram insuficientes."

Tabela 1 – Definições da síndrome de *burnout* (Biehl, 2009, p. 23)

Segundo Codo e Vasques-Menezes (2009), a síndrome de *burnout* tem três características básicas: exaustão emocional, despersonalização e baixo comprometimento. A exaustão emocional acontece quando o indivíduo não consegue combater os agentes estressores e, a partir daí, há uma queda acentuada da energia física e mental, que chega ao esgotamento; ele se sente psicologicamente exausto e hipersensível. A despersonalização ocorre quando o indivíduo não se importa mais com objetivos e metas e passa a relacionar-se friamente com as outras pessoas. O baixo comprometimento tem relação direta com a exaustão emocional: para fugir dessa exaustão, o psicoterapeuta anula simbolicamente o paciente, que assim sofre menos porque se exauriu menos, ou anula simbolicamente a si mesmo, com baixo comprometimento, ou seja, retira-se da situação de trabalho. Esses processos são considerados mecanismos de proteção contra a doença mental.

Trigo, Teng e Hallak (2007) afirmam que os prejuízos que advêm do *burnout* podem ser classificados segundo os parâmetros individual, profissional e organizacional:

- **Individual:** relaciona-se à exaustão física e mental. A exaustão física traz como sintomas sensações de baixa energia e fraqueza, aumento da suscetibilidade para doenças, cefaleias, náuseas, tensão muscular, dor lombar ou cervical e distúrbios do sono. A exaustão mental compreende sentimentos de preocupação, desesperança, solidão, depressão, raiva, impaciência, irritabilidade, tensão e diminuição de empatia.
- **Profissional:** aparece sob a forma de atendimento negligente e contato impessoal com os pacientes. O profissional sente baixa realização profissional ou baixa satisfação com o trabalho, o que pode ser descrito como uma sensação de que muito pouco tem sido alcançado e o que é realizado não tem valor.

- **Organizacional:** manifesta-se nos conflitos com a equipe de trabalho, contato impessoal com os colegas e diminuição da qualidade do serviço; muitas vezes, a simples presença dos outros membros da equipe de trabalho é sentida como desagradável e não desejada.

O AUTOCUIDADO COMO PREVENÇÃO EM SAÚDE MENTAL EM SITUAÇÕES DE CRISE

Um acontecimento traumático, seja de que natureza for, pode afetar tanto as pessoas diretamente ligadas a ele quanto os profissionais que prestam serviços de atendimento às vítimas.

Segundo Deahl e Bisson (1995), a exposição a situações de emergência e estresse intenso gera algum tipo de estresse traumático em grande parte da equipe de atendimento às vítimas e inclui sintomas como: fadiga, tristeza, disforia, dificuldade de concentração, ansiedade, culpa, raiva, impotência e sentimento de identificação com as vítimas, além de pensamentos intrusivos que interferem na realização do trabalho. No entanto, refere-se que uma série de fatores individuais e situacionais pode predispor ao aparecimento de sintomas de estresse na equipe de atendimento. Considera-se aqui equipe de atendimento os profissionais envolvidos na prestação de serviço às vítimas e aos familiares afetados pelo acontecimento traumático, embora se reconheça também a importante participação de voluntários nessas ocasiões.

Entre os fatores individuais de vulnerabilidade dos profissionais estão o histórico psiquiátrico, a personalidade e a falta de apoio social (ou uma rede disfuncional). Fatores situacionais incluem a exposição prolongada a situações estressantes, trabalho com alto grau de risco e falta de treinamento adequado, além de falta de coesão e apoio da equipe de trabalho.

Ocorre que, estando igualmente expostos ao estresse físico e emocional decorrente da situação de crise, os chamados cuidadores podem ter o seu trabalho comprometido por fatores como:

1. Sentir-se parte da crise.
2. Exposição prolongada.
3. Demasiado esforço físico.
4. Fadiga.
5. Sentimento de impotência.
6. Sentimento de culpa.
7. Exposição a sentimentos de raiva e ingratidão por parte das vítimas.
8. Afastamento de sua rede de apoio social.
9. Sentimento de frustração diante de normas e decisões de superiores.

Embora devidamente treinados e conscientes de suas responsabilidades, os profissionais envolvidos em um acontecimento traumático precisam inevitavelmente lidar com suas demandas pessoais, que incluem, por exemplo, o desejo de ajudar e suprir as necessidades das vítimas atendidas, o que, por sua vez, é diretamente confrontado com o sentimento de impotência e frustração.

Sabe-se, contudo, que não é possível realizar adequadamente uma tarefa sendo afetado pelo trabalho e por suas condições (desfavoráveis, nesse caso), daí a importância de se ter sistematicamente um momento para reflexão e troca de percepções entre os profissionais atuantes e sua respectiva coordenação/supervisão.

Faz parte do autocuidado, portanto, estar atento às próprias reações, aos sentimentos e limites diante de uma atuação em crise, haja vista que não só a saúde como o próprio trabalho do profissional pode ser comprometido diante da exposição prolongada ao estresse.

Ainda de acordo com a publicação da Federação Internacional da Cruz Vermelha e Sociedade Crescente Vermelho (2003), as necessidades dos cuidadores são, em geral, similares às das pessoas diretamente afetadas e, em se tratando de minimizar o quadro de estresse, ter um ambiente de apoio e acolhimento é fundamental. Para isso, sugere:

1. Orientação e suporte de uma coordenação acessível às equipes de trabalho antes ou depois da atuação.
2. Abertura à troca de percepções e sentimentos entre a equipe.
3. Encontros sistemáticos com a equipe para reforçar o sentimento de pertencimento e acolhimento.
4. Segurança, de modo que cada um possa reconhecer os próprios limites e pedir ajuda quando necessário.

Considera-se, portanto, que compartilhar experiências e sentimentos vivenciados durante a atuação em crise auxilia na prevenção de sintomas psicológicos e de estresse na equipe de atendimento às vítimas.

Esse modelo de suporte à equipe assemelha-se à técnica de *debriefing* psicológico, a ser descrita adiante neste capítulo. Além dessas, estão entre possíveis estratégias de autocuidado automassagem, alimentação adequada, relaxamento muscular progressivo, autoconhecimento e reconhecimento dos próprios limites.

De acordo com Liberato, o autocuidado – ou cuidar de si – refere-se a ter a atenção voltada para as próprias necessidades e desejos, aceitando "nosso corpo e alma como fonte de aprendizado inesgotável" (Liberato, 2009, p. 273). A autora define ainda o termo "com-paixão" como sofrer com o outro, e não pelo outro, acompanhando e auxiliando no sofrimento alheio, porém, sem sentir-se ameaçado.

Nesse aspecto, ecoa-se o que já dizia Benoliel (1993) acerca dos cuidados pessoais necessários ao profissional que trabalha com alto grau de exposição ao sofrimento humano. Ela advoga a criação de um ambiente que valorize a pessoa do profissional, assim como relações de trabalho em ambiente cooperativo e colaboração mútua, com a finalidade de fortalecer esse profissional e nivelar as relações, para eliminar, sempre que possível, a competição. Assim, um ambiente comunitário, mais do que hierárquico, permite que as dificuldades pessoais no trato de questões extremas de sofrimento sejam enfrentadas como uma experiência de crescimento e saúde.

Com relação às diferentes possibilidades sob a forma de técnicas para exercer o autocuidado, foram listados alguns exemplos com o objetivo de ilustrar a viabilidade desse "cuidar de si" (inclusive no local da intervenção, quando possível), por serem exercícios/condutas simples, práticos e sem restrições ou impedimentos para ser (auto)aplicados.

O relaxamento muscular progressivo de Jacobson, por exemplo, tem demonstrado bons resultados no tratamento de tensões musculares, ansiedade, depressão, insônia, fadiga e dores (Davis, Eshelman e McKay, 1995). É um método que parte da experiência de tensão e relaxamento de grandes grupos musculares para induzir as pessoas à consciência corporal e ao reconhecimento de sua capacidade de relaxar voluntariamente tais músculos, especialmente quando a tensão muscular se torna uma resposta condicionada à tensão emocional e vice-versa.

A automassagem, por sua vez, constitui-se de um grupo de manobras geralmente realizadas com as mãos, para produzir efeitos benéficos sobre músculos e sistemas nervoso, circulatório e respiratório em geral, promovendo também o aumento circulatório local, bem como a diminuição de espasmos musculares e rigidez articular. Segundo Portnoi, Marques e Kaziyama (2007), a automassagem proporciona determinados efeitos terapêuticos sobre a dor, tensão muscular e rigidez articular, favorecendo então uma melhora sistêmica.

Assim, faz parte do autocuidado escolher a melhor maneira de aliviar sintomas de estresse e cansaço e (auto)promover, dentro do possível, condições físicas e emocionais para seguir como parte da equipe de atendimento durante a intervenção.

A UTILIZAÇÃO DO *DEBRIEFING* PSICOLÓGICO EM INTERVENÇÕES DE EMERGÊNCIAS

A atuação psicológica em situações de emergência, como acidentes e desastres, apresenta importantes avanços desde o século XX, tendo seus primeiros registros já durante a Primeira Guerra Mundial, onde se têm dados de intervenções *in situ* com combatentes para tratamento de transtornos por estresse agudo.

Posteriormente, durante a Segunda Guerra Mundial, foram realizadas as primeiras intervenções psicológicas, realizadas por meio de sessões catárticas de "desabafo" nos campos de batalha (Bisson, McFarlane e Rose, 2000 *apud* Del Cistia *et al.* 2007).

A partir da necessidade do desenvolvimento de técnicas e programas mais efetivos de tratamento sistemático para as pessoas e vítimas expostas a vivências traumáticas, apontamos a técnica conhecida como CISD (*Critical Incident Stress Debriefing*). Idealizada por Jeffrey Mitchell durante os anos 1980 como parte da sua teoria geral sobre intervenção em crise e desastres naturais, em princípio foi instituída como um programa destinado a reduzir o estresse de trabalhadores dos serviços de emergência (Mitchell e Everly, 1995). Para desenvolvê-la, seus autores basearam-se no modelo de intervenção da Psiquiatria Militar, que utilizava um método similar para a reabilitação psicológica dos soldados no *front* desde a Segunda Guerra Mundial.

A técnica CISD faz parte de um programa nomeado (posteriormente patenteado) por Mitchell e Everly (1995) de CISM (*Critical Incident Stress Management*), definido como uma intervenção em crise "multitática" abrangente, sistemática e integrada, designada especificamente para o manejo de estresse traumático associado a exposições a incidentes críticos (Mitchell, 2004).

Mitchell e Everly (1995) definem Incidentes Críticos (IC) como os acontecimentos traumáticos que iniciam uma reação de crise. Tais acontecimentos geralmente não fazem parte do considerado "normal" vivenciado no trabalho ou na vida pessoal dos envolvidos. De acordo com Del Cistia *et al.* (2007, p. 2):

> Incidentes críticos são quaisquer situações enfrentadas pelas pessoas que as faz experimentar fortes reações emocionais e com potencial para interferir extraordinariamente em seu funcionamento, no momento ou a posteriori.

A CISD não é uma técnica isolada; ela faz parte de um programa (CISM) e, portanto, não deve ser utilizada fora desse modelo predeterminado (Mitchell, 2004). O autor enfatiza ainda que de forma nenhuma essa ferramenta de intervenção em crise deve ser considerada psicoterapia ou uma forma de substituí-la. A técnica CISD permite a expressão em grupo dos sentimentos e emoções relacionados a uma vivência traumática e procura aliviar o estresse por meio da reconstrução narrativa da experiência vivenciada pelo indivíduo. Essa técnica apresenta-se em sete fases (Everly e Mitchell, 2000; Devilly, Gist e Wright, 2003):

1. Introdução, quando o profissional se apresenta e são descritos os objetivos, processos e benefícios da intervenção.
2. Narração, quando os fatos vivenciados são descritos.
3. Pensamentos, quando se questiona quais foram os seus primeiros pensamentos.
4. Reações emocionais, quando as emoções são descritas de acordo com a vivência.
5. Sintomas, quando se faz uma avaliação geral dos sintomas físicos ou psicológicos.
6. Informação, quando os participantes têm o conhecimento das possíveis respostas ao estresse.
7. Reentrada, quando são fornecidas as informações de encaminhamento.

A CISD deve ser aplicada por profissionais de saúde treinados para atender a indivíduos que tenham vivenciado um acontecimento traumático e caracteriza-se por uma entrevista aprofundada após o incidente. Tem a finalidade de favorecer uma integração das experiências traumáticas vivenciadas durante o incidente e ocorre nas primeiras 24 a 72 horas subsequentes ao acontecimento crítico, com uma duração de aproximadamente duas horas. É fundamental que a própria pessoa consiga utilizar seus mecanismos de enfrentamento, adaptação e estruturas de apoio (Del Cistia *et al.*, 2007).

Chacón e Vecina (2007) consideram o *debriefing* uma estratégia de prevenção secundária, cujo objetivo é aliviar o estresse produzido em situações críticas, para prevenir o desenvolvimento do estresse pós-traumático e mobilizar os recursos naturais de enfrentamento dos indivíduos envolvidos no acontecimento.

Há consenso de que a efetividade do *debriefing* está relacionada ao fato de pertencer a um programa maior de Atenção em Saúde Mental, que inclui administração de crise e cuidados pós-traumáticos (Del Cistia *et al.*, 2007). Ainda de acordo com os autores (p. 4): "Debriefing é considerado um método de intervenção psicológico-psiquiátrica que pode ser acionado imediatamente após a ocorrência de um acontecimento traumático". Por meio do alívio do estresse, evita patologias de longa duração que podem resultar em perda da efetividade do trabalho e conflitos familiares (Devilly, Gist; Wright, 2003).

Assim, o *debriefing* psicológico é uma variação do CISD, sendo hoje a técnica mais utilizada mundialmente com incidentes críticos (Del Cistia *et al.*, 2007). Segundo Kaplan,

Iancu e Bodner (2001), o *debriefing* psicológico baseia-se em três componentes terapêuticos: ventilação em um contexto de grupo de apoio, normalização das respostas e educação sobre as reações psicológicas pós-incidente. A técnica consiste em uma revisão ou análise da experiência traumática, encorajando a expressão emocional e promovendo o processamento cognitivo da experiência.

Com relação à aplicabilidade do *debriefing* psicológico, independentemente do tipo de vivência estressante ou traumática, esta pode desencadear sintomas físicos, psíquicos ou comportamentais e expor não somente as vítimas diretamente ligadas a ela, conforme citado no início do capítulo, mas também todas as pessoas envolvidas de alguma forma, como socorristas, profissionais da saúde, policiais, voluntários etc.

A técnica tem sido utilizada em diversas situações, tendo sido encontrados na literatura relatos com policiais, marinheiros envolvidos em acidentes, equipes da Cruz Vermelha, estudantes de medicina (e equipes médicas em geral) após óbito de pacientes, equipes de resgate (socorristas), soldados do exército, motoristas de trem/metrô após presenciar suicídios nas plataformas, trabalhadores (e colegas) que sofreram (ou presenciaram) acidente grave no trabalho, na área da aviação, funcionários e tripulantes após acidente aéreo, entre muitas outras situações (Rose *et al.*, 2009).

Segundo Kaplan, Iancu e Bodner (2001), a técnica pode contribuir para uma resposta imediata dos profissionais que trabalham com esse tipo de demanda, auxiliando-os a lidar com o sofrimento, bem como com o sentimento de impotência diante das vítimas do acontecimento traumático.

A eficácia do *debriefing* psicológico vai depender de um preparo adequado, de um líder competente (que inclui ser verdadeiro e ter autoridade e capacidade para conduzir um grupo), bem como da coesão e confiança do grupo (Dyregrov, 1997).

Ainda com relação à avaliação da utilização dessa técnica, as conclusões mantêm-se controversas, considerando-se as restritas pesquisas realizadas até hoje. Em um estudo feito por Chemtob *et al.* (1997), por exemplo, sugere-se que o modelo seja reformulado no sentido de incluir na técnica alguma forma de avaliação que possibilite verificar a presença de sofrimento ou dificuldade de enfrentamento e, consequentemente, a necessidade de acompanhamento posterior.

Alguns estudos (Everly e Mitchell, 2000; Foa, Keane e Friedman, 2000) sugerem que resultados negativos do *debriefing* podem estar relacionados a erros técnicos de aplicação ou, ainda, à escassez de pesquisas avaliativas. Meta-análises mostram que a técnica está, pois, a serviço de reduzir a manifestação de estresse após a vivência de uma crise.

Diante de tantas críticas e outras controvérsias, Mitchell (2004) questionou os resultados negativos do CISD, com os seguintes argumentos:

1. Não há evidências de que as pessoas que fizeram uso da técnica e obtiveram efeitos negativos utilizaram-na nos padrões da CISM.
2. Houve escolha inapropriada dos participantes do grupo.
3. Muitas intervenções podem ter sido inadequadas, realizadas sob circunstâncias fora do método CISD.
4. Efeitos negativos podem estar relacionados a uma mistura e confusão de termos (por exemplo, aconselhamento e intervenção em crise, tratamento e psicoterapia

etc.), a ponto de não se saber o que foi feito com o grupo, para quem e por quem.

5. Existem significativas falhas em todos os estudos que apontaram resultados negativos com o uso da técnica.
6. Controles experimentais randomizados não são a única maneira de avaliar resultados.
7. Avaliação inadequada dos resultados.

Por fim, conclui-se que seria precipitado afirmar que a utilização do *debriefing* psicológico ou de qualquer outra técnica do programa CISM é positiva ou negativa, visto que é necessário considerar uma série de fatores, desde o método para a sua aplicação até a escolha do instrumento para sua avaliação posterior. Cabe ao profissional, portanto, utilizá-lo de forma consciente e responsável, além de, claro, estar apto para tal.

Considerando-se, pois, a aplicabilidade do *debriefing* psicológico em intervenções em situações de emergência, a técnica foi introduzida no protocolo de atuação do Grupo IPE como forma de cuidado com a equipe de psicólogos. Vale ressaltar que não se trata da técnica de CISD ou CISM, e sim de *debriefing* psicológico, que o Grupo IPE vem utilizando a cada volta de acionamento, tendo já tomado contornos próprios, delineados e confirmados pela prática. Os fundamentos são válidos com base no proposto pela técnica, porém, o que se objetiva está relacionado à aproximação e ao suporte mútuo entre os membros do grupo, além do alívio de tensões que poderiam se manter registradas, tornando-se causadoras de adoecimento.

COMUNICAÇÃO INTERPESSOAL: COMPREENSÃO, DIFICULDADES, DESAFIOS E POSSIBILIDADES

Quando realizamos um trabalho em equipe, é imprescindível que se estabeleça uma boa comunicação entre seus membros, principalmente quando a atuação ocorre em situações de emergência. O trabalho do psicólogo, nesse contexto, muitas vezes ocorre num ambiente confuso física e emocionalmente e, por isso são necessários especial cuidado e atenção.

A questão da comunicação é importante tanto no que se refere à atuação propriamente dita quanto à troca necessária entre os profissionais que fazem parte de uma equipe. No trabalho de formação de uma equipe, é importante que sejam discutidas e trabalhadas habilidades de comunicação. Exercícios podem ser realizados a fim de verificar se as estratégias estabelecidas funcionam na prática do dia a dia. Conceitos, postura e atuação devem ser revistos continuamente.

Alguns aspectos são extremamente significativos na atuação do psicólogo em situações de emergência. Clareza e agilidade são primordiais tanto na relação do psicólogo com o paciente quanto na relação entre os profissionais da equipe. Como alcançar esse objetivo diante de algo – a comunicação – que pode sofrer tantos vieses? Faz-se necessário trabalhar os diversos aspectos envolvidos na comunicação interpessoal. Uma vez que várias coisas acontecem ao mesmo tempo, se esse não for um ponto bem trabalhado entre a equipe, problemas podem surgir. Inclusive um desgaste físico, mental e emocional dos profissionais que atuam em conjunto. Temos, sim, como objetivo procurar minimizar o sofrimento/desgaste do psicólogo que já está exposto a uma situação crítica, devido ao próprio perfil do trabalho realizado.

A criação de um protocolo é uma das formas de assegurar à equipe uniformidade na atuação e, assim, alguns conceitos, critérios e formas de atuar já ficam definidos. Além de criar uma identidade para a equipe, o protocolo também dá ao psicólogo uma base sólida para desenvolver seu trabalho. Com isso estabelecido, cria-se a base da comunicação entre os membros da equipe, pois todos partem de um ponto em comum. Logicamente, restam as particularidades de cada atuação; por isso, é importante uma equipe que se relacione de forma integrada. O que queremos dizer com isso é que, perante uma situação difícil, os psicólogos que estão trabalhando juntos já sabem a melhor forma de agir. Existe entre eles uma cumplicidade que permite que entendam de que o outro precisa simplesmente por meio de um olhar, um gesto ou uma única palavra. O resultado é um trabalho bem-feito e um profissional seguro e sob menos estresse.

O PROCESSO DA COMUNICAÇÃO INTERPESSOAL

Muitos estudos e abordagens sobre comunicação interpessoal são encontrados na área de gestão de pessoas nas organizações. Isso porque, atualmente, existe uma conscientização de que as pessoas desempenham papel fundamental dentro das empresas. Casado (2002, p. 271) apresenta-nos a importância da comunicação nas relações humanas:

> Como ser social, o homem possibilitou e garantiu a vida social por meio dos diferentes sistemas de comunicação que desenvolveu. Ao interagir com seus semelhantes utilizando um código comum, inteligível, o homem faz mais do que informar e ser informado sobre

> as coisas do mundo: ele agrega novas formas de organização do próprio pensamento, adquire novos pensamentos e amplia a consciência de si próprio, de seu lugar no mundo e de sua responsabilidade social.

O autor também destaca as organizações como mais um cenário do desenrolar dos papéis do homem. Nesse cenário, a comunicação desempenha a função de garantir a sobrevivência e/ou o aprimoramento. Para isso, é necessário que os processos de comunicação sejam cada vez mais claros, fidedignos e apropriados. A comunicação interpessoal é vista como um pilar importante da gestão de pessoas, e, no nosso contexto de trabalho, pensamos na equipe como uma organização.

Quando falamos sobre comunicação interpessoal, falamos sobre relacionamento, sobre interação, sobre compartilhar ideias, experiências, sentimentos, crenças e valores. Assim, algumas perguntas são inerentes ao processo de comunicação: comunicar o quê? Para quem? De que forma? Com qual finalidade? Nota-se que vários elementos fazem parte do processo de comunicação. Parte-se do princípio de que há uma relação entre a parte que transmite um significado e a que o compreende. Temos, portanto, um *emissor* e um *receptor*. Ambos precisam ter um conceito em comum sobre aquilo que se deseja transmitir. Existe o *canal*, que é o meio pelo qual a *mensagem* é enviada. A *mensagem* é a unidade básica da comunicação. A *informação* é o conteúdo da mensagem. O *código* é usado para transmitir um significado, portanto não basta entender as palavras, é necessário encontrar o significado. Ao escolher o código, o emissor espera que o receptor seja capaz de decifrar sua mensagem. Entram aqui os processos de *codificação* e *decodificação*. Silva (2006) define os *signos* como estímulos que transmitem uma mensagem, podendo ser convencionais e arbitrários; os *símbolos* são definidos como signos com uma única decodificação possível, e os *sinais* são signos com mais de um significado. Um elemento importante que pode surgir na comunicação é o *ruído*, que é uma distorção na transmissão da mensagem. Há ainda o *feedback*, que é o retorno da reação do receptor à mensagem enviada pelo emissor, e o *sistema*, que é um conjunto complexo organizado por partes que interagem.

Casado (2002) apresenta-nos a abrangência de compreensão do processo de comunicação por meio do *modelo sistêmico*, pois este considera o ambiente no qual a comunicação ocorre e, assim, traz outras possibilidades de compreensão do processo, uma vez que inclui variáveis como: estrutura de grupos, características das tarefas, normas de comportamento, políticas e valores organizacionais. Além disso, o modelo sistêmico engloba modelos anteriores, incluindo, por exemplo, a ideia de *feedback*. Não temos como pensar na comunicação interpessoal sem considerar uma relação entre duas pessoas, em que a percepção do outro e de si mesmo estejam presentes. Assim, tanto *emissor* quanto *receptor* são responsáveis por aprimorar o processo de comunicação, tornando-o cada vez mais claro e apropriado, num movimento contínuo de troca, em que o *emissor* espera retorno da reação do *receptor*. Existe intercâmbio dinâmico e interativo. A breve apresentação dos elementos que constituem o processo de comunicação é importante para que pensemos na complexidade da comunicação interpessoal.

DIFICULDADES E DESAFIOS NA COMUNICAÇÃO INTERPESSOAL

Já mencionamos um dos aspectos da comunicação que requerem atenção: o ruído. Vamos abordar outros elementos importantes no processo, citados por Casado (2002). São eles: percepção, atitude, modelo cognitivo e as formas de comunicação.

A percepção é um processo subjetivo e muitas vezes baseado em formas abstratas. Essas características facilitam as distorções de percepção, ocasionando fenômenos que interferem no processo de comunicação interpessoal. Segundo Casado (*ibidem*), esses fenômenos são: *estereotipagem*, processo no qual não se percebe o fato real, mas sim a projeção de um estereótipo, sendo que os preconceitos contribuem para esse tipo de alteração de percepção; *efeito halo*, no qual há uma contaminação da percepção de algo, ou seja, determinadas características de alguns objetos invadem outros objetos; e a *expectativa* em relação a determinados fatos e/ou coisas, que faz que se perceba e veja apenas o que se quer, dando espaço para uma percepção seletiva.

Em relação à atitude, Casado (*ibidem*) enfatiza que a atitude é a predisposição para reagir a um estímulo de maneira positiva ou negativa, sendo formada por três componentes básicos: o cognitivo (as crenças e os conhecimentos sobre o estímulo), o afetivo (as emoções) e o comportamental (tendência a reagir respondendo ao aspecto cognitivo e ao afetivo). Quando não em sintonia, originam um estado de desconforto interno, de incompatibilidade percebida pelo indivíduo. A atitude também pode ter três direções: favorável, desfavorável ou neutra, que interferem na transmissão e recepção da mensagem, implicando alterações de comunicação.

Devido às diferenças nos processos cognitivos, muitas informações que são importantes para uma pessoa podem passar despercebidas para outra, representando uma falha ou um ruído na comunicação. Do modelo cognitivo de aprendizagem, compreende-se que o processo de apreensão da realidade por um indivíduo ocorre por meio de suas crenças e percepções próprias, o que engloba tanto aspectos objetivos e comportamentais quanto subjetivos. Fleury e Oliveira Junior (2002, p. 134) definem aprendizagem como "um processo de mudança provocado por estímulos diversos e mediado por emoções que podem ou não produzir mudança no comportamento da pessoa".

Casado (2002) considera que muitos vieses na comunicação ocorrem devido aos traços inatos de personalidade, que fazem que as pessoas tenham modos preferenciais de comunicação. A autora apoia-se nos tipos psicológicos de Carl Gustav Jung, atendo-se às quatro funções psicológicas – sensação, intuição, pensamento e sentimento – e às diferenças ocasionadas por elas quanto ao conteúdo e à forma daquilo que é comunicado. Assim sendo, ela resume os tipos psicológicos de Jung da seguinte maneira:

- **a.** Pessoas do tipo *sensação* priorizam a comunicação no concreto, real e palpável e fazem uso de analogias.
- **b.** Pessoas do tipo *intuição* trazem um discurso com conteúdo mais genérico e conceitual e utilizam simbologias para se expressar.
- **c.** Pessoas do tipo *pensamento* transmitem prioritariamente os aspectos imparciais da informação, comunican-

do o que deve ser comunicado sem muita atenção ao que os demais sentirão em relação à informação.

d. Pessoas do tipo *sentimento* adotam uma abordagem mais empática, considerando os aspectos emocionais da informação e da interação com o interlocutor.

Existem ainda diferentes formas de comunicação interpessoal. São basicamente quatro: *verbal*, falada ou escrita; *não verbal*, representada pelo gesto ou pela postura, que é um modo de comunicação sutil e muitas vezes ambíguo; *simbólica*, representada por meio de símbolos, como vestuário e moradia; e *paralinguística*, que confere sentido especial à comunicação por meio do tom da voz ou do ritmo da fala. É necessário que haja coerência entre essas formas de comunicar para que tenhamos uma comunicação efetiva.

Diante de tantos aspectos colocados, notamos que são muitos os desafios e as dificuldades para que ocorra uma boa comunicação. Casado (2002) cita como barreiras à comunicação eficaz: sobrecarga de informações, tipo de informação (incluindo forma e conteúdo), fontes (seu grau de credibilidade e influência sobre o receptor), localização física (locais com muito barulho ou muito estímulo, ou, ainda, que ofereçam alguma ameaça podem interferir negativamente na comunicação), filtragem (manipulação da informação) e linguagem (as diferenças de formação e grau de escolaridade podem interferir na compreensão daquilo que se comunica). Perante as barreiras, o autor ainda fornece sugestões para melhorar a comunicação. São elas: usar linguagem apropriada à mensagem e ao receptor, oferecer escuta ativa a quem transmite, ter empatia na comunicação interpessoal, parar periodicamente para reflexão no processo de comunicação e, por fim, dar *feedback* da mensagem recebida e pedir *feedback* da mensagem enviada.

REFLEXÕES SOBRE A COMUNICAÇÃO

Di Nizo (2007, p. 11) relata sua experiência como estrangeira em Paris e aborda um aspecto importante nesse contexto: "Enquanto comparava os mundos, perdia a chance de penetrar a realidade. Somente quando cessou a batalha interna das interpretações, desenvolvi a capacidade de colocar-me no lugar dos demais. Assimilei a linguagem e, por meio dela, vi emergir novas ações". A autora ressalta a importância da linguagem como representante do modo de cada um interpretar, atuar e, consequentemente, alterar o rumo dos acontecimentos. Por meio da linguagem, estabelece-se a relação com os outros. Assim, o diálogo é visto como importante ferramenta de convivência social. A individualidade deve ser considerada, mas junto está presente a ideia do homem como ser social. É justamente nesse contexto que Di Nizo (2007) aborda questões relevantes quanto ao momento em que vivemos. A autora acredita que os tempos atuais exigem um ser humano com postura interrogadora e capaz de viver em constantes mudanças. Traz ainda a noção da linguagem como elemento transformador e, com ela, a criatividade. Ela aposta na criatividade como ferramenta importante contra a insatisfação, as relações enfermas e os ruídos na comunicação. Em suas palavras:

> O indivíduo que se apropria de seu poder de comunicação, como consequência natural, aumenta sua habilidade de negociação. O

> desafio é, a todo momento, entender meu querer. Correr o risco de me posicionar com ideias originais ou diferentes, com minhas referências e fidelidades. Respeitar também o querer alheio, sem me sentir responsável por seus sentimentos, sem me apossar de suas necessidades. Apenas ouvir, sabendo que minha escuta, influenciada por minha história, vai dar sentido ao que o outro diz. (Di Nizo, 2007, p. 136)

Destaca-se um aspecto importante da comunicação eu/outro: a habilidade de ouvir, conhecer a si mesmo e conhecer o outro. Silva, ao falar da comunicação entre médico e equipe de saúde com o paciente, diz que "uma pessoa que fornece com sucesso suporte emocional à outra, provavelmente é aquela com habilidade para acessar suas próprias emoções e dores" (2008, p. 39).

Silva (2006) menciona a criatividade ao se referir à comunicação como um ato criativo. Por meio dela, compreendemos o mundo, relacionamo-nos com o outro e podemos transformar a nós mesmos e a realidade. Esse movimento pode levar a uma mudança na forma de sentir, pensar e atuar no mundo. A comunicação é um instrumento de trabalho a ser cuidado e pode ser uma forma de melhorar a qualidade das relações, seja na vida profissional ou pessoal.

Escuta acolhedora e fala significativa, principalmente para quem ouve, podem garantir a qualidade da comunicação e da relação. Além da capacidade de ouvir e de uma fala pertinente, Silva (2006, p. 14) diz que "comunicação adequada é aquela que tenta diminuir conflitos, mal-entendidos e atingir objetivos definidos para a solução de problemas detectados [...]".

O processo da comunicação interpessoal eficaz depara com os desafios da sociedade em que vivemos, ou seja, um mundo em perene mudança. Vivemos num mundo globalizado, em que cada vez mais pessoas de culturas diferentes terão de se comunicar; com constante avanço tecnológico, que interfere na forma e na velocidade de comunicar; com mudanças na linguagem e na forma de atuar no mundo. Diante de todas essas características, não podemos perder a identidade do ser humano e do profissional que se relaciona e se comunica. Comunicamo-nos a todo instante, com gestos, palavras ou mesmo em silêncio.

Dessa forma, considera-se fundamental que todo profissional envolvido em um acontecimento traumático perceba-se primeiramente como ser humano, pois somente poderá oferecer auxílio a quem necessita se estiver em condições físicas, psíquicas e emocionais para tal. Ou, como afirmam Rynearson, Johnson e Correa (2006), se pudermos nos colocar no que há de mais genuíno em nossa condição humana, poderemos testemunhar o processo resiliente do ser humano, mesmo em face de violência, horror e experiências traumáticas. Se pudermos tolerar nossos sentimentos e nossas respostas contratransferenciais, acompanharemos essas pessoas em seu processo de restauração de significado e de propósito diante da vida, para além do sofrimento.

Diante de todas as demandas que permeiam uma intervenção psicológica em situação de emergência, fica clara a importância do preparo do profissional, que envolve, além da capacitação, o autocuidado durante e após a sua atuação.

Para ilustrar as questões que envolvem os fatores afetivo-emocionais do psicólogo ao longo de uma intervenção com essa especificidade, compartilharemos aqui uma situação vivenciada pelo Grupo IPE em uma de suas atuações, sob o olhar de uma das integrantes.

No dia 29 de setembro de 2006, um Boeing 737/800 decolou de Manaus com destino ao Rio de Janeiro, com escala em Brasília. Em voo, um jato Legacy, que realizava seu primeiro voo comercial, atingiu o Boeing. Diferentemente do que se poderia esperar, o Legacy conseguiu pousar em uma base da Aeronáutica na Serra do Cachimbo (Pará) e seus sete ocupantes não sofreram ferimentos. Enquanto isso, o Boeing, que fazia o voo 1907, caiu na selva amazônica, no lado mato-grossense, matando seus 154 ocupantes, no maior acidente aéreo do país até então.

Logo nosso grupo foi acionado e alguns membros foram deslocados para Brasília, local escolhido pela companhia aérea para agrupar os familiares das vítimas em quatro hotéis. Fui pela primeira vez a Brasília no dia 30 de setembro, sábado de manhã bem cedo, para ficar até a manhã do dia 4 de outubro, uma vez que 3 de outubro era o dia das eleições nacionais. Estávamos em um grupo de dez pessoas do IPE, e alguns outros membros do nosso grupo já estavam lá. Nós já havíamos nos dividido em duplas para trabalhar e ocupar os quartos do hotel.

A sensação quando vamos pela primeira vez atender a um chamado é sempre de ansiedade, e nesse caso não foi diferente, ainda mais porque não tínhamos certeza se todos a bordo da aeronave tinham morrido ou se havia algum sobrevivente.

Ao chegar, o grupo foi dividido para que pudéssemos cobrir os quatro hotéis que abrigavam os familiares. Logo guardamos nossa mala e fomos para o saguão do hotel, onde a maioria dos familiares se encontrava. Nesse primeiro momento, procuramos fazer um levantamento das condições emocionais das pessoas, quem estava sendo atendido e quem estava sozinho. Dessa observação, normalmente decidimos quem vamos abordar para um possível atendimento. Minha parceira e eu estávamos nesse processo, quando ela foi chamada por outro membro do IPE para dar seu parecer sobre algo que estava acontecendo. Fiquei no saguão observando as pessoas, até que minha parceira veio me contar sobre o caso para o qual haviam pedido sua opinião. Ela iniciou o atendimento deste familiar, um atendimento difícil, pois demandava muito tempo e atenção. Ao longo desse período, minha parceira teve um agravamento de uma dor de garganta e mal conseguia falar. Foi necessário que eu assumisse o atendimento. Ela me apresentou ao familiar e explicou sua impossibilidade de continuar a atendê-lo, dizendo que eu iria substituí-la. Conversei com ele por umas duas horas. Todos nós percebemos que ele requeria atendimento psiquiátrico urgente.

Nesse momento começou uma situação no mínimo inusitada para mim. Tentou-se contatar todos os psiquiatras que constavam da lista telefônica de Brasília, e ninguém se dispôs a ir ao hotel atender àquela pessoa, mesmo quando o gerente da companhia aérea oferecia pagar o valor que o profissional quisesse, sem restrições. Já estávamos no começo da noite de sábado e nada! Diante desse impasse, propusemos ao gerente da companhia que levássemos o familiar a um hospital ou pronto-socorro para atendimento. Foi decidido que a pessoa seria levada ao setor psiquiátrico do Hospital de Base. Havia uma ambulância na porta do hotel e o gerente da companhia, o paciente e eu embarcamos rumo ao hospital. Quando chegamos, nós nos apresentamos ao psiquiatra de plantão, que disse que faria uma entrevista com o familiar e me convidou para participar, uma vez que eu já havia conversado por umas duas horas com essa pessoa no hotel. Devo confessar que foi a melhor entrevista psiquiátrica diagnóstica que já presenciara. Fui apreciando o modo como aquele profissional experiente fazia as perguntas e como, com base nas respostas dadas, elaborava a hipótese diagnóstica com uma destreza ímpar.

Acabado o atendimento e de posse do relatório do médico, fomos para a ambulância, que nos aguardava. De volta para o hotel, percebi no horizonte algo que achei incomum e perguntei ao motorista o que era aquilo. Fiquei muito surpresa quando ele disse que "aquilo" era o sol nascendo, uma vez que já eram quase 6 horas da manhã. É comum quando estamos envolvidos nos atendimentos que não percebamos o tempo passar, o que só ocorre mesmo quando a equipe que vai nos substituir chega ao local do atendimento. Nesse caso, não havia equipe substituta, porque eu não estava no local dos atendimentos, e, por isso, não me dei conta de que eu estava trabalhando havia 20 horas!

Chegamos ao hotel, o paciente foi medicado de acordo com a prescrição dada pelo psiquiatra e me dirigi para meu quarto para dormir. Minha parceira de atendimento acordou e me perguntou o que tinha acontecido, com um fio de voz. Durante o tempo que eu estive fora, ela perdera a voz, e agora eu mal escutava o que ela dizia. Lembro que me deitei por volta das 7 horas da manhã do domingo e, às 8 horas, percebi que não conseguiria dormir. Tentamos conversar e logo o telefone do quarto tocou; era o marido dela. Diante da impossibilidade da minha colega falar ao telefone, eu servi como "ponte" do casal, emprestando minha voz a cada um deles, em relação ao outro. Foi uma situação estranha e engraçada dizer ao marido dela tudo que ela me dizia e dizer a ela o que ele respondia. Naquela época ainda não havia mensagem de texto nos celulares! Ela decidira que ligaria para a coordenadora e co-

municaria sua impossibilidade de ficar ali sem voz. Em pouco tempo, sua passagem de volta a São Paulo estava marcada.

Resolvi levantar, tomar um banho, tomar café e descer, porque sabia que não conseguiria dormir naquele momento. Quando me levantei, senti uma sensação estranha em minhas pernas, e quando olhei, vi que elas estavam incrivelmente inchadas. Tanto minha colega quanto eu achamos prudente que eu fosse ao pronto-socorro. O fato de trabalharmos em dupla dá a segurança de sermos amparados quando necessário. Eu tinha sido a "voz" da minha parceira, e agora precisava que ela fosse as minhas pernas... Ela me levou ao hospital, onde fui atendida por um ortopedista, que me aconselhou a não viajar de avião por, no mínimo, mais três dias. Além disso, ele me fez prometer que eu não ficaria mais 20 horas em pé novamente se quisesse continuar meu trabalho. Voltamos ao hotel. Minha parceira fez as malas e esperou a hora de ir ao aeroporto, enquanto eu descansava. Eu a acompanhei até o táxi e percebi que poderia ficar até o fim da semana seguinte em Brasília, trabalhando. Minha parceira foi embora frustrada, pois, apesar de se sentir bem, faltava uma ferramenta importantíssima para trabalhar: a voz. Embora eu fosse prestar mais atenção no número de horas trabalhadas, não posso deixar de dizer que fiquei feliz em saber que não iria embora tão cedo, porque todos nós gostamos muito do trabalho que realizamos. Trabalhei muitas vezes com essa parceira e é importante termos confiança nas pessoas com as quais trabalhamos. Não só cuidamos das pessoas a que atendemos, como dos nossos parceiros também.

Ao fim deste capítulo, fica claro que uma intervenção em situação de crise e emergência exige do profissional – aqui especificamente o psicólogo – não somente o preparo técnico e teórico acerca desse trabalho em condições tão específicas, mas também um autoconhecimento, que inclui principalmente a identificação e o reconhecimento de seus próprios limites (físicos e emocionais). Isso significa admitir que afetamos e somos afetados o tempo todo e necessitamos de cuidados para lidar com essa mobilização interna.

REFERÊNCIAS BIBLIOGRÁFICAS

ARBORE, P.; KATZ, R. S.; JOHNSON, T. A. "Suffering and the caring professional". In: KATZ, R. S.; JOHNSON, T. A. *When professionals weep*. Nova York: Routledge, 2006, p. 13-26.

BENOLIEL, J. Q. "Personal care in an impersonal world". In: MORGAN, J. D. (org.). *Personal care in an impersonal world: a multidimensional look at bereavement*. Amityville: Baywood, 1993, p. 3-13.

BIEHL, K. A. *Burnout em psicólogos*. Tese de Doutorado em Psicologia. Pontifícia Universidade Católica do Rio Grande do Sul, Rio Grande do Sul, 2009.

CASADO, T. "O papel da comunicação interpessoal". In: FLEURY, M. T. L. (coord.). *As pessoas na organização*. São Paulo: Gente, 2002.

CHACÓN, F.; VECINA, M. L. "The 2004 Madrid terrorist attack: organizing a large--scale psychological response". In: CARLL, E. K. (ed.). *Trauma psychology: issues in violence, disaster, health and illness*. [S.l], British Library, 2007, p. 163-194.

CHEMTOB, M. C. *et al.* "Post disaster psychological intervention: a field study of the impact of debriefing on psychological distress". *American Journal of Psychiatry*, v. 154, n. 3, mar. 1997, p. 415-17.

CID-10. *Classificação estatística internacional de doenças e problemas relacionados à saúde*. 10 ed. rev., v. 1. São Paulo: USP, 1989.

CODO, W.; VASQUES-MENEZES, I. "Burnout: sofrimento psíquico dos trabalhadores em educação". In: Fórum do Conhecimento, 5. *Anais*. Erechim: Fapes, 2009.

DAVIS, M.; ESHELMAN, R. E.; MCKAY, M. "Progressive relaxation". In: *The relaxation and stress reduction workbook*. 4. ed. Oakland: New Harbinger, 1995, p. 35-38.

DEAHL, M. P.; BISSON, J. I. "Dealing with disasters: does psychological debriefing work?". *Journal of Accident and Emergency Medicine*, v. 12, 1995, p. 255-58.

DECETY, J.; JACKSON, P. L. "A social-neuroscience perspective on empathy". *Current Directions in Psychological Science*, v. 15, n. 2, 2006, p. 54-58.

DEL CISTIA, J. M. *et al.* "A técnica de debriefing psicológico em acidentes e desastres". *Mudanças – Psicologia da Saúde*, v. 15, n. 1, jan.-jun. 2007, p.1-12.

DEVILLY, G. J.; GIST, R.; WRIGHT, R. "A função do *debriefing* psicológico no tratamento de vítimas de trauma". *Revista Brasileira de Psiquiatria*, v. 25 (supl. I), 2003, p. 41-45.

DI NIZO, R. *O meu, o seu, o nosso querer: ferramentas para a comunicação interpessoal*. São Paulo: Ágora, 2007.

DYREGROV, A. "The process in psychological debriefings". *The Journal of Traumatic Stress*, v. 10, n. 4, 1997, p. 589-605.

EHRENREICH, J. H. "Managing stress in humanitarian aid workers". In: REYES, G.; JACOBS, G. A. *Handbook of international disaster psychology*, v. 4, 2006, p. 99-110.

EIZIRIK, M. *et al.* "Contratransferência e trauma psíquico". *Revista de Psiquiatria do Rio Grande do Sul*, v. 28, n. 3, set.-dez. 2006.

EVERLY, G. S.; MITCHELL, J. T. "The debriefing 'controversy' and crisis interventions: a review of lexical and substantive issues". *International Journal of Emergency Mental Health*, 2000, p. 211-25.

FALCONE, E. M. de O. *et al.* "Inventário de Empatia (I.E.): desenvolvimento e validação de uma medida brasileira". *Avaliação Psicológica*, v. 7, n. 3, dez. 2008.

FIGLEY, C. R. "Toward a field of traumatic stress". *Journal of Traumatic Stress*, v. 1, n. 1, 1988, p. 3-16.

_____. "Compassion fatigue as a secondary traumatic stress disorder: an overview". In: C. FIGLEY (ed.). *Compassion fatigue: coping with secondary traumatic stress disorder in those who treat the traumatized*. Nova York: Brunner/Mazel, 1995, p. 1-20.

FLEURY, M. T. L; OLIVEIRA JUNIOR, M. de M. "Aprendizagem e gestão do conhecimento". In: FLEURY, M. T. L. (coord.). *As pessoas na organização*. São Paulo: Gente, 2002.

FOA, E. B; KEANE, T. M.; FRIEDMAN, M. J. "Guidelines for treatment of PTSD". *Journal of Traumatic Stress*, v. 13, n. 4, 2000, p. 539-88.

FREDENBERGER, H. "Staff burn-out". *Journal of Social Issues*, v. 30, 1974, 159-65.

INTERNATIONAL FEDERATION OF RED CROSS AND RED CRESCENT SOCIETIES. *Community-based psychological support: a training manual*. [S.l.], jan. 2003, p. 79-85.

KAPLAN, Z.; IANCU, I.; BODNER, E. "A review of psychological debriefing after extreme stress". *Psychiatric Services*, v. 52, n. 6, jun. 2001, p. 824-27.

KLAIN, E.; PAVIAE, L. "Countertransference and empathic problems in therapists/helpers working with psychotraumatized persons". *Croatian Medical Journal*, v. 40, 1999, p. 455-72b.

LAGO, K. C. *Fadiga por compaixão: quando ajudar dói*. Dissertação de Mestrado em Psicologia, Universidade de Brasília, Brasília, 2008.

LIBERATO, R. P. "O cuidado como essência humana". In: VEIT, M. T. (coord.). *Transdisciplinaridade em oncologia: caminhos para um atendimento integrado*. São Paulo: HR, 2009, p. 272-73.

MAGUEN, S. *et al.* "Depression and prolongues grief in the wake of disasters". In: NERIA, Y.; GALEA, S.; NORRIS, F. H. (orgs.). *Mental health and disasters*. Cambridge: Cambridge University Press, 2009, p. 116-30.

MASLACH, C.; JACKSON, S. E. "The measurement of experienced burnout". *Journal of Ocuppational Behavior*, v. 2, 1981, p. 99-113.

Mcfarlane, A. C.; Van Hooff, M.; Goodhew, F. "Anxiety disorders and PTSD". In: Neria, Y.; Galea, S.; Norris, F. H. (orgs.). *Mental health and disasters*. Cambridge: Cambridge University Press, 2009, p. 47-66.

Mitchell, J. T. "Crisis intervention and critical incident stress management: a defense of the field". *Retrieved August*, v. 12, set. 2004, p. 1-52. Disponível em: <http://www.tema.ca/Cont4.pdf>. Acesso em: 15 nov. 2011.

Mitchell, J. T.; Everly, G. S. *Critical incident stress debriefing: an operations manual*. Elliccott City: Chevron Press, 1995.

Moll, J. *et al.* "Human fronto-mesolimbic networks guide decisions about charitable donation". *Proceedings of the National Academy of Sciences of the United States of America (PNAS)*, v. 103, 2006, p. 15623-628. Disponível em: <http://www.pnas.org>. Acesso em: 10 maio 2011.

Monroe, J. R. *Clinical and organizational predictors of burnout and secondary traumatic stress in emergency management professionals*. Tese de Doutorado em Psicologia, Universidade de Dakota do Sul, 2009. Disponível em: <http://proquest.umi.com/pqdweb?did=1896961381&sid=1&Fmt=2&clientId=4347&RQT=309&VName=PQD>. Acesso em: 22 out. 2011.

Newman, E.; Shapiro, B. "Helping journalists who cover humanitarian crisis". In: Reyes, G.; Jacobs, G. A. *Handbook of international disaster psychology*, v. 4. 2006, p 131-39.

Parkes, C. M. "Prefácio". In: Franco, M. H. F. (org.). *Formação e rompimento de vínculos: o dilema das perdas na atualidade*. São Paulo: Summus, 2010.

Pearlman, L. A.; Saakvitne, K. W. "Treating therapists with vicarious traumatization and secondary traumatic stress disorder". In: Figley, C. (ed.). *Compassion fatigue: coping with secondary traumatic stress disorder in those who treat the traumatized*. Nova York: Brunner/Mazel, 1995, p. 150-77.

Portnoi, A. G.; Marques, L. P.; Kaziyama, H. H. S. "Escola de fibromialgia: um programa educativo e terapêutico de reabilitação". In: Teixeira, M. J.; Yeng, L. T.; Kaziyama, H. H. S. *Dor: síndrome dolorosa miofascial e dor musculoesquelética*. São Paulo: Roca, 2007, p. 617-21. Disponível em: <http://stressedor.dominiotemporario.com/doc/ESCOLA_DE_FIBROMIALGIA.pdf>. Acesso em: 13 nov. 2011.

Racker, H. *Estudos sobre a técnica psicanalítica*. Porto Alegre: Artes Médicas, 1982.

Rose, S. C. *et al. Psychological debriefing for preventing post traumatic stress disorder (PTSD) (Review)*, v. 1. [S.l.:], The Cochrane Collaboration, Wiley Publishers, 2009.

Rynearson, E. K.; Johnson, T. A.; Correa, F. "The horror and helplessness of violent death". In: Katz, R. S.; Johnson, T. A. *When professionals weep*. Nova York: Routledge, 2006, p.139-55.

Silva, M. J. P. da. *Comunicação tem remédio: a comunicação nas relações interpessoais em saúde*. São Paulo: Edições Loyola, 2006.

_____. "Falando da comunicação". In: *Cuidado paliativo*. Coordenação institucional de Reinaldo Ayer de Oliveira. São Paulo: Conselho Regional de Medicina do Estado de São Paulo (Cremesp), 2008.

Trigo, T. E.; Teng, C. T.; Hallak, J. E. C. "Síndrome de burnout ou estafa profissional e os transtornos psiquiátricos". *Revista de Psiquiatria Clínica*, v. 34, n. 5, 2007, p. 223-33.

Ursano, R. J.; Fullerton, C. S.; Benedek, D. M. "What is psychopathology after disasters? Considerations about the nature of the psychological and behavioural consequences of disasters". In: Neria, Y.; Galea, S.; Norris, F. H. (orgs.). *Mental health and disasters.* Cambridge: Cambridge University Press, 2009, p. 131-42.

Van Der Velden; Kleber, R. J. "Substance use and misuse in the wake of disasters". In: Neria, Y.; Galea, S.; Norris, F. H. (orgs.). *Mental health and disasters.* Cambridge: Cambridge University Press, 2009, p. 94-115.

Weisflog, W. *Moderno dicionário da língua portuguesa.* São Paulo: Melhoramentos, 2009.

Yassen, J. "Preventing secondary traumatic stress disorder". In: Figley, C. (ed.). *Compassion fatigue: coping with secondary traumatic stress disorder in those who treat the traumatized*. Nova York: Brunner/Mazel, 1995, p. 178-208.

Zur, O. *Taking care of the caretaker: how to avoid psychotherapists' burnout.* Disponível em: <http://www.zurinstitute.com/burnout.html>. Acesso em: 20 out. 2011.

5. O luto desencadeado por desastres

CLAUDIA GREGIO • GABRIELA CASELLATO • ISABELA HISPAGNOL • LUCIANA MAZORRA • LUIZ ANTONIO MANZOCHI • MARIA HELENA P. FRANCO • SANDRA OLIVEIRA • VIVIANE TORLAI

Desastres são períodos de perdas massivas para as quais estamos quase sempre despreparados. Eles conjugam muitas das circunstâncias que aumentam o risco do luto: é o inesperado, o terror, a violência, a multiplicidade das perdas e a ruptura das famílias e dos outros sistemas sociais nos quais nos apoiamos.
(Parkes e Prigerson, 2010)

Nas diversas situações de desastres, um grande desafio tem sido o de como responder às diferentes demandas, com a rapidez com que elas se apresentam, resgatando com os afetados sua possibilidade de recuperar o equilíbrio rotineiro.

Hodgkinson e Stewart (1998) destacaram a importância do preparo técnico no atendimento do pós-desastre, de acordo com suas especificidades. Sabe-se que entre elas está o trabalho com pessoas enlutadas, em suas diferentes inserções (Parkes e Prigerson, 2010; Franco, 2012), uma experiência alinhada com a proposta desses autores, bem como a de Roberts (2000, 2005), e que se consolidou a partir de uma prática apresentada por Franco (2005), trazendo à tona as questões relativas à necessidade da equipe quanto à disponibilidade, mobilidade e ética. Gregio (2005) e Torlai (2010) realizaram pesquisas com interesse no aprofundamento e na análise de situações de perda e luto relacionadas a desastre, de maneira a levar para a prática uma fundamentação científica que lhe dê sustentação. Há especificidades no luto por desastre que não podem ser ignoradas e apresentam peso relativo.

Neste capítulo, apresentamos pontos básicos sobre o processo de luto e, em especial, do luto por desastres, advindo do rompimento de um mundo presumido que dava sustentação às decisões, à identidade, ao senso de pertencimento do indivíduo. Discutimos o conceito de luto complicado, com base na definição de Stroebe *et al.* (2008), que o consideram resultante da convergência entre o período de tempo e a intensidade de um sintoma específico ou genérico de luto com o grau de dificuldades de vivenciar aspectos sociais (relacionais) e ocupacionais.

Diversas definições de luto complicado estão presentes na literatura, e o conceito esteve no centro de muitas discussões, tanto acadêmicas como clínicas (Fleming, 2012; Rynaerson, 2012; Stroebe, Schut e Van den Bout, 2013b; Rando *et al.*, 2012; Rando, 2013; Boelen e Prigerson, 2013) para a atualização do manual para diagnóstico de doenças mentais, em sua 5ª versão (DSM-5, 2013). A vertente que valoriza o tempo decorrido entre a perda da pessoa amada e a retomada das atividades rotineiras, com uma qualidade semelhante à anterior, choca-se com aquela que pressupõe a necessidade de um quase radical abandono dos padrões conhecidos, visando à reconstrução ampla. Há, no entanto, consenso quanto à importância de se avaliar o luto daqueles atingidos por um desastre, devido aos muitos fatores de risco presentes nessa experiência (Parkes, 2008; Parkes e Prigerson, 2010; Rynearson, Schut e Stroebe, 2013; Kristensen e Franco, 2011). O luto desencadeado por desastres tem consequências específicas, por sua natureza (Parkes, 2008). Dentre elas, cabe destacar a dificuldade de localizar e identificar corpos, para que os rituais culturais sejam realizados e permitam uma finalização não do processo do luto, mas da ambiguidade da perda (Boss, 2006). Kristensen e Franco (2011) apresentaram situações de desastres nas quais o luto decorrente teve contornos bem definidos e apontaram a necessidade de suporte psicossocial aos afetados, não apenas nos momentos iniciais. Visitar o local do desastre (em condições de segurança), receber informações corretas, participar de celebrações são ações terapêuticas que se incluem entre as que se aproximam das tradicionais, lembrando sempre que se constrói um novo *setting* a cada desastre. Atendimentos grupais ou individuais podem ser efetuados, desde que se tenha clareza do que mantém o grupo e do que se coloca como individual.

Ser afetado por um desastre e enlutar-se em consequência dele colocam em xeque muitas crenças básicas, necessárias para garantir a segurança da pessoa, como a estabilidade do mundo e a regularidade da resposta das pessoas. Attig (2002) chama a atenção para a necessidade de reaprender o mundo após uma perda a partir da experiência de haver se vinculado e ter tido esse vínculo rompido. O vínculo pode ser a uma pessoa, a um lugar, a uma família, a uma abstração que construa nossa identidade.

Os desastres com frequência estão no foco dos meios de comunicação. E as pessoas afetadas por ele, os envolvidos nos diferentes graus de exposição, estiveram na casa de pessoas que nunca chegaram e nem chegarão a conhecer pessoalmente, pois entraram pela tela da TV ou do computador, pelos jornais ou pelo rádio, gerando um processo de luto vivido no âmbito público, o que, segundo Walter (2008), passou a ter esse caráter a partir da segunda metade do século XX. Walter chama a atenção para o fato de que as pessoas apresentam manifestações de luto mesmo por aqueles com os quais não mantinham relações significativas, e este comporta diferentes explicações, desde as culturais (construção de memoriais, consciência global, valor dado à expressão de emoções), passando pelas políticas (considerando-se o poder motivacional que as expressões do luto podem ter, na substituição de líderes mortos e na educação para prevenção), chegando às psicológicas (apresentar um luto que dê identidade e senso de pertencimento à pessoa, possibilidade de lidar com lutos anteriores). Resta uma preocupação em relação ao luto público: sendo o instrumento poderoso que é para a mobilização das pessoas, tem a capacidade de enclausurar comunidades no passado, mantendo-as ritualisticamente refratárias à mudança que virá, mais cedo ou mais tarde, mesmo que seja diante de uma transição psicossocial não diretamente ligada àquela comunidade. Por outro lado, em sociedades democráticas e menos tradicionais, a expressão do luto público pode ser mais autêntica, não necessitando seguir os cânones da cultura.

Acompanhando o pensamento clínico que se impõe diante do luto ocasionado por desastres, resta a necessidade de fundamentar as definições e as indicações para a intervenção, apresentada a seguir.

ROMPIMENTO DE VÍNCULOS E A REAÇÃO DE LUTO

O luto coloca-se entre as emoções mais poderosas que o ser humano pode viver. Seu poder é transformador, e talvez aí resida a dificuldade de considerá-lo mais do que uma experiência dolorida em dada medida normal e suportável, para poder desdobrá-lo nas suas muitas possibilidades de transformação.

Uma postura norteadora está no que Parkes (1971) definiu como mundo presumido: é o único mundo que efetivamente conhecemos, que inclui tudo que sabemos ou pensamos saber. Inclui nossa interpretação do passado, nossas expectativas do futuro, nossos planos e preconceitos. Qualquer desses aspectos terá forçosamente de mudar quando se dá uma mudança na vida da pessoa. Kauffman (2002) ampliou o conceito para abranger a noção de segurança, de que é possível pensar em um futuro com base no que se conhece e no que já foi vivido. Trabalhar com pessoas enlutadas requer a clareza de identificar em que aspectos o mundo presumido mudou e com o que a pessoa pode contar para efetivar essa mudança e construir para si um novo significado.

Como fundamentação teórica para o desenvolvimento de estratégias de apoio psicológico ao enlutado, destacamos o Modelo do Processo Dual, desenvolvido por Stroebe e Schut (1999, 2001). Por meio de uma abordagem integrativa de outras contribuições teóricas, como a teoria do apego, a psicanálise e a teoria cognitiva do estresse, esses pesquisadores desenvolveram um modelo teórico que parte do conceito de trabalho de luto, mas o transcende para uma visão mais complexa sobre como a adaptação do indivíduo se dá diante da perda. O processo de adaptação e construção de significado ocorre a partir da oscilação entre o enfrentamento orientado para a perda e o enfrentamento orientado para a restauração. Os diferentes processos de luto se dão dentro de um espectro que vai de um foco predominante na perda até um foco predominante na restauração. Essa oscilação é compreendida como um processo regulatório e dinâmico. Vale ressaltar que, quando mencionamos o enfrentamento orientado para a perda, entendemos que as reações emocionais, psicológicas, cognitivas, sociais, físicas e espirituais estão predominantemente ligadas aos aspectos relativos ao rompimento do vínculo e de todas as perdas secundárias correlacionadas à perda principal. Por outro lado, quando nos referimos ao enfrentamento orientado para a restauração, falamos do enfoque dado pelo enlutado às questões adaptativas, relacionadas à vida sem aquela pessoa significativa falecida, sem o relacionamento perdido, ao restabelecimento da rotina, ao controle de riscos eminentes, à busca de significado, não só da perda, mas da vida que segue, e à revisão e reformulação da identidade da pessoa em luto.

O equilíbrio dinâmico da oscilação é compreendido como um processo de luto natural e saudável. Encontramos na população geral uma predominância do enfrentamento focado na perda no início do processo e, posteriormente, observamos com mais frequência o enfrentamento voltado para a restauração (Mazorra, 2009). Aponta para uma predominância do enfrentamento voltado para a perda nas mulheres e para a restauração nos homens. Isso nos leva a refletir que tal funcionamento só pode ser compreendido se for considerado de forma sistêmica na interação do funcionamento psíquico com o ambiente e em seu contexto histórico, além de outros fatores que devem ser considerados na influência desse processo, entre eles a circunstância da morte, a dinâmica familiar, a relação com a pessoa perdida e os recursos prévios de enfrentamento do enlutado. Essa posição acerca da multiplicidade de fatores que delineiam o processo de luto vem sendo profundamente estudada e referendada por muitos pesquisadores e clínicos, entre os quais se destacam Archer (2008), Weiss (2008) e Neimeyer (2012)

Quanto à dinâmica que leva ao adoecimento psíquico do indivíduo, Stroebe e Schut (1999, 2001) consideram que a patologia está na vivência extrema e rígida de um ou outro extremo (perda ou restauração).

O Modelo do Processo Dual do Luto é, portanto, uma concepção teórica muito dinâmica e instrumental para a compreensão do processo de luto e o desenvolvimento de estratégias de intervenção psicológicas adequadas e eficientes com as pessoas enlutadas nos mais diferentes *settings* de intervenção.

Especificamente em situações de desastres, sejam eles provocados pela natureza ou pelas ações do homem, o ser humano depara com um enorme desafio e um processo psicológico complexo diante da tarefa de lidar com o trauma vivido e a ruptura brusca e violenta de seu mundo presumido.

Segundo Hodgkinson e Stewart (1998), para o sobrevivente, o desastre envolve a corrupção da inocência. Isso porque, entre as inúmeras perdas a ser enfrentadas no luto por um desastre, a perda da fé é um dos grandes fatores desorganizadores do funcionamento psíquico do enlutado. Não se trata da fé religiosa, mas a fé inerente à experiência do bem viver, aquela que se sustenta no fato de que a vida tem consistência e significado. Dessa perspectiva, sobreviver não deve apenas ser compreendido como a diferença entre viver e morrer, mas envolver qualidade de vida e a condição de transformação diante da experiência traumática.

Portanto, o processo de luto por uma catástrofe é caracterizado por especificidades que devem ser consideradas fatores de risco para o enfrentamento do indivíduo. Quando falamos em desastres, consideramos perdas súbitas, muito frequentemente coletivas, violentas, múltiplas e que, em muitas situações, resultam na falta de um corpo para ser velado ou de outros elementos associados ao incidente que oferecem ao indivíduo a oportunidade de concretizar a perda e sancionar seu luto.

O luto nessas condições é permeado por sentimentos de culpa, raiva, inconformismo, ansiedade, vergonha, tristeza e choque. Tais sentimentos manifestam-se de forma intensa, sobreposta e não linear ao longo do tempo, em especial no período inicial do luto, quando o caos prevalece em torno da situação do desastre e os esforços de resgate das vidas e recuperação do patrimônio envolvido ainda estão ativos.

Sob a perspectiva cognitiva, confusão, bloqueio de sentimentos e busca de sentido são as reações mais intensas e duradouras, comparadas aos outros tipos de perda.

A ruptura da fé acima citada provoca uma fragmentação da sensação de segurança interna, e um frequente e generalizado sentimento de desconfiança e medo permanece nos primeiros meses do processo, acarretando ao indivíduo um processo de isolamento social, também reforçado pela culpa e vergonha pela sobrevivência.

Nesse doloroso percurso de busca de significado, o enlutado frequentemente depara com algumas inquietações, tais como: por que isso aconteceu comigo? Como escapei? Por que escapei? Por que me sinto assim? Quem sou eu a partir dessa experiência? O que mais pode acontecer? Vou me sentir seguro novamente? Tais inquietações refletem busca de sentido e transformação de identidade (Gilles e Neimeyer, 2006) e transformação na relação com o mundo (Parkes, 2008; Mazorra, 2009), processos envolvidos na elaboração da perda. A vivência de uma catástrofe, por seu caráter violento e repentino, provoca a ruptura do mundo presumido e representa um desafio ainda maior para o processo de construção de significado.

Deve-se, então, considerar que os aspectos inerentes às condições do desastre associadas às condições prévias psicossociais e físicas do indivíduo são fundamentalmente fatores dificultadores para o enfrentamento por parte do enlutado e, portanto, justificam uma intervenção psicológica especializada e preventiva, visando minimizar os aspectos comprometedores que poderiam levar a um processo de luto complicado ou mesmo ao desenvolvimento de transtornos psicológicos – mais frequentemente o Transtorno de Estresse Pós-Traumático (TEPT).

Mazorra (2009), em estudo a respeito da construção de significados atribuídos à morte de um ente querido, aponta que a sociedade e a família têm um papel fundamental na prevenção das complicações do luto e no fomento da resiliência, devendo oferecer recursos para que o enlutado possa enfrentar perdas e atribuir sentido a essas experiências. A experiência de receber cuidados após a vivência de uma perda significativa contribui para a elaboração do luto; por sua vez, caso seja uma experiência de desamparo, encontra-se a crença de que o enlutado não é merecedor de cuidado e de que o mundo não é cuidador.

O LUTO POR QUEBRA DO MUNDO PRESUMIDO EM DESASTRES

Todos nós possuímos uma imagem pessoal de como o mundo é e de como a vida se desenrola. Acreditamos que nascemos, crescemos, nos desenvolvemos e envelhecemos. Acreditamos que os mais velhos morrem antes dos mais jovens, pois assim manda a natureza. Acreditamos que o mundo possui perigos e, para alguns, temos como nos proteger; para outros, cremos que estamos muito distantes para sermos atingimos. Acreditamos que temos zonas na vida de plena segurança. Às vezes, chegamos mesmo a acreditar que somos invulneráveis.

Vivemos e planejamos nossa ação no mundo com base no que acreditamos. Construímos uma concepção filosófica pessoal da realidade a partir de nossas crenças e das experiências vividas. Trata-se de uma concepção dinâmica, colocada à prova, reavaliada e ajustada no dia a dia.

Essa concepção pessoal de mundo foi denominada por Parkes (1998) mundo presumido.

> [...] Todos nós, desde que nascemos, construímos internamente um modelo, um conjunto de concepções que servem de base àquilo que reconhecemos como mundo. Como ele é baseado na realidade, representa uma base sólida e útil para pensamentos e comportamentos. Confiamos na precisão dessas concepções para nos manter orientados no mundo e para controlar nossa vida [...]". (Parkes, 1998, p. 115)

O mundo presumido é, de forma simples, a nossa concepção pessoal de realidade, é aquilo que acreditamos que a vida seja e o modo como cremos que as coisas são. Ele se constrói a partir da imagem representacional que temos de nós, do mundo e do outro. Esse conjunto dinâmico de imagens foi denominado por Bowlby (1998) Modelo Operativo Interno (MOI), o qual se forma com base na introjeção da figura de apego. De acordo com a disponibilidade e acessibilidade que cremos ter à figura de apego, construiremos a nossa imagem do outro – como disponível ou não –, a imagem de nós mesmos – dignos ou não de amor e atenção – e a imagem do mundo – receptivo ou não, perigoso ou não . Esse modelo é construído com base nas experiências reais e na história de relacionamentos vividos na infância e na adolescência.

O MOI é um guia de interpretações das situações vividas, das capacidades pessoais e do modo de ação no mundo. Logo, para que seja funcional, deve ter um mínimo de sintonia com os fatos que a vida nos impõe, sem a qual não conseguimos agir eficientemente no mundo.

> [...] Qualquer coisa que coloca em dúvida esse modelo nos incapacita. No entanto, surgem discrepâncias entre o mundo que é e o que deveria ser (com base no nosso modelo interno), que não podem ser ignoradas. Nosso modelo interno precisa ser constantemente monitorado e atualizado. (Parkes, 1998, p. 115)

Os acontecimentos traumáticos são situações caracterizadas pela dissonância entre a concepção de mundo que possuímos e os fatos da realidade. Essa dissonância desenrola-se na percepção subjetiva do indivíduo. A situação traumática traz uma nova realidade que vai além do que podíamos acreditar que aconteceria no nosso mundo pessoal. Assim, põe por terra nosso conceito particular de realidade, fazendo-nos questionar nossas crenças mais profundas.

O trauma quebra o nosso modelo de mundo presumido, sendo um fato completamente inesperado, repentino, inimaginável. Essa quebra se dá de maneira instantânea diante de uma nova realidade, entendida como extremamente cruel e concreta. Ante um acontecimento traumático, o mundo presumido tem a sua validade abalada, abrindo espaço para um imenso vazio. O antigo conceito filosófico da vida é rompido, questionando a veracidade de nossas crenças pessoais, as quais não podem mais explicar/significar o terror vivido. Alteram-se os esquemas cognitivos, trazendo fragilidade aos conceitos que antes eram usados como parâmetros; o indivíduo torna-se inseguro em sua ação no mundo e apreensivo em seus relacionamentos sociais. Surge a necessidade de se construir um novo modelo de mundo, mais condizente com os novos aspectos da realidade.

A segurança pessoal fica extremamente frágil. O mundo não é mais visto como seguro e tranquilo, o que gera desconfiança e medo. Não há mais em que se apoiar, não há conceitos sólidos de mundo para se planejar a ação ou se fazer previsões. O futuro se encolhe, quebra-se o mito de previsibilidade da vida. Adquire-se a consciência de sua fragilidade. Desmonta-se a ilusão de ter controle sobre os acontecimentos e ser invulnerável.

Somam-se a todos os demais lutos aquele por um mundo que era mais "feliz" e por um antigo eu. Perde-se o antigo conceito de mundo; perde-se a antiga autoimagem; perde-se a maneira de enxergar o outro. Nunca mais o mundo e o indivíduo serão os mesmos. Cía (2001, p. 62) destaca a "alteração na personalidade do sujeito, refletida por meio de sua conduta, emoções e pensamentos". Everly e Lating (2004) também relacionam a quebra do mundo presumido a mudanças na personalidade, pois entendem que ele está na base da personalidade, tendo a importante função de oferecer um conjunto de crenças profundas que dão ordem, significado e segurança para o desenvolvimento do indivíduo. O trauma traz ruptura, contradição e violação do esquema básico de personalidade, sendo uma das raras situações capazes de modificar o mundo presumido, que, para esses autores, teria caráter perpétuo.

Bobes *et al.* (2000) também se referem a mudanças permanentes na personalidade consequentes da vivência traumática, ressaltando que, quanto mais cedo na vida se experimenta um acontecimento desse tipo, mais severas são as alterações da personalidade.

> *"O trauma é a antítese da ordem, da proteção e da segurança."*
> (Everly, 1993 *apud* Everly e Lating, 2004, p. 44)

A sensação de insegurança e desproteção tão característica do pós-trauma faz-nos pensar na possibilidade de alteração no padrão de apego (Bowlby, 1998) de seguro para inseguro. A pessoa que confiava em seus relacionamentos, em sua eficiência no mundo passa a ter um autoconceito negativo e a ver seus relacionamentos como ineficientes na função de proteção. A insegurança passa a ser a lente através da qual o indivíduo enxergará o mundo, modificando a sua ação, expressa no modo de pensar, de se comportar, de sentir e de perceber os fatos. O indivíduo e seu mundo nunca mais serão os mesmos, pois contam agora com a consciência da sua vulnerabilidade, finitude e falta de controle. Assim, o trauma marca a sua vida com o antes e o depois da experiência vivida.

A visão de um mundo sem tantas garantias e mitos de controle e invulnerabilidade também pode relacionar-se a uma nova autoimagem de força e maior capacidade (Gregio, 2005). Suportar viver em um mundo tão hostil e sobreviver a todo o sofrimento trazido pelo acontecimento traumático mostram para algumas pessoas uma capacidade de suportar a dor maior do que elas podiam imaginar, construindo assim uma nova autoimagem de maior resiliência.

Após um acontecimento traumático, apresenta-se a difícil missão de elaborar os fatos. Resta a necessidade de significar tudo o que aconteceu, redescobrir-se como pessoa e construir um novo mundo presumido. É preciso ter um novo mundo, para, a partir daí, viver a vida pós-desastre e pós-luto.

Tendo isso em vista, entendemos que o acolhimento ao enlutado após a vivência de uma catástrofe é de fundamental importância para a elaboração do luto, e o trabalho de intervenção psicológica em emergência deve ser divulgado, ampliado e oferecido em ampla escala em nosso país e no mundo.

Sendo assim, como podemos compreender o luto em situações de desastres com base nessa fundamentação teórica? Ou, ainda, como podemos considerar a atuação técnica com os enlutados com base nesse modelo de compreensão do luto?

Nosso ponto de partida está em compreender como a natureza desse tipo de perda compromete o processo de luto e as condições de enfrentamento do enlutado.

Ao avaliarmos o impacto de uma morte súbita, trágica, violenta e coletiva, o que se impõe é a dificuldade de absorver a realidade caótica e chocante, não só do ponto de vista emocional, mas também cognitivo. Em decorrência, devemos considerar que todo esforço que o enlutado necessita fazer para reconhecer, compreender e reagir diante da realidade só deve sobrecarregar o enfrentamento voltado para a perda.

Além disso, tal condição complexa e dolorosa também pode comprometer a oscilação entre o enfrentamento voltado para a perda e aquele voltado para a restauração, afinal, só podemos olhar para a frente quando nos situamos onde estamos, por uma questão instintiva ligada à sobrevivência. Por outro lado, se as condições do indivíduo e da situação favorecem uma evitação do acontecimento traumático e de suas reverberações, o sobrevivente pode se orientar de forma rígida e defensiva para a restauração, negando o aspecto da perda e de seu processo de elaboração e fixando-se em processos defensivos diante do sofrimento.

Dessa forma, entendemos que uma situação de perda súbita e violenta torna-se uma condição de risco para a ruptura da dinâmica saudável e desejável entre o enfrentamento direcionado para a perda e o voltado para a restauração. Então, podemos considerar que, se comparado a outros tipos de perda, o luto experimentado por perdas em situações de desastres com mais frequência será vivido de forma rígida e defensiva diante do sofrimento intenso e súbito, o caos e o descontrole, o inesperado e ilógico.

Por outro lado, quando a situação vivida promove uma revisão do mundo presumido, também oferece com mais intensidade a possibilidade de transformação e crescimento na sua sequência. Esse conceito foi descrito na literatura como crescimento pós-traumático (Tedeschi, Park e Calhoun, 1998; Calhoun e Tedeschi, 2006; Davis, 2008) e refere-se a mudanças psicológicas positivas significativas que sucedem a experiência de situações que desafiam ou invalidam o mundo presumido.

No entanto, uma vez mais, entendemos que receber suporte adequado do ambiente nesse momento pode significar a grande diferença entre um enfrentamento defensivo e a possibilidade de transformação. Para o enlutado, o sentimento de que conta com uma base segura é fundamental para que possa oscilar entre os temores de não sobrevivência diante da ameaça vivida e o enfrentamento voltado para perda e restauração e lançar-se com mais tranquilidade no processo de exploração do mundo interno e de relações (Mazorra, 2009; Marris, 2008; Purnell e Shubinsky, 2008).

PERDAS COLETIVAS E O LUTO NÃO RECONHECIDO

Os desastres provocam rupturas bruscas na vida das pessoas, em virtude da sua manifestação violenta e destruidora, deixando as pessoas subitamente enlutadas, não somente as que vivenciam perdas por mortes, mas também aquelas que perdem suas casas, seus pertences ou até mesmo sua segurança no mundo que conheciam; nesse sentido, é preciso ter um espaço social para enlutar-se diante dessa intensa desorganização, mesmo diante da sensibilização que as vítimas fatais nos mobilizam.

Por vezes, nós nos sensibilizamos mais pelas perdas por mortes e, com isso, não consideramos importante o sentimento das pessoas enlutadas por outros tipos de perdas, ou ainda, a própria pessoa sente sua perda como "menor", não se permitindo vivenciar e compartilhar sua dor, já que "pelo menos está viva", quando tantos outros morreram.

Doka (1989) afirma que existem circunstâncias nas quais as pessoas experimentam a perda, mas não têm seus direitos, papel ou capacidade de pesar reconhecidos socialmente. Nesses casos, o luto não é reconhecido e a pessoa que sofre uma perda tem pouca ou nenhuma oportunidade de enlutar-se em público.

Oliveira (2014) ressalta o papel da comunidade na construção do significado das perdas coletivas, uma vez que é essa mesma comunidade que vai utilizar seus esforços na reconstrução, após o reconhecimento das perdas e do luto.

O luto não reconhecido pode ser, então, definido como aquele que as pessoas experimentam quando ocorre uma perda que não é ou não pode ser abertamente conhecida, publicamente lamentada ou socialmente apoiada.

O conceito de luto não reconhecido parte do princípio de que as sociedades possuem um conjunto de normas, como "regras de luto", que especificam quem, quando, onde, como, por quanto tempo e por quem as pessoas devem expressar seus sentimentos de pesar (Doka, 2002; Casellato, 2013).

Dessa perspectiva, como não considerar a dor daquele que perdeu seus sonhos e conquistas após anos de luta? A situação de desastre vai desde as perdas materiais até a perda da identidade psicológica do indivíduo e da comunidade. A comunidade muitas vezes sofre um grande impacto com as perdas de bens, mas, principalmente, com a perda do senso de proteção e segurança. As pessoas perdem em muitas situações trabalho, sustento e senso de pertencimento e de produtividade.

Nesse sentido, a vivência do desastre corrói aos poucos a ideia de que o mundo é um lugar seguro, levando ao desequilíbrio, enfraquecendo os recursos de enfrentamento. Esse aspecto pode ser considerado um fator de risco para o desenvolvimento do luto complicado, pelo fato de a destruição de uma comunidade ser mais que uma perda da história social, e sim a perda da identidade social e individual, abalando a autoestima e o autoconceito dos indivíduos atingidos.

Ao realizar um estudo sobre as inundações na população de Santa Catarina em 2010, Torlai observou que, com o início das chuvas (acontecimento estressor), a população tende a entrar em estado constante de alerta, disponibilizando recursos de enfrentamento para lidar com tal eventualidade, e a perspectiva de futuro é assombrada pela possibilidade da ocorrência de novos desastres. Constatou também que o desastre é um acontecimento com grande possibilidade desencadeadora de trauma que pode ameaçar a existência de uma comunidade, seu foco, propósito e metas; pode aumentar ou diminuir os laços da comunidade. Acontecimentos traumáticos podem ter diferentes resoluções, como uma comunidade crescer a partir da raiva por uma tragédia enquanto outras podem tornar-se paralisadas pelo medo ou ainda confrontar o incidente e seus desdobramentos. Se a extensão de perdas for grande e envolver um grande número de mortos ou feridos, a tragédia pode afetar vários segmentos da comunidade. Em tragédias que envolvem deslocamento ou realocação maciça, desempregos em longo prazo ou destruição de propriedades, a catástrofe pode mudar a identidade e até a estrutura da comunidade (Williams *et al.*, 1999).

Muitas comunidades apresentam fatores de risco, pela prolongada exposição ao acontecimento traumático, repetição dos incidentes, intencionalidade do ocorrido, acontecimentos que causam danos físicos ou ameaçam a vida e a integridade física e aqueles que causam danos à rede de suporte da comunidade. Porém, é necessário que a comunidade reconheça o acontecimento estressor como traumático para que tenha esse impacto. As comunidades, com sua bagagem cultural, interpretam trauma e perdas de formas diferentes. Os membros da comunidade buscam restaurar seu funcionamento e para isso têm de transformar a si mesmos e suas relações com as organizações da comunidade, vizinhos, estruturas políticas e outros grupos enquanto tentam encontrar um significado funcional e social aceitável para o ocorrido.

Há estudos (Torlai, 2010; Krum, 2007) que ressaltam que diante da situação de destruição decorrente dos desastres, as redes de apoio apresentam-se ambivalentes, manifestando comportamentos oportunistas. É a tão temida perda da civilidade. Nessas situações, famílias inteiras sentem-se desprotegidas e ameaçadas pela comunidade, ampliando seus sentimentos de invasão de privacidade, vulnerabilidade e impotência e abalando as redes de apoio social.

Para Kauffman (1989), a comunidade é a rede natural de suporte na qual adquirimos o senso de identidade e pertencimento. Assim, algumas das consequências do luto não reconhecido e positivamente enfrentado, quando a comunidade não provê o reconhecimento e o suporte necessários, podem ser a desilusão e o afastamento da pessoa da comunidade, levando a uma experiência de solidão, abandono e desamparo.

Diante desse aspecto, encontramos também uma rede de apoio fragilizada lidando com suas próprias perdas, daí a importância de levar em consideração os recursos de enfrentamento de todos os segmentos envolvidos, considerando suas formas de manifestação, pois as redes de apoio nesse momento podem agir como facilitadoras ou comprometedoras do processo de elaboração do luto.

As comunidades podem ser fontes de suporte importante e necessário para ajudar o enlutado, contanto que estejam em condições de prover tal apoio. Caso contrário, a desorganização pode chegar a tal ponto que, em vez de prover suporte para o enfrentamento da tragédia e das mudanças que ocorrerão em seu âmbito, podem ser mais uma fonte de angústia e crises concomitantes às perdas desencadeadas pelo incidente, e em diferentes graus dificultar o processo de luto individual dos seus membros.

O LUTO DA CRIANÇA

Apesar de socialmente reconhecermos o sofrimento e a dor de uma criança ao perder alguém querido, a morte continua a ser um assunto sobre o qual ela recebe pouca informação, e, quando afetada, pouca ajuda ou reafirmação acerca de seus pensamentos e sentimentos dolorosos e confusos lhe é oferecida (Monroe, 2001). Diregrov e Diregrov (2013) ressaltam o quanto o luto da criança não é reconhecido ou validado, diante dos muitos estudos que focalizam quase que exclusivamente o luto do adulto.

Podemos levantar algumas hipóteses para entender por que isso acontece. Monroe (2001) discorre sobre o medo do adulto de dizer ou fazer algo errado, que possa piorar a situação para a criança, causando-lhe ainda mais sofrimento e danos emocionais. Torres (2002, [1999]) fala da dificuldade do adulto de lidar com o tema da morte, já que isso faz que ele tenha de necessariamente se confrontar com sua própria finitude. Evitar o assunto com a criança, sob a alegação de que ela não pode entender a natureza do assunto, é um expediente que o protege, em certa medida, daquilo que o atinge diretamente. A ideia dos adultos de que as crianças, principalmente as menores, não compreendem a morte, seja por se manterem em silêncio, por parecerem, a seus olhos, aparentemente indiferentes ao acontecimento ou, ainda, por terem reações diferentes das dos adultos, que podem não ser entendidas como uma reação à perda, pode contribuir para que as crianças enlutadas não recebam o suporte necessário.

Diregrov e Diregrov (2013) ressaltam a necessidade de se estudar o luto da criança considerando o ponto de vista desenvolvimental sem esquecer o relacional, uma vez que muito da construção de significado que a criança pode fazer fundamenta-se na família que lhe dá suporte tanto para crescer como para lidar com crises desencadeadas por perdas.

Outro fator de extrema relevância nesse processo é a influência da família no processo de luto da criança, como destacam diversos pesquisadores e clínicos (Bowlby, 2004 [1973]; Black, 1993; Torres, 2002 [1999]; Bromberg, 2000; Monroe, 2001; Franco e Mazorra, 2007; Pynoos, Steinberg e Brymer, 2011). Se uma família está enlutada, a criança pertencente a esse sistema familiar vivencia diferentes sentimentos dentro de seu contexto e, com seus recursos, precisa lidar com as mudanças que se impõem a partir da perda.

A criança, assim como o adulto, constrói concepções de mundo com base em suas experiências e relações. É esse mundo que garante segurança a ela, é o que ela conhece. As experiências diárias – por exemplo, quem a leva para a escola, os acontecimentos em família, quem é responsável por quais cuidados com relação a ela – dão a ela certezas sobre o que pode esperar – dão controle à sua vida. Da mesma forma, na relação com as outras pessoas, ela vai aprendendo a reconhecer quem são as que convivem com ela, bem como identificar determinados comportamentos e sentimentos – por exemplo, saber o que deixa a mãe brava, o que deixa os pais felizes etc.

Quando uma grande mudança acontece na vida da criança, como a perda de um ente querido, o seu mundo presumido é abalado, lançando-a em um mundo desconhecido. Quanto mais mudanças ocorrerem, é provável que mais inseguro se torne seu mundo. Pensando em situações de desastres, estas se amplificam e, dependendo da situação, as perdas podem ser muitas e de diversas naturezas (perder alguém próximo, a casa, a escola). É de se esperar que, diante do desamparo provocado pelas mudanças, a criança tenda a se agarrar àquilo que conhece, ao que lhe dá segurança, e busque respostas para aplacar suas angústias de como suas necessidades serão supridas. Se, por exemplo, era a mãe que fazia todos os dias o café da manhã e a levava para a escola, a criança provavelmente perguntará quem irá realizar essas tarefas agora.

O mundo familiar deixa de ser familiar e as respostas que antes funcionavam não funcionam mais – isso faz que ela perca a confiança no mundo, gerando sentimentos de insegurança, ansiedade e medo. A ansiedade da separação pode ser vista como uma reação diante do desamparo, levando-a, muitas vezes, a se agarrar àquilo que lhe dê alguma segurança: ela pode canalizar isso para um bichinho de pelúcia, um animal de estimação ou o pai sobrevivente (Worden, 1998).

Nós, adultos, precisamos sentir que temos algum controle diante da desorganização que mudanças muito grandes e rápidas causam em nossas vidas. Procuramos encontrar dentro de nossa vivência algo que nos traga um pouco de controle adiante da nova situação. Alguns se voltam ao trabalho, por exemplo. A criança também busca recuperar algum controle diante da sensação de desamparo que uma perda causa em sua vida. Ela poderá fazer isso buscando, por exemplo, a nova pessoa que lerá um livro para ela ou a levará para passear.

Porém, é impossível não considerar o papel do responsável pela criança em seu processo de elaboração. A perda impacta a família como um todo, e as mudanças irão ocorrer para todos dentro dela. Esse processo de reaprendizagem que se segue após uma perda significativa ocorre por meio da construção de significados. As mudanças promoverão, entre outros, elaborações sobre o processo de transição que ajudem a família a se adaptar à perda de um ente querido. Faz-se importante, portanto, atentarmos para a relação da experiência da perda significativa com o mundo de significados dos enlutados.

Há concordância considerável entre os estudiosos de pessoas que perderam um dos pais na infância em relação à importância das experiências da criança depois da perda (Bowlby, 2004 [1973]; Ormond e Charbonneau, 1995; Ward-Wimmer e Napoli, 2000; Mazorra, 2001; Torres 2002; Worden, 1998; Pynoos, Steinberg e Brymer, 2011; Osofsky, 2012; Groves e Augustin, 2012). Bowlby (*ibidem*) afirma que pessoas que apresentaram distúrbios psiquiátricos após a perda são aquelas que provavelmente receberam uma atenção paterna ou materna deficiente no processo de luto.

Sandler *et al.* (2008) destacam a plasticidade dos fatores de risco e de proteção para luto complicado da criança, se considerarmos a importância do meio familiar como suportivo ou não diante da perda parental. A possibilidade de alterar o efeito de um fator de risco para que ele se torne um fator de proteção para a criança foi observada por estudos tanto com crianças enlutadas como com aquelas cujos pais se divorciaram, e apresentou-se como um poderoso fator a ser considerado, tanto na avaliação das necessidades como nas propostas de intervenção.

Black (1993) acrescenta que o ajustamento da criança ao luto em muito depende do ajustamento do genitor sobrevivente a ele. Em curto prazo, pode-se observar o não reconhecimento ou a amenização do luto da criança pelo fato de o genitor estar sobrecarregado e paralisado por ele, ou por estar tentando evitá-lo. Segundo a autora (*ibidem*), essas condições podem levar a criança a uma leitura errada das atitudes do genitor – ela pode interpretá-las como doença (o que pode alimentar seu medo de perdê-lo), ou ainda evitar compartilhar seus sentimentos e pensamentos sobre o ocorrido, na tentativa de proteger os outros membros da família. Dent (2005), por outro lado, chama-nos a atenção para o fato de que crianças que sofreram uma perda repentina, para a qual não tiveram oportunidade de se preparar, podem se sentir angustiadas, especialmente em situações nas quais o corpo foi mutilado, ou a morte foi induzida pela própria pessoa. Estudos têm demonstrado que o ajustamento após a morte nesses casos pode ser mais difícil, particularmente logo após a perda.

Quando há, ainda, questões práticas a ser tomadas, o luto pode ser adiado e a raiva, aprofundada, dificultando o entendimento do ocorrido – e as perguntas das crianças podem ficar sem respostas (Monroe, 2001).

Outro fator que pode estar mais fortemente associado ao tipo da perda, observado por Worden (1998), diz respeito à forma como o genitor sobrevivente percebe seu filho, fator considerado importante para a validação dos sentimentos da criança. Mortes repentinas, como homicídios e suicídios (e outras mortes violentas), foram aquelas em houve maior discrepância da percepção dos pais em relação à do filho, bem como do que foi relatado. Aqui entendemos que, talvez, a desorganização e o caos provocados por esse tipo de perda, assim como as questões práticas que precisam ser resolvidas – até mesmo questões legais, como no caso do homicídios (a busca de justiça, por exemplo) –, podem ser fatores de estresse, que fazem que o genitor sobrevivente esteja menos disponível e, por consequência, menos atento aos sentimentos de seus filhos.

Como podemos observar, a circunstância da morte influencia o processo de luto da criança na forma como essa morte impacta sua família. O modo como a família lidará com a morte e com as perdas e o significado que atribuirá a elas delinearão as oportunidades oferecidas para a criança compartilhar seu luto.

Informações imediatas e seguras sobre as circunstâncias da perda, bem como a possibilidade de obter respostas seguras sobre ela, são fatores facilitadores do processo de luto da criança, segundo Bowlby (2004 [1973]). O não fornecimento de informações corretas a respeito do ocorrido foi tido como um dos fatores complicadores desse processo (Mazorra, 2001). Ao receber informações corretas e imediatas sobre o ocorrido, a criança tem a oportunidade de construir significados coerentes sobre o que aconteceu e pode lidar com sua perda e sua dor, tendo a chance, por exemplo, de optar por compartilhar os ritos fúnebres com sua família. Abre-se a possibilidade para ela questionar a si mesma e a outras pessoas, o que pode reforçar sua sensação de segurança. A ausência de informações, ou informações incorretas, confunde a criança e pode levá-la a uma distorção da situação, deixando lacunas em sua história, que certamente serão preenchidas com fantasias, que podem ser piores do que a realidade. A percepção de discrepâncias entre o que aconteceu e o que lhe disseram pode levá-la a um estado de desconfiança em relação às pessoas e abalar sua segurança em relação ao mundo.

A compreensão da morte pela criança é influenciada pelo seu desenvolvimento cognitivo, social e emocional, como as experiências passadas de perda e habilidades verbais (Dent, 2005); sistema de crenças familiares e normas culturais (Monroe, 2001); e a maneira como a família e as pessoas ao redor falam a respeito da morte e lidam com suas perdas (Bromberg, 2000).

Compreender a morte, tal como ela é para os adultos, implica compreender os componentes do conceito de morte, como: irreversibilidade (o corpo físico não pode viver depois da morte, o que implica reconhecer que não se pode mudar o curso biológico da vida e voltar a ser o que era antes); não funcionalidade (todas as funções definidoras da vida cessam com a morte); e universalidade (tudo que é vivo morre) (Torres, 2002 [1999]). Para atingir tal entendimento, a criança precisa compreender conceitos abstratos, como finalidade, causalidade e irreversibilidade (Worden, 1998).

Autores como Bromberg (2000), Christ e Christ (2006), Dent (2005) e Monroe (2001) não colocam tanta ênfase na correlação idade cronológica/conceito de morte, e sim na relação entre desenvolvimento cognitivo, emocional e social da criança. No que diz respeito ao conceito de morte, concluem que apenas idade não é razão para a criança ser excluída das experiências familiares e a única forma de ter certeza sobre o quanto compreende a circunstância em que se encontram é perguntando a ela.

Por desenvolvimento cognitivo, entendemos os processos pelos quais a criança passa e que fazem que o seu comportamento não dependa somente do que a está estimulando no momento, mas que ela possa combinar essa informação perceptual com informações da memória, de modo que seja possível para ela fazer alguma previsão do que pode acontecer no seu mundo e, a partir disso, planejar e reagir adequadamente (Bowlby, 2004 [1973]).

Torres (2002), em seus estudos sobre a conceituação da morte em crianças utilizando como referencial as etapas piagetianas do desenvolvimento, identificou três níveis nos quais elas se encontram:

Primeiro nível: média de idade de 5 anos e 7 meses – não compreendem a morte como um processo definitivo e irreversível; não estabelecem como opostos seres inanimados e animados e não reconhecem a categoria de seres inorgânicos; são incapazes de separar a morte da vida, admitindo vida na morte e atribuindo a fatores externos a impossibilidade de a morte realizar atividades ou sentir.

Segundo nível: média de idade de 9 anos e 5 meses – evoluem na distinção entre seres animados e inanimados, mas não conseguem dar explicações lógicas de causalidade, atribuindo causas específicas à morte; oposição entre a vida e a morte; não atribuem vida ao objeto morto; a morte é definida com base em aspectos perceptivos; não são capazes de estabelecer generalizações e dar explicações biológicas; condição definitiva e permanente.

Terceiro nível: média de idade de 11 anos e 6 meses – distinção clara entre seres animados e inanimados; a morte é extensiva a todos os seres animados; explicações biológicas e lógico-categoriais de causalidade; morte como parte da vida; processo interno que cessa a vida corporal; explicações amplas que envolvem generalizações e enfoque sobre a paralisação de órgãos essenciais.

De acordo com Black (1993), por volta dos 5 anos de idade, a maioria das crianças compreende que a morte é irreversível, tem uma causa, envolve separação permanente e pessoas mortas diferem das vivas em muitos aspectos: são imóveis, não podem sentir, ouvir, ver, cheirar ou falar e suas funções corporais cessam, não necessitando de comida ou bebida.

A compreensão, segundo Dent (2005), que as crianças têm sobre a morte desenvolve-se gradualmente, mas é por volta dos 9 ou 10 anos que a maioria compreende que a ela é inevitável, irreversível e universal.

Como podemos observar, há discordâncias com relação à idade com que a criança compreende a morte. Bowlby (2004 [1973]) questiona a colocação de que mesmo as menores não compreendam, por exemplo, a questão da irreversibilidade e argumenta que muito se deve ao fato de os estudos não levarem em conta questões culturais. Desde muito cedo, as crianças deparam com fatores intrigantes da morte, como encontrar bichinhos mortos, que incitam sua curiosidade. Portanto, a forma como suas perguntas serão respondidas irá ajudá-la a construir seus conceitos. O autor aponta que, nas sociedades ocidentais, muitas das crenças sobre a vida e a morte são permeadas por incertezas, ambiguidades e incoerências que criam confusão no mundo da criança.

A esse respeito, Bromberg (2000) acrescenta ainda que, mesmo na adolescência, fase em que os conceitos de irreversibilidade, universalidade e causalidade já estão estabelecidos, a cultura brasileira, permeada por explicações religiosas dos fenômenos naturais, pode levar a distorções sobre o entendimento da morte.

Dessa forma, entendemos que a questão cultural tem um peso relevante em como o conceito de morte é construído, e seria precipitado nos basearmos somente na idade da criança para avaliar sua compreensão.

Poder avaliar o quanto a criança sabe e ainda acreditar que, independentemente da idade, ela pode compreender, com a ajuda do adulto, o que está acontecendo em sua vida possibilitam a construção de conceitos sobre a morte que possam ajudá-la a lidar com sua perda, abrindo-se ainda possibilidades de poder corrigir eventuais confusões que ela possa ter como verdadeira e em nada a ajudam a lidar com a perda (por exemplo, achar que o seu ente querido morto esteja sofrendo por não ter água, comida, ou esteja sentindo frio).

PERDA AMBÍGUA E LUTO EM DESASTRES

É possível que, em decorrência de um desastre, pessoas desapareçam, temporária ou definitivamente – seja em um desastre natural, como nas chuvas e em consequentes deslizamentos, nos quais inúmeras pessoas podem ser soterradas nas enxurradas; seja em um desastre de natureza humana, como em uma explosão ou na queda de um avião, as quais podem levar à mutilação ou até mesmo à destruição total dos corpos das vítimas envolvidas.

O desaparecimento configura-se como um tipo muito particular de perda marcado principalmente pela ausência (temporária ou definitiva) do corpo que comprove sua irreversibilidade. Worden (1998) afirma que um dos complicadores para o enfrentamento de uma perda é, justamente, o chamado *fator circunstancial*, que pode estar relacionado à incerteza quanto à causa e/ou à irreversibilidade da perda; ou à multiplicidade de perdas envolvidas na situação.

Boss (1999) descreve em seu livro o delicado trabalho com famílias de pessoas desaparecidas e aponta para as muitas particularidades envolvidas nesse tipo de perda, por ela denominada *perda ambígua*. Nesses casos, os enlutados devem conviver com a incerteza do paradeiro de seu ente querido e prevalecem sentimentos ambivalentes, já que, apesar de conviverem com a ausência física de seus amados, permanece viva a esperança do reencontro. Isso ocorre, segundo a autora, pois:

> Não se pode dizer com segurança se o ser amado está vivo ou morto, recuperando-se ou morrendo, presente ou ausente. Não só falta informação sobre o paradeiro da pessoa, mas tampouco existe a constatação oficial da sociedade de uma perda: não há certidão de óbito [...] nem funeral, nem corpo, nem algo o que enterrar. (*ibidem*, p. 19)

Em alguns casos – em especial nos casos de desastre –, a confirmação da morte pode se dar por meio de uma declaração judicial de ausência, documentação oficializada para que a família possa dar seguimento a questões mais burocráticas, tais como movimentação bancária ou abertura de inventário. Essa declaração, em geral, é fornecida nos casos em que o desaparecido permanece ausente e incontactável por um longo período de tempo, ou mais rapidamente, quando sua presença na situação de desastre é considerada certa, como em casos de desastre aéreo após a confirmação de que o indivíduo em questão havia embarcado na aeronave. No entanto, como nos afirma Boss (1999, p. 35):

> Muitas pessoas necessitam da experiência concreta de ver o corpo do ente querido que faleceu porque isso faz com que a perda seja real. Muitas famílias de pessoas desaparecidas não encontram nunca esta comprovação da morte.

Esse documento, dessa forma, vem aplacar apenas objetivamente uma dúvida que se mantém viva subjetivamente. A não constatação da morte pode ser um fator extremamente complicador para os enlutados, como aponta Lotersztain (1999, p.15):

> Devemos lembrar que a figura do desaparecido não é igual a do morto. O desaparecimento traz consigo uma incerteza nunca resolvida, salvo se o corpo puder ser encontrado e sepultado... a morte, para se fazer certa subjetivamente, precisa do corpo e da tumba. Sepultar os mortos é dar-lhes a condição humana.

Podemos perceber que, mesmo nos desastres em que as vítimas são previamente identificadas – como nos casos de acidentes automobilísticos e aéreos ou explosões em casas de show, por exemplo, os quais geralmente possuem uma lista de registro dos presentes –, a espera das famílias pela confirmação se dá, em geral, pelo momento de identificação do corpo. No entanto, até que essa confirmação aconteça – se ela de fato ocorrer –, os enlutados por pessoas desaparecidas iniciam seu processo de luto, em geral, pela fase de negação:

> A tendência, para a maioria de nós, é manter uma relação e não renunciá-la. Uma vez que estabelecemos o vínculo, resistimos a deixá-lo, e quando alguém a quem amamos desaparece, a negação se torna uma resposta compreensível. (Boss, 1999, p. 83)

Nos casos de perda ambígua, a negação pode exercer um papel fundamental de proteção e até mesmo de motivação para a busca em um primeiro momento após a perda; porém, essa fase pode prolongar-se em demasia em função do tempo transcorrido entre o desaparecimento e a confirmação da vida ou da morte do ente querido. Em alguns casos, a morte é decretada apesar da não localização do corpo, o que pode levar os enlutados a estagnarem nessa etapa do processo de luto, já que devem acreditar na irreversibilidade da perda, mesmo não podendo ver nem velar seu amado. Boss afirma porém, que, mesmo sem os rituais, a etapa de negação acaba sendo "vencida" pela dura constatação da ausência diária do ente querido, e diz:

> Os membros de uma família que enfrentam uma perda ambígua não podem negar indefinidamente que algo mudou. Com o tempo, um parente, um amigo ou as próprias circunstâncias os pressionam para que definam a condição da pessoa desaparecida de uma

> maneira ou de outra. Então a família, baseando-se na informação disponível, tenta adivinhar o melhor que pode ser o desenlace possível... (*ibidem*, p. 93)

A essa formulação de hipóteses, Boss (*ibidem*) chamou de *aposta da família*. Esse período é geralmente posterior à fase de negação e vem acompanhado de sentimentos de culpa, ressentimento, raiva e desespero, coexistindo com a esperança e a fé no reencontro, ambiguidade marcante nos casos de desaparecimento. Para Alvarenga e Villaherrera (2004, p. 51),

> [...] é importante não só reconhecer e expressar as vivências, mas também dar-lhes um sentido. Isso contribui para o enfrentamento e, ao mesmo tempo, para dar conta da impotência que pode produzir esse tipo de perda.

Dar sentido a uma perda totalmente inesperada e ainda incerta demanda do enlutado essa capacidade de formular hipóteses, em uma tentativa de restaurar o controle sobre o mundo até então presumido, conhecido, esperado.

Em desastres, é possível constatar que essas "apostas" são elaboradas já no início do processo de enfrentamento da perda, e muitas famílias buscam nos profissionais envolvidos as respostas para seus questionamentos – é comum, por exemplo, o interesse em saber se as pessoas sentem dor durante um acidente, quanto tempo é possível sobreviver em situações calamitosas (sob a terra, dentro de ferragens, exposta a temperaturas extremas etc.) ou mesmo quanto tempo é possível alguém sobreviver sem água e alimento. Essas apostas visam aplacar a dor de não saber ao certo sobre os momentos finais da vida do ente querido, mas, devido à ambiguidade própria a esse tipo de perda, também podem servir como justificativa para manter presente aquele que está ausente.

Em pesquisa realizada com mães de crianças desaparecidas, Oliveira (2008) constatou que sentimentos como culpa e arrependimento são comuns diante de uma situação que, apesar de parecer irreversível, não se encerra em si mesma, pois é somente a partir da localização do ente ausente (seja vivo ou morto) que o processo de luto pode caminhar. As entrevistadas referiram a dor pela perda súbita, sentimentos de impotência diante da ambiguidade da perda e, principalmente, a dura rotina de esperar por novas informações, pois não esperar seria, segundo elas, desistir do amado, o que é inadmissível.

Boss (1999) aponta também para o fato de a ambiguidade nos casos de desaparecimento gerar altos níveis de ansiedade e/ou depressão. Os enlutados podem apresentar sintomas físicos (como fadiga, inapetência/compulsão alimentar, insônia, dores físicas etc.) ou abuso de bebidas alcoólicas e outras drogas ilícitas como forma de diminuir o sofrimento.

Outra particularidade importante é que, nos casos de desastre de massa (em que o número de vítimas é muito alto), é bastante frequente vermos a formação de grupos de familiares e amigos em busca da localização ou mesmo em reivindicação por justiça pelos que estão ausentes. Fotos e passeatas são recursos de enfrentamento diante da presença psicológica de alguém ausente fisicamente; é uma maneira de "provar" que aquele de quem não se tem notícia existe, mesmo que possa não estar mais vivo. É dar-lhe corpo, concretude, permitindo que seja lembrado, homenageado, como quando fazemos ao velarmos os mortos por meio dos rituais.

Oliveira (2008) constatou que a formação de grupos de busca da verdade sobre o paradeiro dos filhos desaparecidos auxiliou significativamente no processo de enfrentamento da perda das mulheres entrevistadas, e as manifestações públicas em que fotos e cartazes contam as histórias dos desaparecimentos foram a forma encontrada por essas mães de ter suas perdas reconhecidas socialmente. Isso aponta para o fato de que os enlutados por uma perda ambígua precisam ter validados seus sentimentos de pesar, mas, como a situação de ausência pode se prolongar por tempo indeterminado, a rede de apoio fica, muitas vezes, exaurida na tarefa de prestar suporte.

O enlutado pode sentir-se muito só e desamparado, e as manifestações em grupo parecem apaziguar esses sentimentos, pois o compartilhar com outros pares facilita a expressão de sentimentos e dá a sensação de pertença àqueles que buscam por um fechamento. Como afirma Boss (1999, p. 19), "as pessoas anseiam por certeza. Até o conhecimento certo da morte é preferível à continuação da dúvida".

Para concluir, os autores deste capítulo ressaltam a necessidade de cuidadosa avaliação das pessoas afetadas por um desastre, considerando-se sua experiência de quebra do mundo presumido, decorrente das perdas e dos lutos que vivenciam. Esse olhar atento encaminha as decisões sobre procedimentos a ser empregados com essas pessoas, numa perspectiva longitudinal que certamente excederá os limites imediatos do desastre. Reconstruir a força de uma comunidade, de uma família ou de um indivíduo que tenha sofrido perdas em razão de um desastre requer mais do que as primeiras respostas. O psicólogo que se propõe a oferecer seus cuidados precisa estar ciente das demandas intensivas e extensivas presentes no atendimento às pessoas enlutadas, de maneira a poder responder tecnicamente a elas, com qualidade e ética.

REFERÊNCIAS BIBLIOGRÁFICAS

ALVARENGA, G. H.; VILLAHERRERA, R. A. L. *Tejiendo nuestra identidad: intervención psicosocial en la problemática de la niñez desaparecida en El Salvador.* El Salvador: Asociación Pro-Búsqueda, 2004.

ARCHER, J. "Theories of grief: past, present and future perspectives". In: STROEBE, M. S. *et al.* (orgs.). *Handbook of bereavement research and practice: advances in theory and intervention.* Washington: APA, 2008, p. 45-65.

ATTIG, T. "Questionable assumptions about assumptive world". In: KAUFFMAN, J. *Loss of the assumptive world: a theory of traumatic loss.* Nova York: Routledge, 2002, p. 55-68.

BLACK, D. *Children and bereavement. Highlight n. 120.* Londres: National Children's Bureau, 1993.

BOBES, J. *et al.*; GRUPO ESPAÑOL PARA EL ESTUDIO DEL TEPT. "Evaluación de las propiedades psicométricas de la versión española de cinco cuestionarios para la evaluación del Trastorno de Estrés Postraumático". *Actas Españolas de Psiquiatría*, v. 28, n. 4, 2000, p. 207-18.

BOELEN, P. A.; PRIGERSON, H. G. "Prolonged grief disorder as a new diagnostic cathegory in DSM-5". In: STROEBE, M.; SCHUT, H.; VAN DEN BOUT, J. *Complicated grief: scientific foundations for health care professionals.* Nova York: Routledge, 2013, p. 85-98.

BOSS, P. *La pérdida ambigua: cómo aprender a vivir con un duelo no terminado.* Barcelona: Gedisa, 1999.

_____. *Loss, trauma and resilience: therapeutic work with ambiguous loss.* Nova York: Norton, 2006.

BOWLBY, J. *Apego e perda – Perda: tristeza e depressão* (v. Dutra, trad., 2. ed., v. 3). São Paulo: Martins Fontes, 1998.

_____. "Perdas: tristeza e depressão". *Apego e Perda*, v. 3. São Paulo: Martins Fontes, 2004.

BROMBERG, M. H. P. F. *Psicoterapia em situações de perdas e lutos.* Campinas: Livro Pleno, 2000.

CALHOUN, L. G.; TEDESCHI, R. G. "The foundations of posttraumatic growth: An expanded framework". In: CALHOUN, L. G.; TEDESCHI, R. G. (eds.). *Handbook of posttraumatic growth.* Mahwah: Lawrence Erlbaum Associates, 2006, p. 3-23.

CASELLATO, G. (org.). *Dor silenciosa ou dor silenciada? Perdas e lutos não reconhecidos por enlutados e sociedade.* São Paulo: Polo Books, 2013, p. 15-30.

Cía, A. H. *Trastorno por Estrés Postraumático: diagnóstico y tratamiento integrado.* Buenos Aires: Imaginador, 2001.

Christ, G. H.; Christ, A. E. "Current approaches to helping children cope with a parent's terminal illness". *Cancer Journal for Clinicians*, n. 56, 2006, p. 197-212.

Davis, C. G. "Redefining goals and redefining self: a closer look at posttraumatic growth following loss". In: Stroebe, M. S. *et al.* (orgs.). *Handbook of bereavement research and practice: advances in theory and intervention.* Washington: APA, 2008, p. 309-25.

Dent, A. "Theoretical perspectives: linking research and practice". In: MONROE, B.; KRAUS, F. (orgs.). *Grief interventions with bereaved children.* Oxford: Oxford University Press, 2005, p. 1-12.

Diregrov, A.; Diregrov, K. "Complicated grief in children". In: Strobe, M.; Schut, H.; Van Den Bout, J. (orgs.). *Complicated grief: scientific foundations for health care professionals.* Nova York: Routledge, 2013, p. 68-81.

Doka, K. *Disenfrangized grief: recognizing hidden sorrow.* Nova York: Lexington Books, 1989.

_____. (org.). "The role of rituals in the treatment of disenfranchised grief". In: *Disenfranchised grief: new directions, challenges and strategies for practice.* Champaign: Research Press, 2002, p. 135-47.

Everly, G. S.; Lating, J. M. *Personality guided therapy for posttraumatic stress disorder.* Washington: APA, 2004.

Fleming, S. "Complicated grief and trauma: what to treat first?". In: Neimeyer, R. A. (org.). *Thechniques of grief therapy: creative practices for counseling the bereaved.* Nova York: Routledge, 2012, p. 83-85.

Franco, M. H. P. "Apoio psicológico para emergências em aviação: a teoria revista na prática". *Estudos de Psicologia,* v. 10-2, 2005, p. 177-80.

_____. "Crises e desastres: a resposta psicológica diante do luto". *O Mundo da Saúde*, v. 36, n. 1, 2012, p. 54-59.

Franco, M. H. P.; Mazorra, L. "Criança e luto: vivências fantasmáticas diante da morte do genitor". *Estudos de Psicologia*, v. 2, n. 4, Campinas, 2007, p. 503-11.

Gilles, J.; Neimeyer, R.A. "Loss, grief and the search for significance: toward a model of meaning reconstruction in bereavement". *Journal of Constructive Psychology*. v. 19, n. 1, 2006, p. 31-65

Gregio, C. *Antes e depois do trauma: vivência traumática e o mundo presumido.* Dissertação de Mestrado em Psicologia Clínica, Pontifícia Universidade Católica de São Paulo, São Paulo, 2005.

Groves, B. M.; Augustin, M. "The role of pediatric practitioners in identifying and responding to traumatized children". In: Osofsky, J. D. (org.). *Clinical work with traumatized children.* Nova York: The Guilford Press, 2012, p. 313-35.

Hodgkinson, P.; Stewart, M. *Coping with catastrophe: a handbook of post-disaster psychosocial aftercare.* Londres: Routledge, 1998.

Kauffman, J. "Intrapsychic dimensions of disenfgranchised grief". In: Doka, K. (org.). *Recognizing hidden sorrow.* Lexington: Lexington Books, 1989, p. 25-30.

_____. "Safety and the assumptive world: a theory of traumatic loss". In: Kauffman, J. *Loss of the assumptive world: a theory of traumatic loss.* Nova York: Routledge, 2002, p. 205-11.

Kristensen, P.; Franco, M. H. P. "Bereavement and disasters, research and clinical intervention". In: Neimeyer, R. A. *et al. Grief and bereavement in contemporary society, bridging research and practice.* Nova York: Routledge, 2011, p. 189-201.

Krum, F. B. M. *O impacto e as estratégias de coping de indivíduos em comunidades afetadas por desastres naturais.* Dissertação de Mestrado em Psicologia, Universidade Federal do Rio Grande do Sul, Rio Grande do Sul, mar. 2007.

Lotersztain, G. *Los desaparecidos en el discurso de sus familiares.* Trabalho de Conclusão do Curso de Jornalismo, Faculdade de Ciências Sociais, Universidade de Buenos Aires, 1999.

Marris, P. "Attachment and loss of community". In: Green, M. (org.). *Risking human security. Attachment and public life.* Londres: Karnac, 2008, p. 21-33.

Mazorra, L. *A criança e a morte: vivências fantasmáticas diante da morte do genitor.* Dissertação de Mestrado em Psicologia Clínica, Pontifícia Universidade Católica de São Paulo, São Paulo, 2001.

_____. *A construção de significados atribuídos à morte de um ente querido e o processo de luto.* Tese de Doutorado em Psicologia Clínica, Pontifícia Universidade Católica de São Paulo, São Paulo, 2009.

Monroe, B. *Children and bereavement. Workbook 4 bereavement: private grief and collective responsibility.* Milton Key: Open University Press, 2001.

Neimeyer, R. A. "Presence, process, and procedure: a relational frame for technical proficiency in grief therapy". In: Neimeyer, R. A. *Techniques of grief therapy: creative practices for counselling the bereaved.* Nova York: Routledge, 2012, p. 3-11.

Oliveira, S. R. *Onde está você agora além de aqui, dentro de mim? – O luto das mães de crianças desaparecidas.* Dissertação de Mestrado em Psicologia, Departamento de Psicologia, Pontifícia Universidade Católica do Rio de Janeiro, Rio de Janeiro, 2008.

_____. *É possível dizer adeus? Repercussões de múltiplas perdas e o desaparecimento de pessoas em contextos de desastres.* Tese de Doutorado em Psicologia. Clínica. Departamento de Psicologia, Pontifícia Universidade Católica do Rio de Janeiro, Rio de Janeiro, 2014.

Ormond; Charbonneau. "Grief responses and group interventions for five- to eight-year-old children". In: Adams, D. W.; Deveau, E. J. *Beyond the innocence of childhood. Helping Children and adolescents cope with death and bereavement.* Nova York: Amityville, 1995, p. 181-202.

Osofsky, J. D. "Young children and disasters: lessons learned from hurricane Katrina about the impact of disasters and postdisaster recovery". In: Osofsky, J. D. (org.). *Clinical work with traumatized children.* Nova York: The Guilford Press, 2012, p. 295-312.

Parkes, C. M. "Psycho-social transition: a field of study". *Social Science and Medicine*, v. 5, 1971, p. 101-15.

_____. *Luto: estudos sobre perda na vida adulta.* São Paulo: Summus, 1998.

_____. "Bereavement following disasters". In: Stroebe, M. S. *et al.* (orgs.). *Handbook of bereavement research-advances in theory and intervention.* Washington: American Psychological Association, 2008, p. 463-84.

Parkes, C. M.; Prigerson, H. G. "Disasters". *Bereavement: studies of grief in the adult life.* 4. ed. Londres: Routledge, 2010.

Purnell, C.; Shubinsky, K. "Seeking asylum: the struggle for a new secure base". In: Green, M. (org.). *Risking human security.attachment and public life.* Londres: Karnac, 2008, p. 71-85.

Pynoos, R. S.; Steinberg, A. M.; Brymer, M. J. "Children and disasters: public mental health approaches". In: Ursano, R. J. *et al.* (orgs.). *Textbook of disaster psychiatry.* Nova York: Cambridge University Press, 2011, p. 48-68.

Rando, T. A. "On achieving clarity regarding complicated grief: lessons from clinical practice". In: Stroebe, M. Schut, H.; Van Den Bout, J. (orgs.). *Complicated grief: scientific foundations for health care professionals.* Nova York: Routledge, 2013, p. 40-54.

Rando, T. A. *et al.* "A call to the field: complicated grief and the DSM-5". *Omega,* v. 65, n. 4, 2012, p. 251-55.

Roberts, A. R. An overview of crisis theory and crisis intervention". In: Roberts, A. R. (org.). *Crisis intervention handbook. assessment, treatment, and research.* 2. ed. Oxford: Oxford University Press, 2000, p. 3-30.

_____. "Bridging the past and present to the future of crisis intervention and crisis management". In: Roberts, A. R. (org.). *Crisis intervention handbook. assessment, treatment, and research.* 3. ed. Oxford: Oxford University Press, 2005, p. 3-34.

Rynearson, E. K. "Invoking an alliance with the deceased after violent death". In: Neimeyer, R. A. *Thechniques of grief therapy: creative practices for counseling the bereaved.* Nova York: Routledge, 2012, p. 91-94.

Rynearson, E. K.; Schut, H.; Stroebe, M. "Complicated grief after violent death: identification and intervention". In: Stroebe, M.; Schut, H.; Van Den Bout, J. (orgs.). *Complicated grief: scientific foundations for health care professionals.* Nova York: Routledge, 2013, p. 278-92.

Sandler, I. N. *et al.* "Linking theory and untervention to promote resilience in parentally bereaved children". In: Stroebe, M. S. *et al. Handbook of bereavement research and practice. advances in theory and intervention.* Washington: American Psychological Association, 2008, p. 531-50.

Stroebe, M.; Schut, H. "The dual process model of bereavement: rationale and description". *Death Studies,* v. 23, 1999, p. 197-224.

Stroebe, W.; Schut, H. "Risk factors in bereavement outcome: a methodological and empirical review". In: Stroebe, M. S. *et al Handbook of berevement research – Consequences, coping and care.* Washington: APA, 2001, p. 349-71.

Stroebe, M.; Schut, H. e Van Den Bout, J. (orgs.). *Complicated grief: scientific foundations for health care professionals.* Nova York: Routledge, 2013a, p. 68--81.

Stroebe, M.; Schut, H.; Van den bout, J. "Complicated grief: assessment of scientific knowledge and implications for research and practice". In: Stroebe, M.; Schut, H.;

Van Den Bout, J. *Complicated grief: scientific foundations for health care professionals.* Nova York: Routledge, 2013b, p. 295-311.

Stroebe, M. *et al. Handbook of bereavement research: consequences, coping, and care.* Washington: APA, 2001, p. 705-37.

Stroebe, M. *et al.* "Bereavement research: contemporary perspectives". In: Stroebe, M. *et al. Handbook of bereavement research and practice. Advances in theory and intervention.* Washington: APA, 2008, p. 3-25.

Tedeschi, R. G.; Park, C. L.; Calhoun, L. G. "Posttraumatic growth; conceptual issues". In: Tedeschi, R. G.; Park, C. L.; Calhoun, L. G. (eds.). *Posttraumatic growth: positive changes in the aftermath of crisis.* Mahwah: Lawrence Erlbaum Associates Publishers, 1998, p. 1-22.

Torlai, V. C. *A vivência do luto em situações de desastres naturais.* Dissertação de Mestrado em Psicologia Clínica, Pontifícia Universidade Católica de São Paulo, São Paulo, 2010.

Torres, W. C. *A criança diante da morte.* São Paulo: Casa do Psicólogo, 2002.

Walter, T. "The new public mourning". In: Stroebe, M. *et al. Handbook of bereavement research and practice: advances in theory and intervention.* Washington: American Psychological Association, 2008, p. 241-62.

Ward-Wimmer, D.; Napoli, C. "Counselling approaches with children and adolescents". In: Doka, K. J. (org.). *Living with grief, children, adolescents and loss.* Washington: Taylor and Francis, 2000, p. 109-22.

Weiss, R.S. "The nature and causes of grief". In: Stroebe, M. S. *et al.* (orgs.) *Handbook of bereavement research and practice: advances in theory and intervention.* Washington: APA, 2008, p. 29-44.

Williams, M. B. *et al.* "The connection between grief and trauma: an overview". In: Rando, T. (org). *When a community weeps: series in trauma and loss.* Oxford: Taylor and Francis, 1999, p. 3-17.

Worden, J. W. *Terapia do luto: um manual para o profissional de saúde mental.* 2. ed. Porto Alegre: Artes Médicas, 1998.

_____. *El tratamiento del duelo: asesoriamiento psicologico y terapía.* Barcelona: Paidos, 1997.

6.
Rituais de luto e sua função reconstrutora em desastres

ARIANA Q. DE OLIVEIRA • JULIA S. MASO •
RÉGIS S. RAMOS • SANDRA R. OLIVEIRA

INTRODUÇÃO

Ao trabalhar no campo da psicologia das emergências, os profissionais envolvidos deparam com situações de mortes inesperadas e o difícil trabalho de luto em razão não só da perda súbita, mas, muitas vezes, da demora ou não localização dos corpos, da condição em que estão, quando encontrados, e, especialmente, do adiamento – ou mesmo a não realização – de rituais fúnebres.

Para falarmos sobre o papel dessas cerimônias no processo de elaboração da perda, apresentaremos uma breve trajetória do ser humano em sua relação com a morte e suas ritualizações ao longo da História, bem como o que a cultura e algumas religiões têm a nos dizer a esse respeito. Exploraremos também alguns conceitos relacionados aos ritos fúnebres e ao fenômeno da mercantilização da morte.

O HOMEM, A MORTE E OS RITUAIS

> *[...] os seres humanos são mortais e sabem disso. Tudo o que os mortais humanos fazem tem sentido devido a esse conhecimento. Se a morte algum dia fosse derrotada, não haveria mais sentido em todas aquelas coisas que eles laboriosamente juntam, a fim de injetar algum propósito em sua vida absurdamente breve.*
> (Bauman, 1998, p. 191)

Ao falarmos sobre a questão da morte, deparamos com o que Bauman (1998) nos aponta: a certeza de que somos mortais faz-nos seguir com nossos objetivos, como se o último dia nunca pudesse chegar. No entanto, a morte é a única e indelével certeza do homem diante da vida, e é por meio dos rituais que cada ser humano, individual e coletivamente, vem se relacionando com essa realidade ao longo da História.

Retomemos brevemente essa histórica relação do homem com o morrer. Segundo Ariès (2003), a morte nem sempre foi entendida como algo a ser disfarçado, escondido. Da Idade Média ao século XIV, período nomeado pelo autor de "morte domada", o homem sabia antecipadamente o momento de seu fim por meio de sinais ou avisos, e aguardava-o, em geral, em seu próprio leito, acompanhado da família e dos membros de sua comunidade. O autor afirma que "[...] sempre se morria em público" (*ibidem*, p. 21) e os rituais tinham como objetivo principal o perdão e a absolvição sacramental. As cerimônias eram abertas à sociedade, inclusive às crianças, e os funerais eram simples, respeitosos e cumpridos por todos. No início do século XII, por exemplo, as sepulturas localizavam-

-se dentro das igrejas, e sua proximidade com o altar indicava o *status* do falecido em vida. A morte domada era, segundo Ariès (*ibidem*), a morte familiar; era realizada em família e aceita por todos os seus membros.

Já nos séculos XIV e XV, período denominado "a morte de si mesmo", o homem passa a se preocupar mais intensamente com a vida após a morte, buscando garantir em vida sua ida ao Paraíso por meio de orações aos mortos, missas, missas de corpo presente, donativos e testamentos.

> O essencial passa a ser a certeza da própria salvação. Deste modo, a morte antes dominada apenas pelo luto dos sobreviventes e pelas homenagens que se prestavam ao defunto [...] passa por transformações [...] instalando-se a importância e a obrigação do testamento [...] onde a doação de riquezas passará a ser o "passaporte para o céu". (Pessoa, 1996, p. 131)

Nessa mesma fase, os corpos passam a ser colocados em caixões: "O corpo morto, antes objeto familiar e figura do sono, possui daí por diante um tal poder que se torna insuportável à vista [...] a ocultação do morto é um grande acontecimento cultural" (Ariès, 1981, p. 179). Ainda segundo o autor, no século XVI, cresce o medo dos mortos, que, antes tão familiares, passam a ser vistos como perigosos – seja por serem considerados contagiosos, seja pela crença de que pudessem ficar presos ao mundo dos vivos.

O temor de ser enterrado vivo também surge, e por essa razão criam-se os velórios – quanto mais longo o velório, maior a certeza de que aquele que ali se velava não mais retornaria. Segundo Rezende (2007), o surgimento dos velórios data da Idade Média, quando famílias mais abastadas passaram a possuir pratos de estanho. Certos tipos de alimentos oxidavam o material e, por essa razão, muitas pessoas morriam envenenadas. Mais tarde, os copos de estanho passaram a ser muito utilizados nas tabernas para beber cerveja ou uísque, e essa combinação, por vezes, deixava o indivíduo completamente inerte (como em um estado de narcolepsia, induzido pela bebida alcoólica e pelo óxido de estanho). Muitos acreditavam que o sujeito estava morto e, por isso, recolhia-se o corpo, e este era preparado para o funeral. O corpo era então, geralmente, colocado sobre a mesa da cozinha e cercado pela família, que, em vigília, esperava para ver se o "morto" acordava ou não. Como temiam que a pessoa não estivesse realmente morta, aguardavam pelo menos um dia para fazer o enterro, e, já que não havia luz elétrica, o recinto e o arredor do corpo eram iluminados com velas; daí o nome velório.

Ainda no século XVI, o temor em relação aos mortos levou o homem a buscar cada vez mais a compreensão objetiva do fenômeno da morte. O corpo torna-se, a partir do século XVIII, objeto de diversos estudos científicos. Aparentemente contraditórias com essa cientificidade da morte, as demonstrações de luto passam a ser mais exacerbadas; engrandecem-se os túmulos com altares, epitáfios e retratos dos entes falecidos. Os cemitérios transformam-se em locais de perpetuação da imagem dos mortos; um lugar de visitação e mediação entre vivos e mortos (Ariès, 1981).

No século XIX, período denominado "a morte do outro", o homem afasta-se ainda mais do processo de morrer; a morte do outro torna-se uma ameaça à própria vida (temor da finitude, do inexplicável, do inimaginável). Como afirma

Pessoa (1996, p. 19): "A morte agora é um fracasso, sinal de impotência ou imperícia que deve ser discreta, posto que é preciso esquecer. Inicia-se o período de luto interdito, processo de escamotear". Os rituais, no entanto, permanecem como prática indispensável ao processo de luto, mas, nesse período, representavam principalmente a concretização da perda vivida para si e para os demais membros da sociedade.

Ao século XX, Ariès (1981) chamou o período de fase da "morte invertida". A morte passa a ser entendida como algo não natural, incômodo, que deve passar despercebido. De acordo com Bauman (1998, p. 191),

> [...] o conhecimento da mortalidade significa [...] o conhecimento da impossibilidade de imortalidade [...] não se pode estar ciente da mortalidade sem encarar a inevitabilidade da morte como uma afronta e uma indignidade, e sem pensar nas maneiras de corrigir o erro [...].

Poderíamos afirmar, segundo o autor, que ainda hoje, em pleno século XXI, vivemos essa fase de escamoteamento da morte, já que dela tentamos nos afastar, e muitas vezes somos cobrados socialmente a lidar com os sentimentos de luto de forma rápida, prática, organizada e – por que não dizer – "asséptica". A pós-modernidade ensina-nos que demonstrações de tristeza e pesar só devem irromper imediatamente após a perda; a dor e a consternação dos meses seguintes devem ser escondidas.

A sociedade atual ocidental é capitalista, e esse capitalismo "selvagem" atinge também a esfera do morrer. A morte passa a ser entendida como uma moeda de troca, uma mercadoria. O homem parece se defender da ameaça da finitude mensurando-a, tendo-a sob controle:

> [...] a morte se tornou um caso um tanto vergonhoso e embaraçante [...]. O morto e, particularmente, o agonizante foram retirados para além dos confins da vida diária, providos de espaços separados, não acessíveis ao público e confinados ao cuidado de "profissionais". A cerimônia pública elaborada e espetacular dos funerais foi substituída pelo breve e, em geral, privado sepultamento ou pela cremação do corpo, sob a eficiente supervisão de especialistas. (Bauman, 1998, p. 217)

Como explicar, então, essa relação tão contraditória? Apesar desse distanciamento e temor crescentes da morte ao longo da História, os rituais, no entanto, permaneceram presentes e imprescindíveis, e talvez ainda mais valorizados nos dias de hoje. Por que essas celebrações são tão significativas?

RITUAIS E CULTURA

> *Rituais são comportamentos ou atividades específicas que dão expressão simbólica a certos sentimentos das pessoas, individualmente ou em grupo.*
>
> (Rando, 1984, p. 105)

O ser humano realiza diferentes tipos de celebrações que marcam mudanças em sua condição ao longo do ciclo de vida; elas podem estar ligadas ao amadurecimento biológico – tais como nascimento, entrada na idade adulta, casamento –, bem como à morte. Todos os povos estão inseridos em uma cultura, e cada qual cria seus rituais de passagem e modos de se comportar em relação ao morto e seu corpo. Essas práticas têm como objetivo, em geral, garantir a passagem da vida física para o mundo espiritual. Nesse contexto, o ritual mortuário permite que o enlutado possa simbolizar a morte, reconhecendo e validando seus sentimentos (Saporetti e Silva, 2009). Praticamente em qualquer grupo há a preocupação de não abandonar os seus mortos ou que estes recebam os devidos rituais (Belatto e Carvalho, 2005).

Na cultura ocidental, por exemplo, existem diversos ritos de passagem para situações como nascimento, casamento e também a morte. Em relação aos rituais de luto, foco de nosso estudo, cada cultura possui suas próprias crenças, valores e formas de expressão de pesar. Cada cultura possui formas de simbolizar a morte por meio de seus ritos e mitos construídos coletivamente a partir de características próprias; porém, embora expressões sociais de enlutamento sejam compartilhadas, vale ressaltar que todo ritual apresenta variações e interpretações particulares, fruto de crenças e valores individuais.

Faz-se necessário, portanto, falar de cultura, uma vez que os aspectos culturais interferem na vivência do processo de luto. A cultura brasileira é rica em rituais das mais diversas origens; as formas de expressão de luto em nosso país, assim como nas demais sociedades ocidentais, sofrem variações importantes de acordo com o contexto sociocultural, econômico e religioso.

Doka (2002) afirma que a sociedade tem normas que não só regem o comportamento, o afeto e a cognição, mas também determinam os sentimentos que cada indivíduo deve ter em cada situação, acolhendo e respeitando determinadas reações, sejam elas emocionais, cognitivas e/ou espirituais. Essas normas dizem o que é aceito e esperado em cada tipo de luto e quais são as atitudes sociais adequadas para dar apoio e suporte em cada nível de relação social e de acordo com o grau de proximidade com o falecido. No entanto, no mundo contemporâneo, observa-se a carência de rituais, prejudicando a construção dos significados internos para as situações cotidianas, o que impossibilita as trocas emocionais e o apoio social, especialmente quando longe da família de origem.

RITUAIS – ALGUNS CONCEITOS

> *Em todas as sociedades, desde as mais primitivas até a atualidade, o ser humano teve efetivamente dois tipos de morte: uma biológica, [...] e uma morte social [...]. Esta última ocorre em um processo que compreende uma série de cerimônias, incluindo aí o funeral, no qual a sociedade oficializa e ritualiza a despedida de um dos seus e reafirma sua continuidade sem eles.*
> (Bellato e Carvalho, 2005, p. 101)

Ao falarmos sobre rituais fúnebres, deparamos com diferentes conceitos acerca do tema. Segundo Koury (2003), os rituais têm como principais objetivos auxiliar na concretização da morte, confirmar a perda, autorizar a expressão dos afetos e memórias, propiciar a construção de significados e fornecer suporte social ao enlutado. O homem contemporâneo, no entanto, distanciou-se de seus ritos; as expressões diante da morte tornam-se cada vez mais individualizadas, e o tempo de enlutamento deve ser breve. Os rituais têm se tornado cada vez mais rígidos e vazios, e por vezes podem-se notar sentimentos de culpa por se estar enlutado, reforçados pela repreensão social diante de sentimentos de dor e pesar muito prolongados.

Além disso, vivemos atualmente um momento de intensa comercialização da morte. Inúmeros serviços funerários prestam atendimento às pessoas enlutadas, assumindo todas as responsabilidades pelos cuidados com o falecido, isentando os familiares de quaisquer tarefas relativas ao trato com o morto. Um exemplo desse mercado funerário são os seguros e as empresas funerárias, que transformam o ritual de luto em fonte de lucro. É o fenômeno de institucionalização da morte: gasta-se mais dinheiro e menos tempo com os mortos.

Mas o que compreende o ritual? Independentemente da crença religiosa ou das motivações que levam as celebrações oferecidas ao falecido, alguns pontos são comuns a muitos ritos. Podemos citar, por exemplo, que é sempre recomendado que o corpo seja examinado por um médico, a fim de declarar o óbito. Após a confirmação da morte, o corpo pode ser velado, enterrado ou cremado. Esses procedimentos possibilitam que os familiares iniciem sua última homenagem ao ente querido falecido.

Nas diferentes culturas e religiões, em geral, os rituais são marcados pela despedida do corpo, e o momento mais intenso desse rito costuma ser o sepultamento ou a cremação. A principal diferença entre os dois é que, no enterro, o corpo, após ser velado, é cerrado em uma vala (horizontal ou vertical) na campa ou no jazigo familiar, enquanto na cremação há uma cerimônia de calefação do corpo no caixão, e as cinzas são entregues à família em uma urna, sendo que o destino dado a elas é de escolha da família. A variação está, principalmente, na escolha dos caixões, dos jazigos, das urnas, dos cemitérios, das cerimônias e dos demais rituais dentro do ritual principal: o último adeus a quem se ama.

Segundo Robinson (2010), os cemitérios são os locais onde dor e saudades estão mais evidentes, e são construídos especialmente com o objetivo de perpetuar a história e prolongar a vida dos mortos na memória da família e dos amigos. O autor ainda aponta uma função mais simbólica e perpetuadora dos cemitérios: "Eles são construídos para parecer imutáveis, atemporais, permanentes, como se pudessem sobreviver às fúrias da natureza ou ao tempo e aos elementos" (*ibidem*, p. 79). Ou seja: não representam somente a manutenção da memória dos que já não estão mais entre nós para cada um de nós no momento presente, mas também buscam evitar o esquecimento que ocorre com o tempo, de uma geração para outra.

Para muitas famílias, uma das formas de homenagear seus entes queridos é por meio da construção de grandes monumentos – especialmente na cultura ocidental. Esse aspecto "majestoso" dos rituais também fica evidente quando falamos sobre as cerimônias coletivas realizadas em homenagens a múltiplas vítimas, como nos casos de genocídios, acidentes ou outros acontecimentos em que muitos padecem. Nesses casos, é muito frequente a construção de memoriais com o nome das vítimas, fotos ou algum tipo de frase(s) que possa(m) eternizar a passagem dos falecidos no mundo – podemos citar como exemplo a construção do Memorial de Srebrenica-Potocari, na Bósnia, que " [...] representa uma necessidade dos sobreviventes da comunidade muçulmana bósnia de ter suas perdas reconhecidas e relembradas tanto pelos bósnios como pela comunidade internacional" (Wagner, 2010, p. 62).

Em nossa história recente, também podemos nos referir à luta de dezenas de famílias das vítimas de um grande acidente aéreo no Brasil para garantir a construção de um memorial no local do ocorrido, no qual deveriam ficar registrados, de forma simbólica, as 199 vítimas que padeceram no referido acontecimento. Como Wagner (*ibidem*) nos lembra, os memoriais têm a função de reorganizar e ressignificar as perdas vividas, além de tornar pública a importância daqueles que foram perdidos.

Vale ressaltar, no entanto, que o local destinado a homenagens aos que falecem não se restringe aos espaços de sepultamento, especialmente quando o número de famílias que vêm optando pelos rituais de cremação é cada vez maior. O local torna-se significativo quando há relação entre o morto e seus prazeres em vida. É muito comum que os enlutados escolham locais como a casa onde o falecido morava ou lugares que lhe eram caros para dispor suas cinzas após a cremação, fazendo desse ritual uma homenagem póstuma aos gostos e às preferências dos que já não mais estão conosco (Maddrell, 2010).

Há particularidades na realização de rituais fúnebres em consequência de desastres, como afirmam Kristensen e Franco (2011) e Franco (2012). Essas particularidades visam atender à necessidade dos enlutados na reconstrução de uma realidade profundamente afetada pela perda, em condições repentinas e violentas, de forma que essa realidade se componha com as mudanças que atingem os afetados em um amplo espectro de sua vivência.

Seja por meio dos rituais de sepultamento, cremação, construção de memoriais ou outras formas de homenagens aos falecidos, o que vemos é que os rituais sempre estão presentes no processo de elaboração do luto, e uma das marcas da modernidade é justamente a exploração desse amplo mercado que muitas vezes explora os enlutados em um momento em que nem sempre se medem esforços para prestar as últimas homenagens aos entes queridos perdidos, como veremos a seguir.

MERCADO DA MORTE OU MORTE COMO MERCADORIA?

> *Não queremos conviver com a morte. Mas quando ela acontece, temos obrigatoriamente que consumir produtos que não desejamos [...]. Poucos teriam a visão prática, por exemplo, de fazer uma pesquisa de preço para buscar a urna funerária mais barata [...]. Além disso, os produtos funerários não estão dispostos em outdoors ou podem ser vistas em glamorosas publicidades de revistas de grande circulação.*
> (Ruiz[1], 2010)

Inicialmente, o número de empresas funerárias era restrito a poucos negócios de família, os quais eram passados de geração para geração, de pai para filho. Em geral, as lojas de artigos funerários localizavam-se nas proximidades dos hospitais, e o termo "papa-defunto" era atribuído aos funcionários desses estabelecimentos, cuja presença trazia desconforto às pessoas enlutadas; eles chegavam a ser comparados a urubus que assistem pacientemente à morte de um animal na expectativa de devorá-lo depois. Desde 1970, data da criação do primeiro plano funerário, as empresas do ramo têm buscado novas estratégias de aproximação com os clientes; como bem apontou Ruiz (2010), a venda de produtos que envolvem sen-

1. Blog de Erasmo Ruiz. Disponível em: <http://www.redehumanizasus.net/9407-a-morte-como-mercadoria>. Acesso em: 23 dez. 2014.

timentos tão complexos como os vividos pelas pessoas enlutadas exige cuidado e muito respeito.

Atualmente, o mercado funerário movimenta cerca de 2 bilhões de reais ao ano, oferecendo produtos como os ecocaixões (feitos inteiramente de papelão reciclável), itens personalizados e de luxo (como caixões em forma de carros, instrumentos musicais ou temáticos) e os cosméticos específicos para necromaquiagem (Cury, 2010). Podemos citar também uma técnica que vem ganhando cada vez mais espaço no mercado funerário, a chamada tanatopraxia, que corresponde à "[...] aplicação correta de produtos químicos em falecidos, visando a desinfecção e o retardamento do processo biológico de decomposição, permitindo a apresentação dos mesmos em condições surpreendentemente melhores para o velório" (Machado, 2009, p. 10).

Um exemplo desse rico mercado é o de uma agência funerária da Grande São Paulo que oferece em seus planos jazigos no cemitério, planos para cremação, apoio à família e floricultura 24 horas – serviços que também podem ser conferidos no website da empresa –, além de serviços on-line como "vela virtual" e "café com flores". O grupo também possui comunidades em redes sociais e expõe suas ofertas em páginas virtuais que armazenam e divulgam imagens e vídeos de todos os produtos oferecidos.

No que diz respeito aos planos funerários, Machado aponta outra faceta da mercantilização da morte: é possível adquirir planos "[...] platina, ouro, prata, bronze ou empresarial. Os preços variam de R$ 28 por mês, que dá direito a coroa de flores pequena e caixão de bronze, até R$ 110 por mês, que oferece buffet de pratos quentes e frios no velório" (Machado, 2009, p. 10). Para agradecer a visita dos amigos e familiares, há empresas que também oferecem lembranças como camisetas ou cartões com a foto do falecido (Cury, 2010). Seriam os rituais somente uma nova fatia do mercado ou o modo como lidamos com as perdas também está sendo "atravessado" pelo capitalismo exacerbado no qual vivemos hoje?

RITUAIS NAS DIFERENTES RELIGIÕES

Apesar de toda a comercialização da morte à qual nos referimos anteriormente, podemos notar que a relação morte/religião é, ainda, muito forte e presente nos rituais de luto. Quando um membro de uma tribo ou de um grupo morre, advém uma crise e, na tentativa de restabelecer a rotina normal na vida da comunidade, são realizados diversos rituais. Os rituais de sepultamento, por exemplo, têm a função de ajudar o falecido a fazer a transição para o mundo dos mortos (Gaardner, Hellern e Notaker, 2005).

No cristianismo, a morte é considerada o despertar para a vida eterna; há a crença de que a alma é imortal e a morte é a separação do corpo físico da alma.

Para os católicos, a unção dos enfermos ocorre após a absolvição dos pecados. O corpo é velado em casa, no cemitério ou na igreja. O velório representa o momento de orações e homenagens ao morto; o sepultamento segue a crença de que o finado, assim que enterrado, esperará pelo Julgamento Final. Também são práticas comuns as celebrações pós-morte como a missa de sétimo dia e o Dia de Finados, celebrado no Brasil no dia 2 de novembro (*ibidem*).

Para os evangélicos, a morte representa a separação do corpo da alma. Todos os rituais e cerimônias dedicados ao morto são condenados. O velório é dirigido para o bem-estar mental, emocional e espiritual dos enlutados. O sepultamento é breve e não há cerimoniais posteriores.

Na doutrina espírita, não existem práticas fúnebres definidas, pois acredita-se na morte como passagem e caminho de evolução. A reencarnação é entendida como necessária para a purificação da alma. O espírito é imortal. O choro não é considerado benéfico, já que ao morto devem dirigir-se apenas vibrações e pensamentos positivos para uma "boa viagem", favorecendo assim o espírito desencarnado. Após o enterro, não acontece nenhuma cerimônia e não se adota o uso de velas (Saporetti e Silva, 2009).

No judaísmo, existe a crença na alma imortal, e a morte representa a separação do corpo da alma, o fim do corpo físico. Para os judeus, a morte faz parte da vida; dessa forma, não é necessário o prolongamento artificial, embora seja possível diminuir o sofrimento físico. Existem pessoas dentro da comunidade judaica que são ensinadas a preparar o corpo. Constatada a morte, deve-se fechar os olhos do falecido, lavar o corpo e colocá-lo em uma mortalha branca. O corpo deve ser colocado em um caixão de madeira simples; não são colocadas flores no velório, mas são permitidas velas, já que a luz simboliza a alma do falecido. O enterro deve ocorrer logo após a morte, como sinal de respeito. Além disso, é importante que o corpo não seja mutilado, pois há a crença de que o Messias ressuscitará fisicamente os mortos. Nos sete dias seguintes à morte, a família permanece de luto.

No islamismo, a morte e a vida são presentes de Deus e, dessa forma, desde criança aprende-se que há sempre um início e um fim. Há a crença na vida após a morte, e o morto enfrentará as consequências dos atos cometidos em vida, seja para receber recompensas ou punições. Após o óbito, o corpo deve ser virado para a Meca e devem ser retirados todos os enfeites, como anéis e cordões. O corpo deve ser retirado do caixão e lavado três vezes enquanto são feitas preces para purificação; deve ser vestido com uma mortalha branca 100% natural. É costume também orar pelos mortos, especialmente na primeira noite; no segundo e sétimo dias, celebram-se rituais na mesquita, e também no trigésimo, quadragésimo e sexagésimo dias, bem como uma vez por ano. São feitas visitas ao cemitério para não esquecer o morto (Saporetti e Silva, 2009).

Os budistas acreditam que, por meio da meditação, podemos nos preparar para a morte, e que esta é parte natural da vida. É permitido chorar a perda quando alguém morre, mas acredita-se na reencarnação. A maioria dos budistas prefere a cremação. O monge ou os lamas locais permanecem ao lado do falecido e iniciam a leitura do Livro Tibetano dos Mortos, um guia por meio do qual eles vivenciam o bardo, uma descrição do que cada um enfrentará na outra vida. Somente após o sétimo dia de orações o morto está preparado para o funeral (*ibidem*).

No candomblé, a morte dos mais velhos é bem-vista, pois estes já cumpriram sua missão e podem descansar, enquanto que, para os jovens, é vista como uma tragédia e sinal de punição por parte dos orixás.

A umbanda, considerada uma religião essencialmente brasileira, é a junção do candomblé, do catolicismo popular, de conceitos espíritas kardecistas e práticas ameríndias. Após a morte, a esfera espiritual para onde o espírito será definida de acordo com as suas atitudes e ações em vida.

Na cultura indígena, também podemos constatar a diversidade dos rituais fúnebres. Nas tribos da etnia tupi, os mortos são enterrados dentro de casa, no local onde antes estavam suas redes. Os índios bororo possuem a prática denominada "duplo sepultamento": o corpo é enterrado e, após o período de decomposição, é exumado e novamente enterrado, finalizando o processo de luto ao encaminhar a alma do morto ao seu destino final. Já os ianomâmis costumam preparar uma pasta de banana à qual misturam as cinzas do falecido e a ingerem; em outras palavras, enterram seus mortos dentro de si (Koury, 2003).

Os rituais fúnebres podem ser, em muitos casos, expressões das crenças religiosas da família, mas, em contrapartida, é também por conta desses valores e crenças que alguns ritos podem ser ainda mais desgastantes para os enlutados, como descreveremos no caso a seguir.

> *Estreito é uma cidade do Maranhão com aproximadamente 45 mil habitantes, onde 6 mil pessoas trabalham na construção de uma hidrelétrica. No dia 26/6/2010, um trabalhador com 22 anos de idade morreu afogado. Seu corpo foi resgatado somente três dias após o acidente. Um colega que estava com a vítima no mesmo barco conseguiu sobreviver.*
>
> *O Grupo IPE foi acionado e encaminhou para lá um psicólogo com o objetivo de acompanhar familiares, prestar assistência aos amigos e a quem mais necessitasse, sobretudo na realização dos rituais fúnebres, em razão de ser uma comunidade muito pequena e a morte ter ocorrido de maneira trágica, com demora na localização do corpo. O foco principal de atenção era a família, em especial a mãe da vítima, que estava muito abalada com a morte do filho.*
>
> *Algumas providências das quais o psicólogo participou foram: acompanhamento da família à funerária para escolha do cai-*

xão, que ficaria lacrado, e do local do sepultamento; provimento de alimentação para as pessoas que se reuniram na casa da família; auxílio e orientação nos rituais religiosos; cuidados para que a família tivesse momentos de privacidade durante o velório, uma vez que a quantidade de pessoas presentes era muito grande; providências para o transporte aos parentes que chegavam de outras cidades, entre outras demandas. Colegas de trabalho, amigos e familiares receberam assistência não somente com relação ao luto, mas principalmente quanto ao sentimento de culpa por terem sobrevivido, o que, em alguns momentos, se tornou marcante e ressaltou a importância dos rituais para a reorganização da comunidade.

Foram realizados atendimentos individuais e em grupo aos familiares com o objetivo de oferecer informações e conforto quanto ao luto. Foram necessárias intervenções com os religiosos que realizavam o ritual de despedida, pois este se estendeu durante longo tempo, gerando grande desconforto a todos. Ao mesmo tempo que o ritual era necessário, bem como dar voz a todos que quisessem se manifestar, diante da perplexidade causada pela morte do rapaz, pelo longo tempo que tomou, corria o risco de se transformar em uma tarefa desvinculada de significado, mais com características de tarefa executada forçosamente, o que não era nosso intento.

O ritual, que deveria possibilitar a expressão dos sentimentos, proporcionar a reorganização dos papéis após a perda e homenagear o falecido, nesse caso, tornou o ambiente mais pesado, funesto e desconfortável para os enlutados, que já haviam sido expostos à demora na liberação do corpo e agora buscavam um ritual que lhes possibilitasse o último adeus e não retardasse ainda mais o início do processo de retomada do cotidiano conhecido, este também com função reorganizadora.

Apesar do desgaste apresentado pelos enlutados, fica a pergunta: teria sido melhor se não houvesse sido realizado nenhum ritual?

Vamos abordar essa questão a seguir.

É MELHOR UM RITUAL DO QUE NENHUM?

Após pensarmos nas diversas facetas que envolvem a realização e o significado dos rituais, emerge a questão: se cultural, religiosa, individual e coletivamente os rituais são tão valorizados, o que acontece quando estes são retardados em relação à data da morte do ente querido ou são realizados de forma diferente do esperado pelos enlutados? O que podemos dizer sobre os casos de mortes coletivas, em que muitas pessoas são vitimadas de forma abrupta e violenta no mesmo incidente? Como lidar com a demora ou até mesmo a não localização de um corpo? Como presenciar um funeral com caixão lacrado? O enterro simbólico pode ser um facilitador ou um complicador no processo de luto?

A perda abala uma estrutura até então conhecida, provocando uma ruptura, e sempre que perdemos algo ou alguém a quem éramos vinculados, faz-se necessário um processo de reorganização diante das mudanças que se instauram. Parkes (1998) defende que a base do luto complicado está justamente na resistência a essas mudanças. Ressalta ainda que, em qualquer luto, raramente fica claro o que de fato foi perdido, em decorrência do grande número de perdas secundárias, o que pode dificultar ainda mais esse processo de elaboração. Worden (1997) afirma que o trabalho de luto consiste em aceitar a realidade da perda vivida, elaborar a dor desta, ajustar-se ao ambiente onde o objeto perdido não mais se encontra e reposicionar-se emocionalmente em relação a este, podendo dar continuidade à vida. Ressalta que as mudanças levam tempo e não são apenas individuais, mas também sociais.

Como apontam Worden (1997) e Parkes (1998), a reação de luto de cada indivíduo variará de acordo com alguns fatores que podem dificultar ou até mesmo impedir a elaboração da perda, tais como o tipo de relação entre o enlutado e o falecido (em especial se a relação era ambivalente ou de forte dependência); o tipo de morte (principalmente nos casos em que ela é incerta, como em desaparecimentos, nos quais o enlutado não pode afirmar se o ente querido está vivo ou morto e sua exata localização); perdas múltiplas; e a ausência de uma rede de apoio continente e segura (por exemplo, quando a perda não é reconhecida ou não se fala sobre o ocorrido).

Gilbert (1996) aponta características do luto não sancionado e suas consequências, entre as quais podemos citar:

- Falta de rituais de luto: sem os rituais não é possível dar e receber apoio social, construir um significado para perda, expressar os sentimentos.
- Problemas legais e econômicos: quando a perda não é reconhecida legalmente, pode acarretar perdas financeiras.

É comum em casos de desastres que pessoas desapareçam ou seus corpos sejam completamente mutilados em decorrência da violência dos acidentes (por exemplo, nos desabamentos em caso de chuva ou em acidentes aéreos). Em muitos acidentes (sejam de causa natural, humana ou mista), os familiares podem não ter acesso ao corpo do falecido, seja porque o corpo não foi encontrado ou porque ainda é necessário fazer sua identificação, o que pode demorar dias, semanas ou até mesmo meses. A informação de que um ente querido pode não mais estar presente já pode causar impactos devastadores nos envolvidos, e o prolongamento dessa incerteza certamente traz outros complicadores para o enfrentamento da perda, como aponta Boss (1999, p. 66):

> As emoções contraditórias se acentuam quando uma separação tem um alto potencial de ser irrecuperável. Quando existe a possibilidade de não voltarmos a ver jamais um ente querido, nos protegemos da perspectiva de perder esta pessoa tornando-nos ambivalentes: mantendo-o mesmo ausente.

Na maioria dos casos de acidentes e desastres, o corpo sofre mutilações importantes, por vezes até destruição total. As famílias apresentam muitas dificuldades diante da impossibilidade de reconhecimento visual de seus entes. Ver o corpo, mesmo que mutilado, é uma exigência que muitos fazem, como que para fazer o chamado teste de realidade citado por Freud (1917), que afirma não haver confirmação subjetiva sem a presentificação objetiva da matéria, do corpo biológico. Essa espera pode retardar ou impedir o processo de luto e, por isso, precisa ser acompanhada por profissionais preparados, uma vez que esses fatores podem interferir negativamente na jornada de reestruturação e reorganização dos enlutados.

Nos casos em que o corpo permanece desaparecido, podemos pensar no conceito denominado por Boss "perda ambígua". Nos casos de perda ambígua:

> [...] a perda é desconcertante e as pessoas se veem desorientadas e paralisadas. Não podem solucionar o problema porque não sabem se este (o desaparecimento) é definitivo ou temporário [...] a incerteza impede que as pessoas se adaptem à ambiguidade de sua perda, reorganizando os papéis e as normas de suas relações com os outros queridos. (Boss, 1999, p. 20)

Os rituais têm como função primordial marcar a perda de alguém importante que fazia parte da família e a quem se deve juntar; facilitar a expressão de sentimentos; ajudar o enlutado a dar sentido e concretude à perda; e possibilitar que o falecido seja lembrado, pois, quando o reconhecimento não acontece, os familiares e demais enlutados agarram-se à esperança de que as coisas voltem a ser como eram antes. Segundo Boss (1999, p. 35),

> [...] muitas pessoas necessitam da experiência concreta de ver o corpo do ente querido que faleceu porque isso faz com que a perda seja real. Muitas famílias de pessoas desaparecidas não encontram nunca esta comprovação da morte.

Nos casos de corpos desaparecidos que após um tempo são localizados, a identificação pode se dar apenas por exames de arcada dentária, ou até mesmo exames de DNA, quando em avançado estado de decomposição. De qualquer maneira, a identificação é parte importante do processo de reconhecimento da perda, embora sempre haja a expectativa – ou, melhor dizendo, a esperança – de ter uma "prova" concreta, algo que os olhos possam ver a fim de concretizar a perda do ente querido (Wagner, 2010).

Nesse ponto deparamos com outro aspecto: mesmo nos casos em que o corpo é identificado, muitas famílias têm de enfrentar um novo obstáculo: o sepultamento com caixão lacrado. Ainda assim permanece a dúvida sobre o seu conteúdo – se, de fato, seu ente foi encontrado e identificado. Como afirmam Alvarenga e Villaherrera (2004, p. 58):

> Não poder ver o corpo morto do ente querido reforça o mecanismo de negação, próprio da primeira fase de impacto, e inicia-se [...] uma luta entre negação e realidade e, posteriormente, a impossibilidade de assimilar e aceitar a morte.

Como vimos, o homem pós-moderno descrito por Bauman (1998) não difere tanto de seus ancestrais: é preciso velar seus mortos, homenageá-los, despedir-se daqueles a quem se ama, e é por meio da realização de rituais que ocorrerá o importante processo de reorganização e elaboração da perda e tornará possível o reinvestimento emocional na relação com o ente querido, o qual sempre fará parte da história de vida de cada indivíduo e de sua família.

Nos meses seguintes ao acidente, os familiares reuniam-se mensalmente para discutir questões de interesse geral, como inquéritos e o andamento do processo judicial, e prestavam suas homenagens aos falecidos. Durante os encontros, os familiares construíram uma rede de suporte, pela qual compartilhavam seu sofrimento. Os fortes laços estabelecidos entre eles, e também conosco, psicólogos, eram fundamentais para que pudessem se sentir acolhidos e escutados. Era comum manifestarem e solicitarem nossos acompanhamentos ao se preocuparem com outro familiar. Ao longo desses encontros, vários rituais foram realizados, permitindo que os sentimentos fossem publicamente expressos e validados.

Durante as reuniões, as famílias elaboravam um cronograma de atividades que incluíam manifestações públicas em locais como aeroportos, praças e em frente a prédios de órgãos públicos. Eram então realizados passeatas, protestos e reivindicações, repletos de sentimentos como raiva e indignação, e a atividade encerrava-se sempre com alguma homenagem às vítimas. Os familiares reivindicavam, principalmente, o direito de manifestarem-se publicamente. Dessa forma, o acidente não seria esquecido, e cada ato proporcionava aos enlutados a possibilidade de participar de uma causa pela qual lutavam coletivamente.

No primeiro aniversário do acidente, homenagens foram realizadas, iniciando com um ato ecumênico no local da queda do avião. Ouviram-se discursos, cantos e homenagens às vitimas. O grupo de psicólogos que havia acompanhado os familiares ao longo do ano estava presente nessa celebração, a convite das famílias; alguns já estavam escalados para esse acontecimento, enquanto outros foram acionados pouco antes de a celebração começar, o que se justificou pela importância e, principalmente, pela magnitude e pelo número de pessoas presentes. No local do acidente foi preparada uma grande estrutura para a celebração, com palco para as homenagens e cadeiras para os convidados. Uma equipe médica estava presente com uma ambulância disponível – esse cuidado era essencial, uma vez que o local do acidente havia se transformado em um terreno vazio, onde apenas uma árvore havia restado.

Na hora exata do acidente, foi proposto um minuto de silêncio; no entanto, essa homenagem foi interrompida justamente pelo som de um avião comercial que sobrevoava o local. A carga emo-

cional dessa combinação – estar no local do acidente, barulho dos aviões que sobrevoavam o local, grande número de pessoas presentes, entre outros fatores – provocou uma intensa desorganização nos familiares. Alguns, já acompanhados pelo nosso grupo, necessitaram de atendimento nesse momento, em especial aqueles que tinham dificuldades em relação ao processo de luto. Foram observados diversos comportamentos por parte dos familiares: procuravam manter-se ocupados, organizando o local ou cuidando de outro familiar; expressavam fisicamente a dificuldade de suportar a situação, apresentando crises hipertensivas, desmaios e precisando de suporte médico; demonstravam dificuldade de entrar em contato com a dor; permaneciam calados, imersos em seu sofrimento; ou, ainda, expressavam reações como choro, desorientação e revivência dos acontecimentos do dia do acidente e de todos os acontecimentos vividos ao longo desse primeiro ano.

Em uma situação de emergência, o tempo parece mudar de velocidade e as vivências são intensas; as lembranças e memórias confundem-se entre passado, presente e futuro: tempo cronológico e emocional confundem-se, misturam-se. Nos atendimentos realizados aos familiares, era comum em seus discursos a retrospectiva desse primeiro ano e de como tinham sobrevivido nesse período. Apesar da dificuldade de estar naquele local, era possível para os familiares perceber a importância dessas celebrações para a elaboração do luto. No final dessa celebração, os familiares decoraram a árvore que restou no terreno com fotos dos entes queridos – ela foi nomeada de "árvore da vida".

O segundo momento das homenagens aconteceu na Catedral da Sé, onde foi realizada uma celebração eucarística. A música, as roupas usadas e o canto coral deram um tom solene à celebração, criando uma carga emocional muito intensa.

O terceiro momento das homenagens realizou-se na Sala São Paulo, com um concerto sinfônico que foi nomeado de "Momento Cultural pela Valorização da Vida", momento no qual foram também homenageados bombeiros, a Secretaria de Segurança Pública, o Serviço Funerário de São Paulo, o então Prefeito de São Paulo e representantes do IML, assim como o grupo de psicólogos do IPE. A coordenadora do grupo (Maria Helena Pereira Franco) escolheu três profissionais para nos representar: Rachel (por estar grávida na época), Suzana e Reginandrea (por terem acabado de realizar tratamentos de saúde), que, por estarem vivendo experiências importantes na vida pessoal e com os familiares, estariam também em um momento como o da homenagem: de celebração da vida.

Todas essas celebrações apresentavam-se como uma tentativa de reorganização emocional e social, abalada pela perda inesperada de um ou mais membros da família. A preparação das homenagens foi minuciosamente organizada ao longo desse primeiro ano; o planejamento em si deu vazão a muitos sentimentos, e podemos entender essas etapas como uma série de rituais prévios ao ritual final de um ano do acidente. Isso se mostrou altamente significativo para o processo de elaboração do luto dos familiares.

Considerações finais

Ao ter de lidar com a morte, a pessoa irá deparar com a difícil dor da separação. O enfrentamento da perda estará relacionado com o padrão de relacionamento estabelecido com o falecido, o papel na dinâmica familiar e/ou social, o modo como a pessoa morreu, as crenças sobre a morte e o suporte social. No caso de uma morte súbita, não existe tempo para o reconhecimento da gravidade e da possibilidade do óbito; o sujeito depara com uma perda brusca de um ente querido. Enfrenta-se também a dificuldade, no caso de desastres, de lidar com o tempo de localização e conservação do corpo, impedindo, em um primeiro momento, a concretização da morte e, consequentemente, a realização dos rituais fúnebres. O espaço de tempo, às vezes longo, entre o acidente, a localização e a identificação do corpo prejudica o reconhecimento e a elaboração dessa perda, mantendo o processo de luto em suspenso.

A falta de rituais dificulta a concretização da despedida, não permitindo que agradecimentos e questões consideradas pertinentes possam ser manifestados e impossibilitando, assim, a redefinição de algumas questões pendentes no relacionamento com o falecido, prejudicando o enfrentamento e a elaboração dessa perda. Dificulta-se a materialização da morte e, por mais difícil que a dor se apresente, impossibilita que ela seja validada e reconhecida socialmente, podendo ocasionar consequências significativas na vida do enlutado.

A impossibilidade de realizar os rituais fúnebres, como em alguns casos de desastres e emergências, pode, portanto, dificultar o processo de luto. Os rituais, marcos culturais e religiosos, concretizam e validam a perda, permitindo que a pessoa se enlute. A morte estabelece o fechamento do desenvolvimento de nosso ciclo vital, não podendo ser descuidada ou negada aos que aqui permanecem. Dessa forma, cada sociedade tem seus rituais e significados da morte, sendo fundamental compreendê-los e respeitá-los em cada cultura, família e em seus membros individualmente.

REFERÊNCIAS BIBLIOGRÁFICAS

Alvarenga, G. H.; Villaherrera, R. A. L. *Tejiendo nuestra identidad: intervención psicosocial en la problemática de la niñez desaparecida en El Salvador*. El Salvador: Asociación Pro-Búsqueda, 2004.

Ariès, P. *História da morte no Ocidente*. Rio de Janeiro: Ediouro, 2003.

Bauman, Z. *O mal-estar da pós-modernidade*. Rio de Janeiro: Jorge Zahar, 1998.

Bellato, R.; Carvalho, E. C. O jogo existencial e a ritualização da morte. *Revista Latino-Americana de Enfermagem*, v. 13, n. 1, Ribeirão Preto, fev. 2005. Disponível em: <http://www.scielo.br/scielo.php?script=sci_arttext&pid=S01041169200-5000100016&lng=en&nrm=iso>. Acesso em: 10 maio 2011.

Boss, P. *La perdida ambigua: cómo aprender a vivir con un duelo no terminado*. Barcelona: Gedisa, 1999.

Cury, A. "Com estabilização da mortalidade, funerárias investem em inovação". *Portal G1*. Publicado em 4 jul. 2010. Disponível em: <http://g1.globo.com/economia-e-negocios/noticia/2010/07/com-estabilizacao-da-mortalidade--funerarias-investem-em-inovacao.html>. Acesso em: 24 maio 2011.

Doka, K. *Disenfranchised grief: new directions, challenges and strategies for practice*. Michigan: Research Press, 2002.

Franco, M. H. P. "Crises e desastres: a resposta psicológica diante do luto". In: *O Mundo da Saúde*, ano 36, n. 1, 2012, p. 54-58.

Freud, S. [1976]. "Luto e melancolia". In: *Edição standard brasileira das obras psicológicas completas de Sigmund Freud*. v. XIV. Rio de Janeiro: Imago, 1917.

Gaardner, J.; Hellern, V.; Notaker, H. *O livro das religiões*. São Paulo: Companhia das Letras, 2005.

Gilbert, K. R. "We've had the same loss. Why don't we have the same grief? Loss and differential grief in families". *Death Studies*, n. 20, 1996, p. 269-84.

Koury, M. G. P. *Sociologia da emoção: o Brasil urbano sob a ótica do luto*. Petrópolis: Vozes, 2003.

Kristensen, P.; Franco, M. H. P. "Bereavement and disastres, research and clinical intervention". In: Neimeyer, R. A. *et al.* (orgs.) *Grief and bereavement in contemporary society, bridging research and practice*. Nova York: Routledge, 2011, p. 189-201.

Machado, C. *Setor funerário fatura 7 bi por ano e inova na prestação de serviço. Pauta em foco: a evolução da morte na sociedade/outras visões sobre o fim da vida*. Publicado em 12 dez. 2009 Disponível em: <http://www.readoz.com/publication/read?i=1020546#page8>. Acesso em: 20 maio 2011.

Maddrell, A. "Memory, mourning and landscape in the Scottish Mountains: discourses of wilderness, gender and entitlement in online debates on mountainside memorials". In: Anderson, E. *et al.* (orgs.). *Memory, mourning, landscape*. Amsterdã; Nova York: Rodopi B. V., 2010, p. 123-45.

Parkes, C. M. *Luto: estudos sobre a perda na vida adulta*. São Paulo: Summus, 1998.

Pessoa, M. B. *A morte de imortais: espetáculo de mitificação e consumo – Um estudo das representações da morte na mídia contemporânea para uma contribuição do estudo do imaginário social brasileiro*. Dissertação de Mestrado em Psicologia, Pontifícia Universidade Católica do Rio de Janeiro, Rio de Janeiro, 1996.

Rezende, E. C. M. *Cemitérios*. São Paulo: Necrópolis, 2007.

Robinson, J. D. "Lethen landscapes: forgetting in late modern commemorative spaces". In: Anderson, E. *et al.* (orgs.). *Memory, mourning, landscape*. Amsterdã; Nova York: Rodopi B. V., 2010, p. 79-97.

Ruiz, E. *A morte como mercadoria*. Publicado em 23 fev. 2010. Disponível em: <http://www.redehumanizasus.net/9407-a-morte-como-mercadoria>. Acesso em: 19 maio 2011.

Saporetti, L. A; Silva, A. M. O. P. "Aspectos de passagem nas diferentes religiões". In: *Manual de cuidados paliativos/Academia Nacional de Cuidados Paliativos*. Rio de Janeiro: Diagraphic, 2009.

Wagner, S. "Tabulating loss, entombing memory: the Srebrenica-Potocari Memorial Centre". In: Anderson, E. *et al.* (orgs.). *Memory, mourning, landscape*. Amsterdã; Nova York: Rodopi B. V., 2010, p. 61-78.

Worden, J. W. *Terapia do luto: um manual para o profissional de saúde mental*. 2. ed. Porto Alegre: Artes Médicas, 1998.

_____. *El tratamiento del duelo: asesoriamiento psicologico y terapía*. Barcelona: Paidos, 1997.

7. Saúde mental em emergências e transtorno de estresse pós-traumático

CLÁUDIA GREGIO • CIBELE M. O. MARRAS •
JULIA S. MASO • SANDRA R. OLIVEIRA

Em situações de emergência e desastres, diferentes populações são atingidas. Pode-se pensar nas pessoas moradoras próximas à região do acidente, nos profissionais envolvidos no resgate, nos sobreviventes, nos familiares das pessoas acidentadas, entre outros.

Cohen (2002) propõe uma classificação em cinco níveis das pessoas afetadas na emergência. O primeiro nível é composto pelos sobreviventes primários, aqueles que foram mais expostos ao acontecimento traumático. Sobreviventes secundários são os parentes enlutados das vítimas. O terceiro nível é composto pelas equipes de resgate, como médicos, paramédicos, bombeiros, enfermeiros, entre outros. No quarto nível, encontramos a comunidade atingida e envolvida na situação, como membros de comunidades próximas, profissionais da mídia e representantes governamentais. O quinto nível engloba as pessoas que, após verem ou ouvirem reportagens sobre o acidente, experienciam intensidades variáveis de sofrimento; atualmente, esse efeito é maximizado pela globalização das informações e pelas inúmeras transmissões ao vivo pelos meios de comunicação dos mais diferentes acontecimentos – inclusive de situações de desastres –, impactando, assim, um número cada vez maior de pessoas.

Durante e após situações de emergência, os serviços de saúde mental frequentemente apresentam um aumento na busca de atendimento. Segundo a Organização Mundial da Saúde (2005), esse aumento é de 5% a 10% na população com distúrbios mentais suaves ou moderados,, incluindo alterações de humor e quadros ansiosos. Em relação a indivíduos com histórico anterior de transtornos mentais mais severos, a procura aumenta em 1%. Como transtornos mentais severos, podemos citar as psicoses e os transtornos de humor e de ansiedade intensos – incluindo o transtorno de estresse pós-traumático, que será discutido neste capítulo –, além de quadros de alcoolismo e drogadição e transtornos mentais e comportamentais em crianças e jovens. Portanto, é necessário que os serviços de saúde mental estejam preparados para atender às vítimas desses acidentes, considerando questões específicas envolvendo estresse e trauma.

O envolvimento de serviços de saúde mental em situações de emergência e desastres tem como objetivo o retorno da comunidade ao equilíbrio, restabelecendo o funcionamento social e psicológico das pessoas envolvidas e limitando a ocorrência e severidade de problemas de saúde relacionados à situação adversa, isto é, à emergência (Young *et al.*, 2002).

Dessa forma, pensando no número expressivo de pessoas expostas a acontecimentos estressores, sejam eles naturais, acidentes de grandes proporções, fugas em massa e/ou terrorismo, a Organização Mundial da Saúde (2003) elaborou um documento para uso de serviços de saúde mental em situações de emergência. Seus princípios gerais são:

1. Preparação anterior à emergência, que deve envolver:
   a. o desenvolvimento de um sistema de coordenação com os órgãos locais;
   b. projeto detalhado sobre plano de ação para uma resposta adequada do serviço de saúde mental;
   c. treinamento de profissionais para intervenções sociais e psicológicas.
2. Planejamento, considerando a cultura e os recursos comunitários, isto é, organizar cuidadosamente as intervenções.
3. Colaboração de órgãos governamentais com organizações não governamentais e empresas privadas, desenvolvendo parcerias, visando à sustentabilidade da comunidade atingida.
4. Integração com os serviços de atenção primária à saúde. Treinamento e supervisão de agentes de saúde, que atuam na atenção primária para sinais de possíveis aspectos ou fatores complicadores na elaboração psíquica do acontecimento traumático.
5. Acesso ao serviço a todas as pessoas. Oferecer os serviços de saúde mental a todos os interessados e, preferencialmente, não apenas à população mais exposta. Entretanto, é possível oferecer ações planejadas a públicos diferentes, sem esquecer as populações mais vulneráveis ou os grupos minoritários.
6. Treinamento e supervisão com especialistas em saúde mental.

7. Perspectiva de longo prazo sem interrupção dos cuidados de saúde mental às pessoas que precisam desse serviço.
8. Monitoramento de indicadores dos efeitos do cuidado em saúde mental.

Este capítulo discutirá a exposição a um acontecimento traumático, os primeiros socorros psicológicos, o desenvolvimento de transtornos mentais consequentes a essa vivência e como eles podem afetar diferentes populações, como crianças e idosos, profissionais de saúde e equipe de apoio a desastres.

PRIMEIROS SOCORROS PSICOLÓGICOS

Como discutido anteriormente, inúmeras pessoas são expostas de diferentes formas às situações de emergência e desastres. Suas reações dependerão da natureza e severidade do acontecimento traumático; de vivências anteriores de acontecimentos estressantes; do suporte social que elas têm em sua vida cotidiana; da sua saúde mental – considerando histórico pessoal e familiar de problemas mentais; da cultura e tradições nas quais o indivíduo está inserido; e de sua idade, pois cada faixa etária possui diferentes mecanismos de enfrentamento.

É aconselhável que as pessoas expostas a um acontecimento traumático sejam assistidas psicologicamente. A esse suporte inicial das questões emocionais chamamos de primeiros socorros psicológicos. Segundo a Organização Mundial da Saúde (2005) e o Projeto Sphere (2011), este último uma proposta de princípios gerais e de qualidade para a resposta humanitária a acontecimentos adversos, os primeiros socorros psicológicos referem-se a uma resposta humana de suporte para uma pessoa que está em sofrimento ou precisa de acolhimento. Esse procedimento envolve prover cuidado prático e de suporte que respeite os limites da pessoa atendida; acesso às necessidades e preocupações; auxílio para atender às necessidades básicas; escuta, mas sem pressioná-las a falar; confortá-las e ajudá-las a se sentirem calmas; auxílio para a compreensão das informações; serviços e suporte social; protegê-las de outros perigos.

Os primeiros socorros psicológicos são oferecidos no primeiro contato com as pessoas vitimadas, o que geralmente ocorre durante ou imediatamente após uma situação de emergência ou desastre. Esse tipo de atendimento pode durar horas, dias ou até mesmo semanas, dependendo da duração e gravidade do acidente.

Pode-se avaliar, nessa modalidade de atendimento, indivíduos que requeiram cuidados avançados em saúde mental, como pessoas gravemente feridas; pessoas tão abaladas emocionalmente que não conseguem cuidar de si mesmas ou de outros pelos quais são responsáveis; pessoas que podem ferir a si ou a outrem (WHO, 2011).

Para a grande maioria da população, um desastre ou uma situação de emergência causa reações de estresse emocional transitórias, as quais são consideradas esperadas em decorrência do incidente. Entre elas, temos baixa concentração e alterações de humor, que são comuns e caracterizam uma reação ao luto e à perda, mesmo que sejam simbólicos e não concretos. No quadro a seguir, adaptado do manual do Centro de Saúde Mental de Nova Gales do Sul (2012), estão discriminadas algumas das reações mais frequentes observadas nessas populações.

Reações emocionais	**Reações cognitivas**	**Reações físicas**	**Reações interpessoais**
Medo	Dificuldade de concentração ou de memória	Tensão	Dificuldade de confiar nos outros
Luto	Confusão	Fadiga	Irritabilidade
Raiva	Dificuldade de tomar decisões	Inquietação	Problemas para dormir
Culpa	Preocupação com o incidente	Distúrbios de sono	Choro fácil
Sentimentos de tristeza	Sonhos ou pesadelos recorrentes	Dores corporais	Aumento de conflitos familiares
Sentimentos de desespero e desesperança	Questionamento de crenças religiosas	Alterações no apetite – aumento ou diminuição	Introspecção
Ressentimentos	Culpabilização	Hipertensão, aceleração cardíaca	Sentimentos de rejeição e abandono
Desamparo		Dores de cabeça	Comportamento crítico e controlador
Entorpecimento emocional		Maior suscetibilidade a doenças	
Sobrecarga		Náuseas	
		Sobressaltos	

Essas respostas também variam de acordo com a faixa etária do indivíduo, como pode ser visto no quadro seguinte.

Crianças	Adolescentes	Adultos	Idosos
Medo de novas situações	Distúrbios do sono	Problemas de sono	Depressão, isolamento, apatia
Ansiedade de separação	Distúrbios de apetite	Lembranças evitadas	Declínio físico com aumento de queixas físicas
Medo do escuro e de animais	Revoltas em casa	Envolvimento em inúmeras atividades	Desorientação, confusão e perda de memória
Necessidade da presença física de suas figuras de apego	Problemas na escola (brigas, isolamento, perda de interesse, dificuldade de concentração e atenção)	Choro fácil	Agitação, impaciência, raiva e irritabilidade
Fala infantilizada	Problemas físicos (dores de cabeça, dores vagas, queixas psicossomáticas)	Hipervigilância	Distúrbios de sono e apetite
Dificuldade de controlar a urina e o esfíncter	Perda de interesse em atividades com os pares	Isolamento, afastamento	Relutância em deixar sua casa
Dificuldades de fala, como gaguejar	Baixa performance	Fadiga, exaustão	Problemas de ajustamento causados pela realocação
Aumento ou diminuição do apetite	Introspecção exacerbada	Desarranjos intestinais e outras queixas somáticas	Agravamento de doenças crônicas
Comportamento passivo e quieto	Mudanças de grupos de amigos	Alterações no apetite	Queixas e sintomas psicossomáticos

Crianças	Adolescentes	Adultos	Idosos
Chupar o dedo	Agitação ou falta de energia	Desconfortos corporais	Necessidade de múltiplas medicações
Comportamento agressivo	Comportamento irresponsável ou delinquente	Agravamento de doenças crônicas	Desespero relativo às perdas
Competição com os irmãos para a atenção parental	Uso de álcool e drogas	Depressão, tristeza	Desconfiança
Terror noturno, pesadelos		Irritabilidade, raiva	Ansiedade com redondezas desconhecidas ou pouco familiares
Falta de vontade de ir à escola		Medo, ansiedade	Vergonha por precisar de auxílio
Afastamento dos pares		Desespero, desesperança	
Perda de interesse, baixa concentração e atenção na escola		Culpa, falta de confiança em si mesmo	
Dores de cabeça ou outras queixas somáticas		Alterações de humor	
Medos envolvendo condição climática, segurança, recorrência do incidente			
Pensamentos sobre momentos de medo durante e após o incidente			

A maior parte da população apresenta diminuição gradativa dos sintomas após a exposição ao evento traumático, mas em alguns casos esses sintomas podem perdurar, tais como no Transtorno de Estresse Pós-Traumático.

TRANSTORNO DE ESTRESSE PÓS-TRAUMÁTICO

Os primeiros estudos sobre o Transtorno de Estresse Pós-Traumático (TEPT) datam do século XVII (Pepys, 1666 *apud* Cía, 2001) e baseavam-se em observações dos efeitos de desastres naturais e acidentes no psiquismo humano. Durante muito tempo, esses efeitos foram considerados reações de estresse diante de uma situação de emoção intensa.

A palavra estresse vem da física e refere-se ao grau de deformidade sofrida por um material quando submetido a um forte esforço ou tensão. Na área da saúde, esse termo foi introduzido por Selye (1936 *apud* Cía, 2001; Lipp, 2004) para falar das estratégias de adaptação dos mamíferos diante de ameaças. Selye foi o primeiro pesquisador a estudar o processo de reações ao estresse, formulando uma teoria fundamentada no modelo homeostático, teoria que até hoje é tida como uma base importante nos estudos sobre o tema. Assim, consideramos o estresse um conjunto de reações fisiológicas e psicológicas naturais e necessárias para manter a homeostase do organismo, sendo desencadeado por alterações do ambiente externo ou interno. É a tendência à estabilidade do meio interno do organismo, propriedade autorreguladora que permite manter o estado de equilíbrio de suas variáveis essenciais ou de seu meio ambiente (Ferreira, 1999).

O eliciador do processo reacional é denominado agente estressor (Manual de Diagnóstico e Estatística – DSM-V TR,

2013), que considera qualquer mudança súbita ou possibilidade de mudança, seja ela percebida pelo indivíduo como positiva ou negativa. A qualidade ameaçadora das mudanças ambientais é subjetiva, ou seja, depende da interpretação pessoal, relacionada à personalidade, aos aspectos psicodinâmicos e à história de vida de cada um.

Diante de um agente estressor, o organismo desencadeia um conjunto de alterações fisiológicas e psicológicas a fim de restabelecer a homeostase, impulsionando o indivíduo para uma ação adaptativa. Normalmente, após a ação efetiva, o organismo retoma o seu equilíbrio anterior, pondo fim às reações de estresse. Entretanto, há situações em que esse equilíbrio não é restabelecido, seja pela falta de ação adaptativa ou pela intensidade da situação ameaçadora. Quando isso ocorre, o ciclo da reação ao estresse – com início, meio e fim – não é cumprido, e este torna-se contínuo. Nesse momento, ele deixa de ser uma estratégia de auxílio para a adaptação e passa a ser patológico (distresse).

Quando o estresse se torna crônico, seja pela falha do sistema adaptativo ou pela intensidade do estímulo estressor, o resultado é o esgotamento das energias físicas e psicológicas. Isso é o que acontece em situações de trauma. O processo reacional de estresse não consegue alcançar o seu objetivo, e a adaptação efetiva não é estabelecida. As alterações eliciadas pelo estresse não regridem, e novas estratégias de adaptação são ativadas. Entretanto, o que se observa numa vivência traumática é que, mesmo assim, a adaptação não é atingida, e os sistemas ativados passam a atuar de forma disfuncional. A intensidade do estresse é tão grande que as estratégias de adaptação eliciadas não conseguem cumprir o seu objetivo. Esse prejuízo da capacidade de funcionamento traduz-se, em alguns casos, no desenvolvimento do Transtorno de Estresse Pós-Traumático (TEPT).

O TEPT é definido, de acordo com o DSM-V (2013), pela presença de seis critérios diagnósticos por pelo menos um mês. Esses critérios são:

Critério A: Exposição a um estressor traumático que leva a um consequente distresse emocional.

Critério B: Sintomas de reexperimentação do trauma (um ou mais).

Critério C: Sintomas de evitação e embotamento (três ou mais).

Critério D: Sintomas de hiperativação autônoma/excitação (dois ou mais).

Critério E: Presença do quadro de sintomas por um mês ou mais.

Critério F: Presença de sofrimento ou prejuízo clinicamente significativo no funcionamento social, ocupacional e outros.

Consideram-se estressores traumáticos acontecimentos que envolvam morte, sérios ferimentos físicos e ameaça à integridade física. Referem-se a esse critério não apenas os incidentes vividos diretamente, mas também o seu testemunho ou o conhecimento de morte inesperada, ferimento sério ou ameaça a membros da família ou pessoas de estreita relação.

A classificação de estressor como traumático também depende de aspectos subjetivos. O indivíduo vai interpretar o incidente de acordo com características pessoais, como personalidade, experiências precoces e história de vida, dando um significado particular ao ocorrido e às suas consequências. A valorização pessoal do nível de desamparo e ameaça que o indivíduo sentiu influenciará a avaliação subjetiva de quão traumática foi a experiência vivida.

Os sintomas de reexperimentação do trauma surgem na forma de recordações intrusivas, imagens, pensamentos, percepções, sensações somáticas; sonhos recorrentes sobre o ocorrido; revivência ilusória ou alucinatória da situação traumática; e episódios dissociativos – percepção alterada de si mesmo e do mundo – em *flashbacks*, revivendo intensamente e com grande realismo o momento traumático.

Episódios dissociativos estão relacionados ao bloqueio defensivo que a pessoa estabelece para as recordações do trauma. Assim, em vez de as lembranças se manterem dentro da cadeia de memória, elas se fragmentam e não se integram às demais recordações, voltando como pensamentos intrusivos, numa tentativa de integração. Isso se deve ao fato de a vivência traumática ser uma experiência emocional extremamente forte. As recordações do trauma não são aceitas e nem integradas à história pessoal, tornando-se um passado paralelo ao passado pessoal. Segundo Parkes (2009, p. 27):

> Dissociação é a capacidade de isolar da consciência algumas áreas da atividade mental. Ocorre normalmente em emergências, quando as pessoas precisam continuar a socorrer outras sem consciência de seus próprios ferimentos. A dissociação torna-se um sintoma quando interfere no funcionamento normal, por exemplo, quando a amnésia em relação ao acidente impede a pessoa de testemunhar.

Outros sintomas presentes são os de reexperimentação, que funcionam como uma estratégia do psiquismo para trazer à tona esse passado paralelo, buscando a elaboração e a possibilidade de integração desse conteúdo à história de vida.

As recordações intrusivas do episódio são vividas com emoções intensas ou impressões somatossensoriais, provocadas por estímulos do ambiente que estão de alguma forma relacionados com o ocorrido. Essa relação das recordações com o ambiente leva ao segundo grupo de sintomas: evitação e embotamento.

A evitação persistente a estímulos associados ao trauma refere-se não só a pessoas ou lugares que remetam ao acontecimento, mas também a pensamentos, sentimentos, atividades, ou à recusa de falar sobre o assunto. A amnésia também se enquadra nesse grupo de sintomas, desenvolvendo-se como uma estratégia protetiva diante das lembranças do trauma.

O embotamento da responsividade geral expressa-se na diminuição do interesse em participar de atividades importantes; a indiferença com as pessoas; a restrição da vida afetiva; e o desinteresse em planos futuros (o futuro fica encurtado, refere-se somente ao futuro próximo). Os sintomas de embotamento referem-se ao medo de sentir novamente as mesmas emoções do trauma. Assim, o indivíduo bloqueia todas as emoções como forma de defesa, o que leva a um declínio progressivo da expressão de sentimentos, gerando uma sensação de que nada é capaz de emocioná-lo. Esse "sentir nada" traz certo conforto e segurança, mas, por outro lado, prejudica drasticamente os relacionamentos interpessoais, tornando a pessoa fria e desvinculada dos outros. Alterações na vida social e profissional surgem como sintomas secundários do embotamento afetivo, da introversão e do comportamento evitativo (Cía, 2001).

Emocionalmente, o TEPT traz o embotamento afetivo, mas fisicamente as sensações e respostas se dão de maneira exagerada, como se a pessoa ainda estivesse numa situação ameaçadora. São os sintomas de hiperativação autônoma/excitação, expressos na dificuldade de conciliar ou manter o sono; irritabilidade e ataques de raiva; dificuldade de concentração; hipervigilância e respostas exageradas de sobressalto. Esses sintomas secundários trazem um mal-estar semelhante ao das crises de pânico, acarretando mais sintomas psicológicos relacionados a emoções negativas e ao medo.

A sensação trazida pelos sintomas físicos reforça a impressão de ameaça eminente e, dessa forma, qualquer estímulo passa a ser vivido como um sinal de perigo, fazendo que esses sinais percam a função de indicar a real presença de ameaça. Assim, seus critérios do que é ou não perigoso ficam alterados e tornam-se ineficientes.

Os sintomas de TEPT afetam drasticamente diversos aspectos da vida do indivíduo, desde o físico e o psicológico até o social/familiar e o profissional. Somam-se a essas dificuldades outros efeitos devastadores do trauma, traduzidos em uma série de perdas secundárias. O trauma e o TEPT atingem todas as áreas da vida, fazendo que nada mais seja como antes. Tudo fica fora do lugar. Há perdas incontáveis e a necessidade urgente de reorganizar-se.

Perdem-se bens materiais e/ou entes queridos. Fica a necessidade de recuperar o patrimônio, de arcar com as funções da vítima, de chorar a dor do luto. Perde-se a ideia ingênua de controle da vida, o mito de invulnerabilidade e muitas outras certezas no mundo. Fica a necessidade de encontrar algo que lhe dê novamente segurança, pois o conjunto de crenças se torna frágil, e o sujeito possui, nesse momento, pouca estrutura interna para se apoiar. A capacidade de adaptação fica comprometida e o TEPT se instala. O sofrimento psicológico torna-se inegável, sendo um importante critério para o estabelecimento do diagnóstico do transtorno.

A permanência desse quadro de sintomas é variável. Em quase 50% dos casos, o transtorno é agudo, com duração de até três meses (Cía, 2001); em muitos outros casos, o transtorno tem duração de 12 meses, sendo considerado crônico. Algumas vezes, há a manifestação tardia dos sintomas, que surgem pelo menos seis meses após o trauma.

OUTROS SINTOMAS

A exposição compulsiva ao trauma não faz parte dos critérios diagnósticos do TEPT, mas observa-se com certa frequência a tendência de alguns indivíduos a expor-se a situações semelhantes à traumática, como uma maneira de buscar estratégias de controle da situação vivida (Cía, 2001). Em sobreviventes também se observa, frequentemente, o sentimento de culpa por ter sobrevivido e o questionamento por de ter sido "poupado" da morte, como aponta Parkes (2009, p. 42):

> A reação de luto inclui muito mais que apenas o pesar. Além do pesar pela perda de um ser amado, o luto geralmente nos coloca frente a frente com ameaças à segurança; mudanças importantes de vida; e mudanças importantes na família; e podem ou não estar associadas a lembranças terríveis de eventos aterrorizantes; culpa pela morte, dirigida a outras pessoas; vergonha e/ou culpa por sua negligência ou cumplicidade.

Cía (2001, p. 62) destaca entre os sintomas secundários do trauma o que ele chama de "crenças frustradas", ou seja: é a "[...] alteração na personalidade do sujeito, refletida por meio de sua conduta, emoções e pensamentos, consequentes ao evento traumático". As crenças pessoais anteriores ao trauma são questionadas pela experiência vivida, e o indivíduo vê-se obrigado a reavaliar a sua visão de mundo. Essa é a quebra do mundo presumido, ou seja, a desconstrução da concepção de como o mundo é, como eu sou e como os outros são, é a quebra da concepção pessoal de realidade, tornando instável todo o conjunto de valores (Parkes, 2009). O autor explica:

> O mundo presumido contém suposições sobre objetos [...] que nos permitem reconhecer tais objetos quando os vemos e planejar nosso comportamento de acordo com a necessidade [...]. Tudo que consideramos garantido faz parte do nosso mundo presumido. Aí estão incluídas nossas concepções sobre nossos pais e nós mesmos, nossa habilidade para lidar com o perigo, a proteção que podemos esperar dos outros (incluindo-se aí a polícia, o sistema legal e as pessoas ao nosso redor) e as incontáveis cognições que compõem a estrutura complexa de que depende nosso senso de significado e propósito na vida. (*Ibidem*, p. 43)

Um acontecimento traumático traz consequências à vida das vítimas que vão além dos sintomas clássicos. A vivência traumática modifica profundamente o indivíduo, trazendo questionamentos profundos, transformando seu modo de agir e de conceber a vida.

FATORES DE RISCO

Kessler *et al.* (1995), em um estudo nacional com a população americana, apuraram que 60% das pessoas vivem uma situação traumática em algum momento da vida, e 25% dessas pessoas experimentam múltiplas situações traumáticas. Contudo, em pesquisa realizada pelo Departamento Americano de Saúde e Serviços Humanitários (1999), verificou-se que, entre as pessoas que passam por um situação traumática, apenas de 9% a 25% desenvolvem o TEPT. Assim, a vivência de uma situação traumática é necessária, mas não suficiente para o desenvolvimento do transtorno, o que se deve aos diversos fatores de risco que influenciam o surgimento ou não do TEPT.

As características do acontecimento traumático podem influenciar o grau de prejuízo trazido, o tipo de sintoma desenvolvido e a duração do transtorno (Terr, 1991; Tomb, 1994; Davidson, 2002). Geralmente, quanto maior a proximidade/intensidade do agente estressor, maiores são os prejuízos e a probabilidade do desenvolvimento do TEPT. Tomb (1994) afirma que o grau de prejuízo pode estar relacionado a quão severo, inesperado, opressivo, prolongado, repetido e intencional tiver sido o trauma.

Terr (1991) classifica os acontecimentos traumáticos em tipo I e tipo II. Os traumas de tipo I são incidentes de curto prazo e inesperados; são repentinos, perigosos, assustadores; experiências isoladas e geralmente pouco frequentes e de duração limitada. Esses momentos seriam recordados em detalhes e mais vívidos do que os traumas de tipo II, tendendo para o desenvolvimento mais pronunciado de sintomas de reexperimentação. Nessa categoria, podemos citar as catástrofes naturais e os acidentes com meios de transporte.

Os traumas de tipo II englobam os agentes estressores constantes e repetitivos; são incidentes crônicos, variáveis, múltiplos; incidentes de longa duração; repetidos; antecipados; geralmente causados intencionalmente pelo homem. Os sintomas associados a esse tipo de trauma, segundo Terr (1991), são as recordações confusas, apagadas, isoladas, dissociadas; sentimentos de culpa, vergonha, desvalorização; problemas de caráter; distúrbios de identidade de longa duração; dificuldade de relacionamento interpessoal por embotamento afetivo; comportamentos dissociados de autodefesa; isolamento, insensibilidade afetiva; comportamentos de autocuidado deficientes e consumo de drogas. Nessa categoria, estão traumas que fazem que a vítima se sinta indefesa, como o abuso sexual e físico constantes, maus-tratos, guerras, tortura, sequestro e reclusões prolongadas.

De acordo com o DSM-V (2013), esses traumas, classificados por Terr (1991) como de tipo II, por serem causados intencionalmente pelo homem, contribuem para os sintomas evitativos, reforçando a desconfiança e a dificuldade de formação e manutenção de vínculos afetivos, levando ao retraimento social.

Outros fatores importantes a serem observados para o desenvolvimento do TEPT, além das características do trauma propriamente dito, são as características do indivíduo e de seu grupo sociofamiliar; os fatores pré-traumáticos (traumas anteriores) e os fatores de repercussão pós-trauma (rede de apoio social).

A presença de transtornos psiquiátricos anteriores influencia consideravelmente no surgimento do TEPT. Da mesma forma, indivíduos com o transtorno possuem maior probabilidade de desenvolver outros distúrbios mentais. O TEPT possui um alto nível de comorbidade psiquiátrica, sendo um fator de risco para o surgimento, principalmente, de quadros depressivos, ansiedade e suicídio.

Por outro lado, percebe-se que alguns fatores tornam o indivíduo mais resistente ao transtorno. Há pessoas que parecem possuir uma capacidade inata ou adquirida para evitar que as situações ameaçadoras deteriorem o seu funcionamento biopsicossocial. São pessoas que parecem transformar a crise em possibilidade de crescimento.

Braverman (1999) denomina as pessoas que possuem essa capacidade de transformar o trágico em aprendizado resilientes. Caracteriza-as como indivíduos autônomos, autorregulados, capazes de realizar uma análise resolutiva dos problemas; que vieram de um ambiente familiar acolhedor e afetivo; com uma alta expectativa dos pais; indivíduos que contam com bom suporte social; e que tiveram um amplo repertório de oportunidades diante das crises de crescimento comuns do desenvolvimento.

Algumas características específicas da população afetada também se relacionam ao aumento da probabilidade de desenvolvimento do TEPT. Adultos jovens (menores de 25 anos) e crianças estão mais propensos devido à imaturidade de recursos internos para lidar com situações estressantes. Idosos também se caracterizam como grupo de risco, pois vivem uma fase repleta de limites relacionados à capacidade física, à saúde e à possível diminuição do poder aquisitivo e da rede de apoio social, refletindo uma redução de recursos concretos e emocionais para lidar com as adversidades trazidas pelo trauma. Profissionais de saúde e socorristas tornam-se mais vulneráveis devido à exposição prévia e repetitiva a situações traumáticas vivenciadas no exercício profissional.

TEPT EM CRIANÇAS

Após um acontecimento traumático, verifica-se comumente que as reações psicológicas das crianças não são percebidas com facilidade. Mesmo que sejam particularmente vulneráveis a sofrer as consequências de um trauma, estudos indicam que os pais e educadores podem não reconhecer a intensidade e a duração dos efeitos do estresse na criança (Pferfferbaum *et al.*, 1999; Kar, 2009). Nessa direção, pode-se subestimar seu conhecimento e sentimentos, ao imaginar que, se o assunto não for abordado, serão evitados o estresse e o sofrimento ocasionados pelo acontecimento (Webb, 2005).

No entanto, estudos apontam que a criança também poderá apresentar sintomas de TEPT quando exposta a um incidente traumático e isso poderá ocasionar um impacto em seu desenvolvimento (Pynoos, Steinberg e Goenjian, 1996). Essa exposição poderá interferir na capacidade de modular a excitação e a regulação emocional (Kay, 2002) e prejudicar o desenvolvimento cognitivo e mental, o desempenho escolar, o senso de segurança e os relacionamentos estabelecidos (Ximenes, Oliveira e Assis, 2009). O *Adverse Childhood Experiences Study* (Felitti *et al.*, 1998), realizado na Califórnia e validado em outros países, aborda a associação de experiências adversas ocorridas na infância com o comprometimento da saúde na vida adulta, indicando, por exemplo, que a exposição a traumas severos pode resultar em problemas futuros, como alcoolismo, abuso de drogas, tentativas de suicídio, saúde mental e física prejudicadas, obesidade, promiscuidade sexual e, consequentemente, doenças sexualmente transmissíveis

Para o diagnóstico de TEPT em crianças, utilizam-se os critérios baseados na experiência do adulto; no entanto, observa-se que há condições específicas da sintomatologia infantil. Em vez da reexperimentação intensiva, a criança poderá apresentar uma reencenação do trauma por meio de brincadeiras e jogos repetitivos em que ele aparece associado à agitação psicomotora e presença de pesadelos; ao aumento da dependência adulta; ao retrocesso no desenvolvimento; a reclamações somáticas como dor de cabeça ou de estômago; à culpa (Kar *et al.*, 2007; Borges *et al.*, 2010).

A percepção da criança sobre o incidente estará relacionada à sua fase de desenvolvimento, maturidade cognitiva e emocional, e à resposta parental ou da figura substituta, de acordo com a estrutura da personalidade. Crianças mais novas poderão não compreender o trauma tão bem quanto as em idade escolar, as quais apresentam maior compreensão da experiência traumática e da morte. Crianças mais velhas poderão apresentar uma resposta mais parecida com a de um adulto. Assim, a resposta ao estresse também se manifesta de acordo com a idade da criança (Green *et al.*, 1991) e de como o sistema de apego foi organizado na infância.

Comumente, após um desastre, observam-se reações emocionais de dependência. A criança regride e apresenta medo e ansiedade por uma possível separação da figura de apego. Esse sintoma pode ser compreendido pela relação de apego estabelecida e de base segura oferecida pela figura de referência da criança. As possibilidades de sentir-se emocional e fisicamente segura permitem estratégias de enfrentamento em situações novas e estressantes. A presença do cuidador facilita a habilidade de lidar gradualmente com o não familiar e circunstâncias estressantes (Vogel e Vernberg, 1993). Por isso, os pais ou substitutos também representam um importante papel em como a criança reagirá e se comportará diante de um acontecimento traumático. Entretanto, em uma situação de estresse, a família e comunidade podem ser afetadas não apenas por morte, mas também por outros problemas que surgem decorrentes de uma situação de crise. Consequentemente, as necessidades da criança poderão não ser efetivamente reconhecidas, pelo fato de os adultos estarem envolvidos em suas próprias reações emocionais sem perceber as demandas emocionais infantis.

Todavia, o trauma poderá ser intensificado se, além da experiência traumática, houver a vivência da perda de um familiar ou de pessoas significativas para a criança nesse contexto. Pesquisas (Pfeffer *et al.*, 2000; Chemtob *et al.*, 2006) apontam que crianças que perderam um dos pais em um desastre natural ou humano estão expostas a riscos adicionais e a desenvolver um luto complicado. Outros estudos (Worden, Davies e McCown, 1999; Chemtob *et al.*, 2006) apontam a perda paterna como um dos acontecimentos mais traumáticos que podem acontecer na vida de uma criança. Em outro estudo, Brown e Goodman (2005) afirmam que um jovem exposto ao trauma e à morte demonstra, imediatamente e nos anos seguintes, maior incidência de sintomas de TEPT, depressão, preocupação e dificuldades no ambiente familiar e queixa-se mais de problemas físicos, se comparado a jovens expostos a um acontecimento traumático com a ausência da morte.

Nesse sentido, Worden (2008) considera a reação emocional das separações vividas desde o começo do desenvolvimento um importante componente no luto infantil. Mesmo que a criança apresente um comportamento de luto quando há a quebra do vínculo, ela pode não ter a habilidade cognitiva de compreender a morte. O autor complementa que a criança não integra psiquicamente algo que ela não compreende.

Cohen, Mannarino e Deblinger (2006) consideram que os impactos do trauma e da morte concomitantes contribuem para o desenvolvimento de sintomas depressivos. Klingman (2006) complementa que a combinação desses dois acontecimentos, resultando em um luto complicado, poderá dificultar a apresentação dos sintomas de enlutamento, pelo fato de a pessoa estar mais atormentada pelo trauma, não conseguindo, com isso, passar para o processo de elaboração. Silverman e Worden (Worden, 2008) indicam que crianças que perderam um dos pais conseguiram lidar melhor quando vieram de famílias coesas, em que a comunicação sobre o falecimento não foi estressante e houve poucas mudanças e interrupções no cotidiano. Por outro lado, crianças demonstraram maiores dificuldades de lidar com a perda quando vieram de famílias com maiores fontes de estresse e mudanças decorrentes do óbito, ou se tiveram pais deprimidos e com dificuldades para lidar com o luto.

Por fim, observa-se a importância de as crianças terem o devido cuidado e espaço diante da ocorrência de um acontecimento traumático, com a finalidade de minimizar os efeitos do trauma e a cronificação dos sintomas decorrentes do incidente, possibilitando um melhor ajustamento emocional.

TEPT EM IDOSOS

As pesquisas sobre TEPT em idosos têm apresentado resultados muitas vezes conflitantes (Yeda *et al.*, 2009). Enquanto alguns estudos demonstram que os idosos são mais resilientes a situações de desastres, um estudo de Liu *et al.* (2006), realizado na China, aponta que eles são duas vezes mais propensos a desenvolver TEPT que a população geral.

Em estudo de Jia *et al.* (2010), o resultado encontrado indicou que idosos que perderam familiares ou pessoas significativas têm maior probabilidade de desenvolver o transtorno. Aqueles que se machucaram seriamente na situação estudada – um terremoto –, estiveram em perigo, perderam familiares ou sentiram-se culpados pela morte ou ferimento de familiar mostraram maior prevalência de TEPT.

Essa pesquisa mostra o quanto os idosos estão vulneráveis psicologicamente. Segundo Parkes (1998), eles têm uma maior intensidade do luto, enquanto apresentam menores reações psiquiátricas do que os adultos jovens. É como se o idoso, por já ter experienciado inúmeros momentos de estresse, vivenciasse a perda atual intensamente, mas contasse com o auxílio de mecanismos de enfrentamento mais eficazes, que foram acumulados ao longo de sua história (Velho e Marras, 2010).

Os idosos têm despertado interesse nas emergências porque, além das eventuais perdas em um desastre, estão em um momento do ciclo vital no qual já têm somadas outras inúmeras perdas e, consequentemente, outros lutos (Parkes, 1998, 2009; Bromberg, 2000; Velho e Marras, 2010).

Podemos considerar que, em uma emergência, os idosos não sofrem apenas o impacto da situação em si, mas a soma às outras perdas que eles têm tido em sua vida cotidiana, podendo inclusive ser encarados como indivíduos que sofrem perdas múltiplas. Podemos referir, por exemplo, a aposentadoria, momento em que a vida financeira normalmente registra um decréscimo e as perdas materiais podem ser intensificadas. Com a saída do trabalho, um papel social extremamente importante também não está mais presente, além da redução da rede social desse indivíduo. Há também de se pensar no papel do idoso na sociedade e a forma como esta percebe esse cidadão no cotidiano. Nas culturas ocidentais, em sua grande maioria, essa pessoa é vista como improdutiva e pouco valorizada, muitas vezes sofrendo preconceitos (Bromberg, 2000).

As perdas sociais do idoso são inúmeras. A família está dividida, normalmente os filhos têm suas casas e não moram mais com os pais, além de toda a repercussão da aposentadoria, como dito acima. A redução da renda financeira pode trazer ainda mais prejuízos, além da restrição dos vínculos sociais, que pode ser intensificada pela saída do mercado de trabalho, pelo declínio do corpo físico e/ou pelo aparecimento de doenças.

O idoso tem um corpo que pode ter perdido vigor e força, com comprometimento de funcionamento de órgãos, de perdas sensoriais específicas e até mesmo do funcionamento cerebral. Muitas vezes, adiciona-se o aparecimento de múltiplas doenças que comprometem ainda mais sua relação com o corpo e podem agravar os déficits já existentes.

Pensando em todas essas perdas, é necessária uma reflexão sobre a atuação com idosos em situações de emergência. Sendo assim, a Organização das Nações Unidas (ONU), em 2006, elaborou um documento sobre os cuidados específicos com essa população para prevenção e ajuda efetivas em uma situação de desastre. São eles:

1. Déficits sensoriais, especialmente visão e audição. Redução de consciência, dificuldade de acesso e compreensão de informação visual e auditiva e, consequentemente, fornecimento de uma resposta pouco efetiva; mobilidade reduzida e risco de desorientação.
2. Menor compreensão e retenção da informação, especialmente se esta for nova, complexa e passada rapidamente. Dificuldade de acessar a informação, dificuldade de entendimento e ação sobre riscos, avisos e direção. Reduzida capacidade de autoproteção e evitação de perigo; desorientação em ambientes não familiares; maior risco de exposição a abusos e exploração. Deve-se fornecer informação de maneira mais estruturada.
3. Autorregulação térmica menos eficiente. Mais sujeitos a hipo ou hipertermia e desidratação. Na emergência, deve-se oferecer abrigo, vestimenta, comida e bebidas adequados.
4. Reduzida habilidade funcional (equilíbrio prejudicado, coordenação motora, força e resistência). É necessário maior cuidado no manejo dessas pessoas, muitas vezes prestando auxílio à sua locomoção.
5. Dificuldade de continência urinária. Necessidade de banheiros adequados e objetos de higiene pessoal.
6. Saúde bucal/problemas de dentição. Prover alimentação adequada; uma dieta macia e/ou pastosa pode ser necessária.
7. Alterações digestivas. Necessidade de porções menores, com maior frequência, e itens de melhor digestão, mais nutritivos.

8. Aumento da gordura corporal, diminuição da massa muscular e parâmetros de metabolismo. Maior sensibilidade a certas medicações com efeitos adversos potenciais na funcionalidade e na cognição.
9. Maior prevalência e comorbidade de doenças crônicas relacionadas ao envelhecimento. Necessidade de medicações específicas, tratamentos, suplementos específicos (oxigênio, óculos, cadeira de rodas, muletas), maior risco de reações adversas.
10. Redes sociais mais frágeis e menores (inúmeras perdas anteriores, como viuvez, morar sozinho, dispersão da família, pouco contato com vizinhos). Cognição e entendimento reduzidos da situação; maior risco de isolamento social, negligência, abandono, abuso ou exploração.
11. Confiança efetiva e cuidado de poucas pessoas da família. Quando o suporte familiar é interrompido, pode acarretar declínio físico e psicológico rapidamente. Retomada da união familiar é importante.
12. Reações emocionais mais intensas pela perda da casa, da família e de objetos pessoais, pois tem menores possibilidades de reconstrução, além das perdas financeiras. Pode haver maior resistência para a mudança de local e intensificação do luto por essas perdas.
13. Confiança dos membros da família nas pessoas idosas. Normalmente precisam dos cuidados de outras pessoas da família e podem precisar de recursos próprios ou dos demais familiares.

Os idosos não devem ser só considerados parte de um grupo de risco; podem também ser vistos como figuras de grande conhecimento da região, de prestígio no meio social no qual está inserido, podendo até mesmo colaborar em uma situação de emergência.

TEPT EM PROFISSIONAIS DE SAÚDE E EQUIPES DE APOIO A DESASTRES

Historicamente, a complexa relação entre trauma, trabalho e suas repercussões psicológicas foi reconhecida desde os primórdios da psiquiatria. Em 1871, Jacob da Costa (*apud* Lemgruber, 2009), em seu trabalho denominado *On irritable heart* (*Sobre o coração irritável*), apresentou dados sobre soldados da Guerra Civil americana que apresentavam uma série de reações físicas e psicológicas após a exposição a um acontecimento traumático. Na Primeira Guerra Mundial, essa síndrome foi chamada de *shellshock* ("choque da granada"), já que, na época, a hipótese era de que o transtorno fosse resultante de traumatismo cerebral ocasionado pela explosão das granadas. Já na Segunda Guerra Mundial, o aparecimento dessa sintomatologia, correlacionada com a gravidade do estressor (como nos sobreviventes dos campos de concentração nazistas e dos bombardeios atômicos do Japão), foi nomeado de neurose de guerra.

Porém, somente em 1980, no Manual Diagnóstico e Estatístico de Saúde Mental (DSM-III), o transtorno foi mais detalhado pela American Psychiatric Association (APA). Sua definição tem sido estudada e aprimorada nas classificações posteriores do DSM, inclusive sendo revista no DSM-V, lançado em 2013.

Ao falarmos em acontecimentos traumáticos e, mais especificamente, em desastres, geralmente priorizamos as pessoas diretamente afetadas, tais como as vítimas propriamente ditas (fatais ou sobreviventes), seus familiares e amigos, assim como aqueles indiretamente afetados (como vizinhança, comunidade e instituições). No geral, tendemos a negligenciar o impacto desses incidentes nos profissionais de saúde envolvidos na emergência – seja porque pensamos nestes como profissionais preparados física e emocionalmente para realizar as tarefas que lhe são exigidas nesses contextos ou porque não percebemos que estes também são expostos ao caos nos cenários de desastres.

É fundamental, no entanto, distinguirmos o estresse relacionado ao trabalho – conhecido como *burnout* – do estresse relacionado a acontecimentos traumáticos específicos, tema sobre o qual falaremos neste tópico, a fim de compreender a relação entre trabalho e o TEPT.

Trabalhar com sobreviventes de desastres é inevitavelmente estressante. Dependendo da natureza do incidente e do papel desempenhado no seu decurso, os profissionais podem testemunhar perdas múltiplas (humanas, materiais, entre outras), fatalidades e/ou sequelas físicas graves, além de situações nas quais a amplitude da tragédia exceda os cenários até então conhecidos por eles. É possível que esses profissionais experienciem sintomas de estresse físico ou se tornem cada vez mais irritáveis, depressivos, excessivamente envolvidos ou improdutivos, e/ou apresentem comprometimentos cognitivos, como dificuldade de concentração ou de tomada de decisões.

Socorristas, bombeiros, enfermeiros, médicos e demais profissionais de saúde – em especial a equipe de primeira resposta – serão inevitavelmente expostos ao acontecimento traumático, geralmente instantes após sua ocorrência, o que faz, muitas vezes, que estes sejam os primeiros a presenciar a magnitude do desastre, a sentir os cheiros no local, a ver os homens, mulheres e crianças vitimados, a lidar com a tênue linha entre a vida e a morte (Velásquez *et al.*, 2008). Não é de se surpreender quando, em um resgate bem-sucedido, a equipe vibre, seja aplaudida pelos espectadores e, muitas vezes, os profissionais envolvidos se emocionem com o feito realizado. Nos casos de desastre, uma vida salva é um importante fator motivacional para a continuidade dos trabalhos.

Segundo Velásquez *et al.* (*ibidem*), o profissional de saúde, em especial os socorristas, apresentam risco mais alto de desencadear um quadro de TEPT quando:

- não possuem o preparo técnico necessário para atuações em emergências;
- não possuem as características de personalidade para o bom desempenho das tarefas;
- a rede de apoio é ausente;
- há predisposição a estresse, como indícios de ansiedade e labilidade emocional;
- há exposição simultânea a outros traumas ou demais situações de estresse recentes, como divórcio, falecimentos da família, entre outros;
- tem problemas psicossociais como pobreza, desemprego e discriminação;
- há exposição prolongada ao desastre ou às suas consequências;
- existem problemas na organização do trabalho, como demandas funcionais excessivas, riscos assumidos sem a devida preparação e falta de equipamento e material para a realização do trabalho.

Ainda na mesma pesquisa, os autores constataram que, entre os 70 bombeiros entrevistados, 31,4% apresentavam um quadro de TEPT, enquanto os demais apresentavam algum sintoma relevante, como ansiedade, hiperatividade, insônia ou, em contraposição, depressão, apatia e fadiga. Esses resultados apontam para a importância de uma avaliação precoce nesse público, que também é exposto aos acontecimentos traumáticos, mas, em geral, é negligenciado quanto ao impacto vivido após esses incidentes.

Devemos atentar às reações dos profissionais de primeiros socorros, em especial às reações individuais, no trabalho e na família, tais como (Velásquez *et al.*, 2008):

- Reações individuais: sintomas isolados de TEPT (hiperatividade ou isolamento, insônia etc.); sintomas psicossomáticos; identificação com a experiência traumática vivida pelos demais; mudanças no estilo de vida; uso de álcool ou demais substâncias psicoativas.
- Reações na família: alterações na dinâmica familiar, nos papéis comumente exercidos; desvalorização das dificuldades da família se comparadas às das vítimas do desastre; baixa tolerância aos conflitos, chantagens emocionais e tendência a causar desarmonias.
- Reações no trabalho: dificuldades nas dinâmicas internas da equipe em relação à comunicação e solução de problemas; surgimento de conflitos pessoais no ambiente de trabalho e formação de subgrupos internos e consequente desvalorização de outros papéis da mesma equipe.

Ao ser acionado para prestar socorro em uma situação de desastre, a equipe de primeiros socorros é notificada sobre o local do acidente, as vias de acesso a ele e uma estimativa do número de envolvidos. Porém, é apenas no momento da chegada que ela pode dimensionar o trabalho que deverá ser realizado. Em meio ao caos, os profissionais geralmente deparam com pessoas mortas, feridas ou mutiladas de todas as idades, além de uma população alarmada que espera ansiosamente por resgates bem-sucedidos. Todo esse cenário, acrescido da expectativa de bem servir, pode mascarar o impacto devastador daquele acontecimento no profissional.

Outra questão importante é a proximidade com o cenário do desastre. Para um profissional que tem filhos pequenos, pode ser extremamente difícil resgatar sem vida uma criança de idade próxima à dos seus; se a comunidade abalada pela tragédia é também a sua, ele acaba por ser, também, um sobrevivente. Mas, mesmo quando não há uma relação direta com sua vida pessoal e profissional, a exposição ao desastre por si só pode ser altamente estressante e traumática, podendo, em longo prazo, desencadear um quadro mais complexo como o de TEPT.

Podemos concluir que os profissionais de saúde estão tão expostos a acontecimentos traumáticos quanto as demais pessoas, mas, devido à preparação técnica na formação, espera-se que estejam mais capacitados para lidar com esses estressores e possam estabelecer certo distanciamento emocional no momento do trabalho. No entanto, é importante que esses profissionais sejam avaliados e possuam um espaço de continência e escuta para lidar com as emoções suscitadas pelo desastre. Essas situações geram uma intensa resposta emocional, e o profissional deve ter garantido o direito a retornar à sua casa após o período de trabalho, poder descansar, dormir, alimentar-se de forma correta e, mais importante, poder falar sobre as experiências vividas, compartilhando sentimentos e pensamentos sobre elas, e retomar suas atividades com a família e a sociedade.

CONSIDERAÇÕES FINAIS

Em situações de emergência, pessoas vivenciam o caos, estejam elas presentes ou ausentes nos locais atingidos pela catástrofe. O chamado mundo presumido, seguro, contínuo torna-se instável, incontrolável, frágil (Parkes, 2009). Ao pensarmos nos sobreviventes – crianças, idosos, profissionais de saúde – e em todos aqueles atingidos, direta ou indiretamente, pelos fatos decorrentes de um desastre – especialmente os que porventura testemunhem perdas humanas, materiais e dos lugares antes conhecidos –, enfatizamos também a importância do profissional de saúde mental como parte dessa equipe, realizando com os demais profissionais um trabalho sério, difícil, imprescindível.

Nesse contexto, a atuação do psicólogo visa intervir durante o momento de caos e desorganização psíquica, buscando, se possível, cuidar do individuo no momento em que, muitas vezes, a pessoa está sendo exposta a um estresse contínuo. Na situação de desastre, os sintomas de um transtorno mental podem passar despercebidos pelos outros e pelo próprio indivíduo, sendo compreendidos como apenas uma dificuldade passageira e sem necessidade do acompanhamento profissional adequado. Todavia, em uma situação traumática, as pessoas afetadas devem ser adequadamente avaliadas quanto à possibilidade de apresentarem distúrbios psíquicos e outras complicações associadas, como abuso de álcool e drogas, depressão, distúrbios alimentares, entre outros.

O psicólogo não intervém apenas nas pessoas que solicitam ajuda diretamente, mas procura ter uma postura ativa, atuando também com aqueles que, por algum motivo, não solicitam o acompanhamento, mas, de algum modo, foram afetados psiquicamente pelo acontecimento traumático. O apoio psicológico tem como intuito minimizar os efeitos do trauma e a cronificação dos sintomas, permitindo que o indivíduo articule em seu psiquismo o ocorrido. Em uma situação traumática, há a interrupção do mundo externo sobre o mundo interno, afetando o repertório habitual de mecanismos defensivos e de enfrentamento da pessoa, tornando-os ineficientes e provocando, assim, uma quebra no mundo presumido, impedindo a elaboração de seus conteúdos psíquicos e ocasionando diversos sintomas diante da intensidade da experiência.

Nesse sentido, não se deve evitar ou desviar o assunto durante o diálogo com a pessoa afetada, pois isso poderia interromper o sofrimento rapidamente e, como resultado, o indivíduo estaria utilizando-se do mecanismo de tamponamento das emoções e reações, com consequências graves para o psiquismo (Franco, 2005). A identificação precoce e o suporte especializado de acordo com as necessidades específicas de cada população afetada, detectando e intervindo antes que desenvolvam transtornos psiquiátricos, permitem um cuidado muito mais adequado e integrado às pessoas atingidas por um desastre.

É dessa ótica que trabalhamos, e buscamos apresentar neste capítulo a relevância dos primeiros socorros psicológicos e como uma situação de emergência pode, por diversos fatores, levar a um quadro tão complexo como o Transtorno de Estresse Pós-Traumático. Dessa forma, nossa atuação é, também, uma espécie de "resgate" de algo que cada indivíduo perde após uma emergência. Não há como esquecer; trata-se, no entanto, de, com base na experiência de ser sobrevivente ou de ter perdido algo/alguém muito importante em uma situação de emergência, poder lembrar e, desse ato de recordar, poder narrar, ser sujeito em sua própria história, ressignificar os acontecimentos, compreendê-los, dar-lhes sentido após todo o caos vivenciado, tudo isso tendo respeitado seu tempo e seu ritmo.

> *Era uma tarde chuvosa de domingo, quando fui acionada para um atendimento domiciliar a uma comissária de bordo. O voo em que ela trabalhava teve uma turbina danificada durante o trajeto, o que acabou ferindo mortalmente uma passageira. A comissária em questão prestou auxílio à vítima, mesmo percebendo que não havia mais o que ser feito. Prestou apoio ao seu esposo, conseguindo controlar a situação na medida do possível.*
>
> *O episódio foi repleto de muito horror, medo, sangue e sofrimento, aspectos que ficaram muito fortes para a profissional, provocando danos emocionais e consequente dificuldade na elaboração da vivência traumática.*
>
> *Cheguei à casa da comissária e fui recebida com muita desconfiança pela família. Uma médica, amiga de sua mãe, estava na casa e já a havia medicado. A médica também havia recomendado que não se falasse mais sobre o assunto e que a deixassem descansar.*
>
> *Apesar da contrariedade da família, fui levada até o quarto onde se encontrava a comissária. Ela era muito jovem; chorava, gritava e contorcia-se na cama. Estava muito agitada, apesar dos medicamentos. Consegui que me deixassem a sós com ela; fui me*

aproximando e me apresentei. Ela segurou firme as minhas mãos, e não precisei sequer encorajá-la a contar a experiência que havia vivido.

As cenas relacionadas aos ferimentos e ao sangue da passageira eram muito fortes para ela; sentia-se como se ainda estivesse lá, suja com o sangue da vítima. O desespero do esposo e a situação pela qual o casal havia passado causavam-lhe enorme sofrimento e horror. Ela falava e chorava sem parar; precisava expressar tudo o que viveu, colocar todo seu horror e sofrimento nessas palavras e nesse choro intenso. Por vezes falava como se ainda estivesse lá, os flashbacks *eram constantes e tornavam a realidade confusa, sendo possível verificar a presença de sintomas dissociativos.*

Depois de muito falar e chorar, aos poucos a jovem foi se acalmando. Queixava-se de exaustão, física – proveniente de toda a agitação motora – e emocional – havia expressado todo o seu sofrimento e revivido fragmentos de tudo que passara. Queria dormir, mas não se sentia confiante para tal – tinha medo dos pensamentos e sonhos, além de não conseguir tranquilizar-se suficientemente para adormecer.

Ela pediu que eu segurasse sua mão e ficasse ao seu lado até que adormecesse. Atendendo a esses pedidos, sentei-me no chão, ao lado de sua cama, e iniciamos um relaxamento dirigido. Quando finalmente ela adormeceu, dirigi-me à sala para uma conversa com a família. Ao deixar o local, a jovem ainda dormia e a casa havia se acalmado.

*Contudo, dias depois, ao ser assistida pela empresa, a comissária não se lembrava de nada relacionado ao atendimento. Todas as horas que passamos juntas haviam se apagado de sua memória. Em meio a toda aquela confusão emocional e aos fortes sintomas dissociativos, era impossível distinguir realidade/*flashbacks*/pre-*

sente/passado. Aparentemente, o atendimento misturou-se a toda aquela realidade dissociativa.

Nunca mais voltei a ver essa jovem, mas soubemos que ela foi afastada em decorrência de um quadro de depressão. Posteriormente, fomos informados de que ela já possuía um histórico de crises depressivas, já tendo solicitado outros períodos de licença de saúde. A vivência traumática e todo o conteúdo emocional trazido por esse momento, juntamente com a presença desse quadro psiquiátrico preexistente, contribuíram para o agravamento da patologia.

As últimas notícias que tivemos é de que a jovem estava em tratamento psiquiátrico para a depressão, e que ainda não tinha condições de retornar ao trabalho.

O reconhecimento e tratamento adequados dos transtornos mentais são fundamentais para que um atendimento apropriado possa ser fornecido à pessoa exposta a um acontecimento traumático. Diferentes aspectos podem estar envolvidos na sintomatologia do TEPT, tal como a rede de suporte social, a natureza do acontecimento estressor, o número de exposições, a vulnerabilidade e as comorbidades da pessoa exposta. Ao fornecer um atendimento adequado aos indivíduos e familiares expostos a um acontecimento traumático, atua-se de modo preventivo, para que assim o indivíduo seja cuidado plenamente. O trabalho psicológico busca garantir que o indivíduo possa retomar a sua vida após o trauma, integrando todas as modificações pessoais e concretas trazidas por essa vivência – ajudar a pessoa a se adaptar ao novo cenário, auxiliando-a a superar as dificuldades e os limites que possam ser consequentes ao trauma.

REFERÊNCIAS BIBLIOGRÁFICAS

APA – American Psychiatric Association. *DSM-III-TR: manual diagnóstico e estatístico de transtornos mentais*. 3. ed. Porto Alegre: Artes Médicas, 1980.

_____. *DSM-IV-TR: manual diagnóstico e estatístico de transtornos mentais*. 4. ed. rev. Porto Alegre: Artmed, 2002.

_____. *Desk refference to the diagnostic criteria from DSM-V*. Arlington: American Psychiatry Association, 2013.

Borges, J. L. *et al.* "Transtorno de Estresse Pós-Traumático (TEPT) na infância e na adolescência: prevalência, diagnóstico e avaliação". *Avaliação Psicológica*, v. 9, n. 1, Porto Alegre, abr. 2010.

Braverman, M. T. "Research resilience and its implications tobacco prevention". *Nicotine & Tobacco Research*, v. 1, suppl. 1, S67-72, 1999.

Bromberg, M. H. P. F. *A psicoterapia em situações de perdas e luto*. Campinas: Livro Pleno, 2000.

Brown, E. J.; Goodman, R. F. "Childhood traumatic grief: an exploration of the construct in children beveared on September 11". *Journal of Clinical Child and Adolescent Psychology*, v. 34, n. 2, 2005, p. 248-59.

Chemtob, C. M. *et al.* "Mixed lateral preference and peritraumatic reactions to the World Trade Center attacks". *Journal of Nervous and Mental Disease*, v. 194, n. 11, 2006, p. 874-76.

Chemtob, C. M. *et al.* "Children who lost a parent as a result of the terrorist attacks of september 11, 2001: registry construction and population description". *Death Studies*, v. 31, n. 1, 2007, p. 87-100.

Cía, A. H. *Trastorno por Estrés Postraumático: diagnóstico y tratamiento integrado*. Buenos Aires: Imaginador, 2001.

Cohen, R. E. "Mental health services for victims of disasters". *World Psychiatry*, v. 1, n. 3, out. 2002.

Cohen, J. A.; Mannarino, A. P.; Deblinger, E. *Treating trauma and traumatic grief in children and adolescents*. Nova York: Guilford Press, 2006.

Cohen, J. A.; Mannarino A. P.; Staron, V. R. "A pilot study of modified cognitive--behavioral therapy for childhood traumatic grief (CBT-CTG)". *Jounal of the American Academy of Child & Adolescent Psychiatry*, v. 45, n. 12, 2006.

Davidson, J. R. T. "Surviving disaster: what comes after the trauma?". *British Journal of Psychiatry*, n. 181, 2002, p. 366-68.

Disaster mental manual. New South Wales, 2012.

Everly, G. S.; Lating, J. M. *Personality-guided therapy for posttraumatic stress disorder*. Washington: American Psychological Association, 2004.

Felitti, V. J. *et al.* "Relationship of childhood abuse and household dysfunction to many of the leading causes of death in adults: the adverse childhood experiences (ACE) study". *American Journal of Preventive Medicine*, v. 14, 1998, p. 245-58.

Franco, M. H. P. "Atendimento psicológico para emergências em aviação: a teoria revista na prática". *Estudos de Psicologia*, v. 10, n. 2, 2005, p. 177-80.

GREEN, B. L. *et al.* "Children and disaster: age, gender, and parental effects on PTSD symptoms". *Journal of the American Academy of Child & Adolescent Psychiatry*, v. 30, n. 6, 1991, p. 945-51.

JIA, Z. *et al.* "Are the elderly more vulnerable to psychological impact of natural disaster? A population-based survey of adult survivors of the 2008 Sichuan earthquake". *BMC Public Health*, v. 10, 2010, p. 172.

KAR, N. "Psychological impact of disasters on children: review of assessment and interventions". *World Journal of Pediatrics*, v. 5, n. 1, 2009, p. 5-11.

KAR, N. *et al.* "Post-traumatic stress disorder in children and adolescents one year after a super-cyclone in Orissa, India: Exploring cross-cultural validity and vulnerability factors". *Psychiatry*, v. 7, n. 8, 2007, p. 1-9.

KAY, J. "Psicobiologia do trauma". In: KAY, J.; TASMAN, A.; LIEBERMAN, J. A. *Psiquiatria: ciência comportamental e fundamentos clínicos*. São Paulo: Manole, 2002, p. 149-56.

KESSLER, R. C. *et al.* "Posttraumatic stress disorder in the national comorbidity survey". *Archives of General Psychiatry*, v. 52, 1995, p. 1048-60.

KLINGMAN, A. "Children and war trauma". In: DAMON, W.; LERNER, R. M (eds.). *Handbook of child psycology, Child psychology in practice*. Hoboken: Wiley & Sons, 2006.

LEMGRUBER, V. "Repercussões psicológicas da violência urbana". *Revista Nova América*. 3. ed. 2009. Disponível em: <http://www.novamerica.org.br/revista_digital/L0119/rev_opiniao.asp>. Acesso em: 10 jun. 2011.

LIPP, M. E. N. *O stress no Brasil: pesquisas avançadas*. São Paulo: Papirus, 2004.

LIU, A. *et al.* "An epidemiologic study of posttraumatic stress disorder in flood victims in Hunan China". *Canadian Journal of Psychiatry*, v. 51, 2006, p.350-54.

NEW SOUTH WALES (NSW). *Health, disaster mental health response handbook*. North Sydney: NWS Health, 2000.

OSOFSKY, J. D. "The impact of violence on children". *The Future of Children*, v. 9, n. 3, 1999, p. 33-49.

PARKES, C. M. *Luto: estudos sobre a perda na vida adulta*. São Paulo: Summus, 1998.

_____. *Amor e Perda: as raízes do luto e suas complicações*. São Paulo: Summus, 2009.

PFEFFER, C. R. *et al.* "Child survivors of parental death from cancer or suicide: depressive and behavioral outcomes". *Psycho-Oncology*, v. 9, n. 1, 2000, p. 1-10.

PFEFFERBAUM, B. *et al.* "Posttraumatic stress responses in bereaved children after the Oklahoma City bombing". *Journal of the American Academy of Child & Adolescent Psychiatry*, v. 38, n. 11, 1999, p. 1372-79.

PYNOOS, R. S.; STEINBERG, A. M.; GOENJIAN, A. "Traumatic stress in childhood and adolescence: recent development and current controversies". In: VAN DER KOLK, B. A.; MCFARLANE, A. C.; WEISAETH, L. (eds.). *Traumatic stress: the effects of overwhelming experience on mind, body, and society*. Nova York: Guilford Press, 1996, p. 331-58.

SILVERMAN, P. R.; WORDEN, J. W. "Children's reactions to the death of a parent". In: STROEBE, M.; STROEBE, W.; HANSSON, R. O. (eds.). *Handbook of bereavement*. Cambridge: Cambridge University Press, 1993, p. 300-16.

TERR, L. C. "Childhood traumas: an outline and overview". *American Journal of Psychiatry*, v. 148, n. 1, 1991, p. 10-20.

THE SPHERE PROJECT HUMANITARIAN CHARTER AND MINIMUM STANDARDS IN DISASTER RESPONSE. *The sphere project*, Genebra, 2011. Disponível em: <http://www.sphereproject.org>. Acesso em: 14 maio 2012.

TOMB, D. A. "The phenomenology of posttraumatic stress disorder". In: TOMB, D. A. (ed.). *The Psychiatry Clinics of North America Post-Traumatic Stress Disorder*, v. 17, n. 2, 1994, R13-14.

U. S. DHHS – U. S. DEPARTMENT OF HEALTH AND HUMAN SERVICES. *Mental health: a report of surgeon general*. 1999. Disponível em: <http://profiles.nlm.nih.gov/ps/access/NNBBHS.pdf>. Acesso em: 30 jun. 2012.

VELÁSQUEZ, R. E. V. *et al.* "Estrés postraumático en rescatistas". *Revista Cubana de Medicina Intensiva em Emergência*, v. 7, n. 4, 2008. Disponível em: <http://bvs.sld.cu/revistas/mie/vol7_4_08/mie06408.pdf>. Acesso em: 30 jun. 2012.

VELHO, J. C. A.; MARRAS, C. M. O. "Longevidade e qualidade de vida". In: SOCESP, A. L. A.; GAGLIANI, M. L. *Psicologia e cardiologia: um desafio que deu certo*. São Paulo: Atheneu, 2010.

VOGEL, J. M.; VERNBERG, E. M. "Children's psychological responses to disaster". *Journal of Clinical Psychology*, v. 22, n. 4, 1993, p. 464-84.

WEBB, N. B. "Groups for children traumatically bereaved by the attacks of September 11, 2001". *International Journal of Group Psychotherapy*, v. 55, n. 3, 2005, p. 355-74.

WHO – WORLD HEALTH ORGANIZATIONS. *Mental health in emergencies – Mental and social aspects of health of populations exposed to extreme stressors*. Genebra, 2003.

_____. "War trauma foundation and world vision". *International psychological first aid: guide for field workers*. Genebra, 2011.

_____. *Mental health assistance to the populations affected by the tsunami in Asia*. 2005. Disponível em: <http://www.who.int/mental_health/resources/tsunami/en/index.html>. Acesso em: 20 maio 2012.

WORDEN, J. W. *Grief counseling and grief therapy: a handbook for the mental health practitioner.* Nova York: Springer, 2008.

WORDEN, J. W.; DAVIES, B.; MCCOWN, D. "Comparing parent loss with sibling loss". *Death Studies*, v. 23, 1999, p. 1-15.

XIMENES, L. F.; OLIVEIRA, R. de V. C. de; ASSIS, S. G. de. "Violência e transtorno de estresse pós-traumático na infância". *Ciência & Saúde Coletiva*, v. 14, n. 2, Rio de Janeiro, abr. 2009, p. 417-34.

YEDA, R. *et al.* "10 Year follow-up study of PTSD diagnosis: symptom severity and psychosocial indices in Aging Holocaust survivors". *Acta Psychiatry Scan*, v. 119, n. 1, 2009, p. 25-34.

YOUNG, B. H. *et al. Disaster mental health services: a guidebook for clinicians and administrators.* Menlo Park: The National Center for Post-Traumatic Stress Disorder, 2002.

8.
A mídia em situações de emergência e desastre

MARCELO M. S. GIANINI • MARIA ANGÉLICA F. DIAS •
MARIA HELENA P. FRANCO • PRISCILA R. D. TOROLHO

O jornalista representa os olhos e os ouvidos daquele que está distante do fato. Ele é testemunha, além de precisar se manter no lugar do profissional, com a expectativa, às vezes, de que se mantenha neutro. É parte integrante do tecido social que compõe a resposta ao desastre, em toda a complexidade do fato.

Enquanto escrevemos este capítulo, a mídia ocupa-se de muitos assuntos, inclusive de informar sobre a ocorrência de desastres de maior ou menor impacto na vida das pessoas. Aquele que se informa também forma uma opinião, com grau de crítica próprio, mas exposto ao grau de abertura da lente editorial do órgão de imprensa que veicula a informação. Não há informação que sirva ao propósito da neutralidade, uma vez que se trata de importante instrumento político, embora não seja percebido dessa forma pela maioria da sociedade.

Quando nos informamos a respeito, por exemplo, de uma enchente, com foco nos esforços de reconstrução, na ação de voluntários para coleta e distribuição de alimentos, provisão de abrigo, cadastramento de desabrigados, pode passar bem longe a conjunção de fatores que levaram àquela situação. A visibilidade assume os contornos que a editoria do órgão de imprensa busca dar ao fato. A consequência dessa visibilidade estará nas ações desencadeadas. Se virmos crianças chorando, somos tocados pela necessidade de minimizar aquele sofrimento e atendemos aos pedidos de roupas, alimentos, fraldas e brinquedos. Constrói-se assim uma realidade à qual a sociedade se adapta, porque percebe que "fez a sua parte". Não foi indiferente às consequências, mas alheou-se das causas, da "sua parte" nas ações de prevenção, como se isso não fosse de sua competência.

Neste capítulo, abordamos questões relativas ao papel da mídia como agente político, propulsor de conscientização da sociedade diante de desastres e também agente de construções de realidades e de opinião, a par com o profissional da mídia, movido pelo seu interesse em informar e agir com ética.

Outro enfoque nos aproxima da constatação de que, diante de situações de desastres e emergências, a atuação da mídia tem sido foco de preocupação e discussões que não se restringem à área da comunicação, mas incluem a área da saúde, dado que a circulação inadequada de informações – ou de informações inadequadas – pode gerar efeitos indesejáveis nesse âmbito.

A postura de quem produz a notícia, durante seu processo de construção no contexto noticiado, também demanda reflexões, podendo, se inadequada, também ser prejudicial aos envolvidos nas situações de emergência e desastre.

É também na interface comunicação-saúde, portanto, que desenvolvemos nosso pensamento.

A mídia exerce uma função importante e influente na vivência de emergência e desastre. Em seu papel de noticiar, faz chegar rapidamente a informação de ocorrências a diferentes locais e a diferentes receptores. A gravidade das ocorrências, noticiadas muitas vezes em tempo real, é capaz de gerar sentimentos diversos que vão desde a sensação de ser ficção aquilo que nos é informado até a de que o acidente que presenciamos a muitos quilômetros de distância ou há muito tempo está prestes a ocorrer no local e tempo exatos em que recebemos a informação, ainda que o espaço/tempo dele seja explicitado na notícia.

Parece consenso a importância de os fatos serem rapidamente noticiados. Não questionamos também os diversos ganhos que as diferentes mídias possibilitam e as conquistas que seu desenvolvimento representa. Porém, faz-se necessário refletir sobre os riscos e efeitos que algumas práticas podem acarretar.

A mídia tem uma influência ampla sobre como as pessoas vão pensar e agir em situações de desastres e perdas em massa (Echterling e Wylie, 1999). Orientação, apelos, avisos, todo um leque de serviços (e, às vezes, desserviços) que a mídia presta à comunidade vêm com força lembrar que, por mais que se usem os recursos eletrônicos, a máquina, ainda são seres humanos que estão nesse lugar e constroem, transformam, destroem realidades, opiniões, projetos. Naturalmente, a comunidade não é constituída de pessoas facilmente manipuláveis, mas vale destacar que a condição de vulnerabilidade em que ela se encontra quando vitimada por um desastre pode favorecer a perda de crítica e de perspectiva ao enfrentar a realidade.

Para ilustrar nossas reflexões, utilizaremos a notícia intitulada "'O bairro acabou', diz vítima de tragédia em Teresópolis (RJ)", publicada no site do Portal UOL sobre as enchentes e os desabamentos em Teresópolis, em 2011.

> No bairro do Caleme, em Teresópolis, região serrana do Rio de Janeiro, um dos mais castigados pelas fortes chuvas da madrugada desta quarta-feira (12), vias tomadas pela lama, árvores inteiras caídas, postes tombados, paralelepípedos deslocados e casas invadidas pela sujeira. "O bairro acabou", afirma um dos moradores, Alexandre Vigiani, 34.
>
> Dono de um supermercado na entrada do bairro, Alexandre conta que, desde as 6h, ele e mais 20 homens trabalham para remover a lama do estabelecimento. "Ainda nem deu para contar o prejuízo, mas isso é material. O pior são as vidas. Ainda tem muita gente desaparecida."
>
> A mãe de Vanda Santos de Oliveira, 20, ainda não foi encontrada. "A gente fica sem reação. Perdi minha família. Tenho agora só meu filho, meu marido e minha cunhada", diz a dona-de-casa, que é informada, durante a entrevista, de que o corpo do irmão havia sido localizado.
>
> Na noite anterior, ela esteve na casa da mãe, que acabou sendo soterrada por um dos deslizamentos. "Minha mãe queria que eu ficasse, mas deu 22h30, eu saí. Depois falei para minha mãe também sair, mas ela falou que ia apenas dormir um pouco", lembra com o choro embargado.
>
> Na região conhecida como Caeté, onde estava a casa da mãe de Vanda, apenas uma, de mais de 20 residências, restou em pé. O riacho que atravessava o bairro encheu, e agora o corta em dois. O acesso é difícil, inclusive a autoridades e equipes de resgate. A par-

tir do rio, o percurso só pode ser feito a pé, ainda assim, em meio a muita lama.

Um casal de moradores, Gilberto e Sueli conseguiu se salvar, mas o filho e a nora não resistiram. A doméstica Leia Mello, 55, também acredita ter perdido uma amiga. "O sentimento é de muita tristeza. Os filhos dela foram encontrados mortos", diz.

O tecelão Oscar Carvalho, 40, ainda está assustado com o que viu. "Foi um cenário de guerra. Foram muitos carros sendo levados pela correnteza, pareciam de brinquedo", relatou. Ele ainda conta que a população temeu ainda que uma barragem próxima ao bairro rompesse, o que não ocorreu.

De acordo com diversos moradores, autoridades agora pedem para que eles deixem as casas devido à situação de risco. "Não tem para onde ir. Como vou sair a pé cheia de sacola por aí?", questiona Ivanete Rabelo, 50. No trajeto que dá acesso ao Caleme, no entanto, outros moradores já carregaram os poucos pertences que lhes restaram para longe do local.

Tragédia tem mais de 200 mortes

Menos de um ano depois da tragédia que matou mais de 160 pessoas em Niterói e outras 250 no Estado, em abril passado, e um ano após as mais de 50 mortes em Angra dos Reis, o Estado do Rio de Janeiro volta a sofrer com desmoronamentos provocados pela chuva. Os municípios da região serrana atingidos pelos temporais (Teresópolis, Nova Friburgo e Petrópolis) já somam mais de 200 mortos nesta quarta-feira (12).

A Defesa Civil de Teresópolis, cidade mais afetada, confirmou a morte de 130 pessoas nos deslizamentos, que atingem principalmente 15 bairros.

Até o momento, foram contabilizados cerca de 234 desabri-

> gados e 428 desalojados, 200 feridos e 200 atendimentos de emergência em Teresópolis. Os desabrigados estão sendo encaminhados ao ginásio de esportes da cidade Pedro Jahara, conhecido como "Pedrão" – mesmo local que está recebendo as doações.

Estudiosos e profissionais da comunicação (Arbex-Júnior, 2001; Dias, 2006, 2008) apontam uma concorrência entre as mídias pelo valor que dão ao "furo de reportagem" e pelo esforço para atrair a atenção do público receptor na construção da notícia.

Diferenciam, por exemplo, "notícias de interesse público" de "notícias de interesse do público". A queda de um avião, a ocorrência de enchentes devastadoras, a chacina em uma escola, por exemplo, podem despertar discussões acerca da segurança dos meios de transporte, do planejamento de cidades e de sua relação com questões ambientais, das fragilidades da educação no país, entre outras, caracterizando, assim, questões de interesse público. Já a exploração dos relatos individuais dos envolvidos em tragédias e desastres, a exposição devastadora do sofrimento alheio, característicos do sensacionalismo, são o que chamam de (ou acreditam ser) notícias de interesse do público. Nem sempre há correspondência entre os grupos de notícias, ou seja, nem sempre uma notícia de interesse público é também de interesse do público e vice-versa.

Na notícia em questão, há exemplos do que é considerado "interesse público" e "interesse do público". Além do relato dos fatos ocorridos e das fotos do alagamento, ela traz também depoimentos individuais de pessoas afetadas pela tragédia, como no trecho:

> A mãe de Vanda Santos de Oliveira, 20, ainda não foi encontrada. "A gente fica sem reação. Perdi minha família. Tenho agora só meu filho, meu marido e minha cunhada", diz a dona de casa, que é informada, durante a entrevista, de que o corpo do irmão foi localizado.
>
> Na noite anterior, ela esteve a casa da mãe, que acabou soterrada por um dos deslizamentos. "Minha mãe queria que eu ficasse, mas deu 22h30, eu saí. Depois falei para minha mãe também sair, mas ela falou que ia apenas dormir um pouco", lembra com o choro embargado.

Esse é um exemplo, portanto, de notícia de interesse do público.

Já no texto com o subtítulo "Tragédia tem mais de 200 mortes", é dado o número de mortos, de feridos e de afetados pelos desmoronamentos nos municípios da região serrana do Rio de Janeiro, além de outras informações relacionadas. Ressalta-se que esse é um problema recorrente da região. Esse, então, é um exemplo de notícia de interesse público.

Arbex-Júnior (2001), discorrendo sobre o que chama de "sociedade da informação", destaca a competição entre diferentes veículos de comunicação de massa, afirmando que

> ser mais rápido tornou-se uma demonstração de prestígio, de poder financeiro e político. É por essa razão que toda a produção da mídia passa a ser orientada sob o signo da velocidade (não raro, da precipitação) e da renovação permanente. (Arbex-Júnior, 2001, p. 88)

Dias (2008), ao analisar a construção da notícia, mostra que, nesse processo, a violência pode não apenas estar presente nas circunstâncias do fato que foi noticiado, mas também ser construída no discurso que o noticiou. Assim, influenciam a seleção lexical, o uso do espaço no meio noticiado, a cor de fundo (geralmente vermelha quando se quer intensificar a violência), o tamanho dos caracteres gráficos, os ângulos intencionais das fotos, entre outros, referindo-se à mídia impressa. A busca dos pormenores também é destacada. Segundo a autora (2006, p. 113):

> No discurso da notícia, a revelação de detalhes sobre o fato e seus agentes transmite ao leitor uma metamensagem de relacionamento, atenção e cumplicidade, fazendo-o ter o sentimento de pertencer a um grupo com o qual compactua valores e interesses.

Vemos essa busca dos detalhes sobre o fato e os agentes, por exemplo, no relato da filha de uma das vítimas do desmoronamento em Teresópolis.

Na busca de rapidez na divulgação da notícia ou de detalhes em uma situação de desastre e emergência, não é raro, por exemplo, que um familiar receba pela mídia a notícia da morte de seu ente querido, impossibilitando, pois, os devidos cuidados que deveriam acompanhar a recepção dessa informação. Podem ocorrer ainda situações em que informações precipitadas, como a divulgação apressada e não consolidada de listas com o nome de vítimas, contenham enganos, incluindo ou excluindo nomes equivocadamente, contribuindo, assim, para o sofrimento e ações de desorientação.

Reynolds (2002) destaca que as informações equivocadas transmitidas ou provindas de fontes variadas, sem uma checagem ou o cuidado necessário para a abordagem do assunto, podem tornar uma comunicação em um momento de crise algo ineficiente ou prejudicial.

A exploração excessiva ou detalhada das imagens do fato violento transformado em notícia, corpos carbonizados ou agonizantes, o desespero de familiares muitas vezes têm como efeito, além da óbvia exposição das pessoas noticiadas, impactos diversos nos que a acompanharam enquanto notícia. De acordo com Sontag (2003, p. 16),

> [...] há muitos usos para as inúmeras oportunidades oferecidas pela vida moderna de ver – à distância, por meio da fotografia – a dor de outras pessoas. Fotos de uma atrocidade podem suscitar reações opostas. Um apelo em favor da paz. Um clamor de vingança. Ou apenas a atordoada consciência, continuamente reabastecida por informações fotográficas de que coisas terríveis acontecem.

Embora a escritora se refira ao registro fotográfico, é possível considerarmos também as imagens registradas como vídeos, sejam por profissionais que as divulgarão em meio televisivo, sejam por anônimos que as postarão na internet ou as exibirão nos noticiários da televisão. No Portal UOL, no meio da notícia em questão, há um pequeno texto convidando o leitor para essa participação:

VOCÊ MANDA

Fez fotos ou vídeos dos estragos causados pelas chuvas?

Envie para o UOL

Uma publicação recente do Ministério da Saúde[1] (2009) traz a versão em português de normas sistematizadas pela Organização Mundial da Saúde, em 2007, sobre a atuação da mídia em emergências de saúde pública: *Comunicação eficaz com a mídia durante emergências de saúde pública – Um manual da OMS*. Nesse manual, é possível encontrar a preocupação sobre os efeitos da divulgação inadequada de situações de emergência, concentrando-se na atuação de jornalistas. Não se pode ignorar, porém, a intensa produção de imagens realizadas por cidadãos anônimos, capturadas espontaneamente, grande parte das vezes por aparelhos de telefonia móvel e divulgadas pela internet, um ganho na democracia da comunicação, mas que também representa um imenso desafio.

Neste novo cenário no qual as pessoas não somente recebem as notícias, mas também querem participar de sua feitura, exemplos dessa tendência podem ser a popularização dos blogs e a produção de vídeos postados na internet, disponíveis ao público. Percebemos assim que, ao falarmos de mídia, não somente lidamos com as informações geradas e divulgadas por profissionais como os jornalistas, mas nos dirigimos para uma ampla gama de pessoas anônimas que têm interesse em estar junto, em construir informações sobre determinado incidente.

Os avanços que esse fenômeno representa são inquestionáveis, porém não se podem desconsiderar os desafios que o acompanham: a produção e exposição despreparada, muitas vezes sem que uma reflexão acompanhe esse processo, cada vez mais contribui para uma exposição que pode ser prejudicial seja aos

1. Disponível em: <http://bvsms.saude.gov.br/bvs/publicacoes/comunicacao_eficaz_midia_durante_emergencias.pdf>. Acesso em: 23 dez. 2014.

envolvidos diretamente em um desastre, seja aos que acompanham tal desastre. Fazemos, aqui, uma ressalva: não estamos estabelecendo uma relação formação-reflexão, mas apenas considerando o aumento no número de informações descuidadas que podem representar riscos no contexto em discussão. Esses cuidados necessários servem tanto aos jornalistas quanto aos outros cidadãos que produzem e divulgam notícias.

O profissional psicólogo que é convidado por um órgão de imprensa para se posicionar diante de um desastre, sendo ético e cuidadoso com a consequência de sua fala, leva em consideração sua função principal, que é a de levar informação correta e útil à população, de maneira a atuar com outros atores do cenário.

É pouco discutida nesse contexto a influência que essa exposição a desastres ou emergências pode ocasionar em indivíduos que não estão preparados para lidar com essas situações. Não se trata somente de criar notícias ou de participar, mas de pensar e refletir sobre os riscos envolvidos seja para esses comunicadores, seja para os que acompanham as notícias.

A exposição a essas situações pode ser considerada um acontecimento traumático e, quanto mais alta a exposição, maiores os riscos. Em um trauma coletivo, como um acidente aeronáutico ou um desabamento, a mídia tem uma participação ativa e expõe os fatos para a comunidade, que estabelece experiências e vivências emocionais geradas com base nos fatos retratados, o que pode provocar percepções ameaçadoras da realidade. A exposição prolongada das populações a acontecimentos desorganizadores, naturais ou provocados, representa condição com evidente potencial de adoecimento físico e, principalmente, de desequilíbrio emocional e/ou psíquico (Thomé, Benyakar e Taralli, 2009).

Pode-se pensar no exemplo do voo AF 447, em 2009, no qual foi divulgado o diálogo entre pilotos pouco antes da queda do avião, em rota do Rio de Janeiro a Paris. Os conteúdos envolvidos nesse tipo de informação são previsíveis, dado o contexto, mas não é possível prever os efeitos que podem gerar nos expostos a essas notícias.

Ao assistirmos a imagens trazidas pela TV, por exemplo, sentimentos variados são despertados, mas não há permissão para um tempo de reflexão e elaboração, uma vez que em seguida são jogadas cenas de comerciais ou amenidades. O mesmo ocorre nas páginas de internet e no rádio, pois, de um lado, estão as notícias referentes ao acidente e, do outro, assuntos como moda ou esportes.

O site que deu a notícia da tragédia em Teresópolis traz ao lado direito das notícias uma seção com diversos outros links. No caso dessa notícia, esse espaço era preenchido por links para:

1. o vídeo de uma cantora;
2. uma notícia sobre os 100 anos do naufrágio do Titanic;
3. uma notícia de uma empresa que não realizou uma festa de formatura em Guarulhos (SP);
4. uma notícia sobre ataques do Taleban;
5. uma notícia sobre uma cirurgia de José Sarney.

Segundo Kovács (2003), isso pode ser visto como uma maneira de banalizar a morte ou as perdas, apontando que, mesmo que elas ocorram, a vida continua, numa afirmação simplista de que "tudo vai dar certo".

Há um caráter de impessoalidade no modo como as notícias são transmitidas, que pode trazer distorções, transformando os personagens das situações em vítimas e vilões, o que contribui para comprometer a credibilidade das informações.

A MÍDIA COMO POSSIBILIDADE DE VISIBILIDADE

Outra função importante exercida pela mídia em situações de emergência e desastre é dar visibilidade a pessoas muitas vezes invisíveis pelo poder público, ignoradas ou abandonadas. Um fenômeno natural em uma região despreparada pode se tornar um desastre; porém, em uma região estruturada pode não ter o mesmo impacto.

Ano após ano noticiam-se desabamentos causados pelas chuvas em diversas regiões do país, como bem ressalta o final da reportagem utilizada como exemplo. Ter seu sofrimento exposto na mídia pode produzir nas vítimas a sensação de existência, a tentativa de denúncia.

França, ao discutir o sentido de "ser imagem para o outro", lembra Berkleley ao dizer que "ser é ser percebido", e afirma: "Quando olho, sou visto, logo existo. Meu olhar testemunha minha visibilidade para outro, que me devolve minha própria consistência, meu sentimento de existir" (França, 2007, p. 47). Cita ainda Comolli ao caracterizar "um mundo que se dá como imagem, um mundo atravessado por uma crescente roteirização das relações sociais e intersubjetivas" (*ibidem*, p. 48).

Para exemplificar a questão da visibilidade, que pode ter diferentes usos e interesses, como o da vítima que quer ter o sofrimento denunciado, validado, ou o uso por interesses políticos, por exemplo, reproduzimos abaixo trechos de reportagens referentes aos danos causados pelas inundações na serra fluminense em repetidos anos:

> Matéria que foi destaque no Jornal Nacional da noite de ontem, estava desde o início da tarde da última quinta-feira (12), denunciada no blog [...], com relação a licitação realizada pela Prefeitura de Teresópolis para a contratação de 143 coquetéis ao preço de R$ 1.047.935,00 durante um ano. O fato acontece em um município da região serrana do Rio de Janeiro que ainda sofre, desde janeiro do ano passado, com a tragédia ocasionada pelas chuvas e que matou quase mil pessoas, além da última ocorrência, no início do mês, de um temporal que vitimou cinco pessoas em bairros humildes da cidade.[2]

A autoexposição é o preço que a vítima paga quando precisa do apoio da mídia. Esse recurso deve ser muito bem avaliado, pois, para a imprensa, é apenas mais uma notícia que logo será encoberta por uma avalanche de outras. Raramente se vê o cuidado para não deixar na matéria dúvidas quanto à mensagem que a vítima pretende passar. Nesse encontro, infelizmente nem sempre os objetivos são os mesmos. Diversas vezes deparamos com matérias de pessoas expondo sua intimidade, suas dores e seu sofrimento e vemos o entrevistador totalmente desatento com seu entrevistado e mais preocupado com o cumprimento de uma tarefa.

O psicólogo consciente pode colaborar na preservação da imagem da vítima e acompanhá-la, com uma breve reflexão sobre os ganhos e as perdas da exposição, e ajudá-la a definir

2. Disponível em: <http://www.odiariorj.com/garotinho-denuncia-licitacao-de-r-1-milhao-para-canapes-em-teresopolis/>. Acesso em: 14 abr. 2012

até onde está disposta a se expor. Conversar sobre os riscos e benefícios daquela exposição é necessário porque aquela situação estará escrita em sua biografia, tanto nas lembranças pessoais como na sua identidade social.

O psicólogo pode também orientar a família e/ou o grupo a definir uma pessoa para representá-los no contato com a imprensa. Essa pessoa deve ser orientada para transmitir as informações necessárias com a menor exposição possível. Entretanto, as pessoas mais impactadas devem ser preservadas, pois suas atitudes muitas vezes são engatilhadas pelo impulso.

O PROFISSIONAL DA COMUNICAÇÃO NO CONTEXTO DO DESASTRE

A falta de reflexão a respeito desses acontecimentos e do papel que os meios de comunicação exercem nessa ausência são aspectos de extrema importância para ser discutidos e pesquisados, uma vez que se trata de uma exposição que pode ser prejudicial aos envolvidos direta e indiretamente nos incidentes, sejam desastres ou emergências.

A concorrência entre os meios de comunicação e a expectativa institucional faz que o profissional da comunicação que está cobrindo um desastre muitas vezes sofra dificuldade no manejo de seu papel. Ter de lidar com essa sobrecarga pode levá-lo a uma situação crítica no manuseio da informação, talvez com o objetivo de preservar seu contato com a realidade, colocado em risco pela sobrecarga. Em um curto espaço de tempo, ele tem de apresentar novas informações a respeito do ocorrido. É comum observarmos nessas situações as diversas "chamadas" que interrompem a programação da emissora no momento em que ocorre alguma situação incomum. Na maioria das vezes, elas não trazem informação nova. São informações repetitivas e desfocadas do objetivo principal.

Esses profissionais também são impactados emocionalmente pelo acidente, podendo apresentar no momento ou algum tempo depois sintomas de estresse, tanto agudo como relacionado ao Transtorno de Estresse Pós-Traumático (TEPT). Uma longa permanência em um acontecimento estressante, envolvendo dor, sofrimento humano e morte, faz que mecanismos de defesa psíquica do indivíduo sejam acionados, visando à preservação da sanidade mental, e essa defesa momentânea, mesmo que eficiente, deve ser trabalhada posteriormente caso se mantenha, para que o indivíduo não sofra processos de despersonalização, crises de ansiedade e depressão.

Os mecanismos de defesa operam de maneira específica em cada situação e diferem de um indivíduo para o outro. Contudo, seu objetivo é preservar o ego da pessoa contra o sofrimento eminente ou ameaçador. São vários os mecanismos de defesa. No caso dos profissionais que atuam em acidentes, os mecanismos mais utilizados são:

- Sublimação: o profissional assume postura totalmente profissional, técnica e objetiva, desvinculando racionalmente seus sentimentos e emoções diante do fato. Esse comportamento exige do indivíduo uma contenção das cargas emocionais, podendo levá-lo à fadiga.
- Dissociação: permite ao profissional o afastamento das emoções, fazendo que não tome consciência de pensamentos e sentimentos impróprios para o desenvolvimento do seu trabalho.

- Racionalização: utilizada de forma que o profissional encontre explicações coerentes e racionais para justificar determinada conduta, na tentativa de conquistar a aceitação do ponto de vista moral.

Ehrenreich (2006) considera que os profissionais de ajuda humanitária apresentam risco elevado de adoecimento mental. Os fatores para esse risco, por trabalhar em condições com alta exigência física ou nada prazerosas, são: uma carga de trabalho pesada, longas horas de trabalho, fadiga crônica e falta de privacidade e de espaço particular. Acrescente-se a isso o fato de ficarem separados dos familiares por longos períodos, contarem com poucos recursos e suporte quando são acionados e receberem pouco reconhecimento pelo trabalho que fazem. Enfrentam o perigo crônico, são repetidamente expostos a histórias traumatizantes e tragédias pessoais ou cenas terríveis e podem passar por experiências horríveis. Também enfrentam conflitos dentro da equipe, criados e intensificados por uma prolongada convivência muito próxima.

Essas são condições vividas também pelo profissional da mídia, embora não reconhecidas socialmente, nem mesmo pelo profissional. Podemos dizer que os mesmos efeitos adversos encontrados nos profissionais de ajuda humanitária são encontrados nos profissionais da mídia, como:

- Retornar para seus locais de origem com sinais de fragilidade emocional.
- Apresentar Transtorno de Estresse Pós-Traumático (resultado de uma exposição direta ou ser testemunha de experiências traumatizantes), depressão, reações de luto complicado, ansiedade e queixas psicossomáticas.

- Expor-se a comportamentos autodestrutivos, como alcoolismo.
- Apresentar queda na eficiência e na produtividade.

No entanto, empiricamente, sabe-se menos a respeito dos efeitos causados nos jornalistas quando cobrem crises humanitárias do que em relação a outros profissionais, mas reflexões e observações pessoais sugerem que esse tipo de trabalho seja extremamente perigoso e emocionalmente denso (Danieli, 2002). Realizar coberturas de situações traumáticas demanda uma atitude de respeito e compreensão pela dor do outro, uma tarefa que contribui para o risco de TEPT (Regehr, Goldberg e Hughes, 2002). Infelizmente, jornalistas raramente recebem o treinamento adequado para ser solidários à dor do outro e ao mesmo tempo proteger-se emocionalmente (Newman, 2002).

Com essa preocupação em mente, Ehrenreich (2006) aponta o quanto as empresas em geral podem ser negligentes nos cuidados em relação à saúde mental de seus profissionais, por falta de uma cultura de prevenção e manejo do estresse, essencial para que a organização atinja suas metas e proteja o bem-estar dos seus membros. Recomenda, então, que seja desenvolvida uma cultura de gestão de estresse, aliada à políticas e às práticas institucionais para redução desse mal e de seus efeitos. Recomenda também que as equipes tenham uma liderança eficaz e sejam coesas.

Newman e Shapiro (2006) chamam a atenção especificamente para o sofrimento dos jornalistas que trabalham em desastres, uma vez que, mesmo sem ser em condições de desastre, sua atividade envolve alto nível de estresse, causado em grande parte pela pressão do cumprimento de prazos, orçamentos rígidos, rapidez de informação, numa cultura que vai contra os preceitos da saúde mental. O mesmo contraste é visto na postura dos profissionais da saúde que aconselham seus assistidos a buscar segurança, enquanto o principal objeto de trabalho de jornalistas e repórteres exige-lhes correr contra o tempo e na direção do perigo. Podemos entender que o jornalista tem o desafio de enfrentar o risco de sofrer prejuízos emocionais sem interferir em sua missão de trabalho.

Uma ponte que se coloca entre os profissionais de saúde, em especial os psicólogos, e os jornalistas é estabelecer um ambiente protegido, que possibilite o compartilhamento de informações a respeito do trauma e de seu impacto, que promova o diálogo em reuniões e conferências sobre a relação entre o trauma psicológico e o jornalismo, com a participação de jornalistas experientes e especialistas clínicos. Outra forma é incentivar os professores de jornalismo a inserir o tema em seus cursos.

Kuriansky (2006) e Newman e Shapiro (2006) mencionam o Dart Center for Journalism and Trauma, fundado em 1999, na Faculdade de Jornalismo da Universidade de Columbia, com escritório central em Nova York e centros em Tulsa (Oklahoma), Londres (Inglaterra), Melbourne (Austrália) e Jakarta (Indonésia). Trata-se de uma rede internacional de jornalistas, professores de jornalismo e profissionais da saúde que têm o objetivo de oferecer suporte aos profissionais da área em seu trabalho com desastres, além de estimular o avanço do conhecimento acerca da profissão em condições traumáticas, por meio de pesquisas, seminários e oficinas de capacitação. É também um recurso seguro do qual o jornalista pode fazer uso quando necessita enfrentar de forma saudável as marcas advindas de seu trabalho.

Não há no Brasil um centro com esses objetivos. Temos encontrado, porém, com maior frequência nos últimos cinco anos, jornalistas cuidadosos em sua abordagem com as vítimas, talvez com a consciência de que também eles podem se tornar vítimas caso não procurem condições de promoção e manutenção de sua saúde mental. Encontramos também aqueles profissionais da mídia que valorizam prioritariamente o furo da notícia, em detrimento dos seres humanos envolvidos.

O PSICÓLOGO NA MÍDIA, EM CONTEXTOS DE EMERGÊNCIAS E DESASTRES

Sobre a relação dos psicólogos com a mídia em situações de emergência e desastre, uma atuação possível consiste em fazer uso dos meios de comunicação em massa para fornecer informações gerais, úteis à população, alertando-a, por exemplo, quanto a possíveis sintomas decorrentes da vivência dessas situações que necessitem de cuidados. Trata-se de, mais do que informar, educar a população para o que pode esperar e conhecer os recursos disponíveis no enfrentamento.

Há críticas a esse tipo de atuação pelo temor de que essas informações produzam medo na população, já impactada pelo desastre, sobrecarregando desnecessariamente o sistema de saúde, já tão combalido de recursos, na medida em que muitas pessoas o procurariam por medo, não precisando de atendimento de fato. Isso dificultaria ou mesmo inviabilizaria o acesso de pessoas que realmente precisam de atendimento. De fato, nem todos que vivenciam uma situação de emergência e desastre necessitam de atendimento psicológico de imediato ou posteriormente, e esse assunto foi abordado em profundidade neste livro.

A experiência dos autores deste capítulo coloca-os a favor de que as informações, corretas e não alarmistas, sejam dadas, pois, mesmo com o risco de uso abusivo de atendimento pelo sistema de saúde, é preferível que isso ocorra a acontecer o contrário: pessoas que precisam de atendimento não o procurarem por falta de informação. A saída para essa situação não deve ser apenas informar, mas ampliar o atendimento, fortalecendo o sistema de saúde, além de cuidar para que as informações divulgadas sejam adequadas.

Essa noção é reforçada por Reynolds (2002), ao afirmar que uma boa prática de comunicação e informação pode reduzir as tendências de comportamentos inadequados e prevenir respostas negativas na saúde pública. Entre as características levantadas para uma boa comunicação, destacam-se a honestidade e abertura para diálogo e o comprometimento com a informação e mobilização de plano de ação.

Além disso, informações também sobre o processo de luto e ações que podem prevenir suas complicações fortalecem a comunidade, ajudando a capacitá-la psicologicamente para enfrentar emergências.

Kuriansky (2006) ressalta que os profissionais da área da saúde mental são os únicos efetivamente capacitados para dar ao público as informações confiáveis e a orientação segura sobre enfrentamento de situações trágicas consequentes aos desastres, e recomenda que estejam ligados muito proximamente aos profissionais da mídia nas comunicações que sirvam aos interesses da comunidade.

O papel da mídia, dos psicólogos, de profissionais de outras áreas e da sociedade em geral tem relevância inegável também em uma atuação anterior às emergências e aos desastres, discutindo e divulgando, por exemplo, temas relacionados à sua profissão, numa perspectiva sistêmica: uma chuva forte, como já dissemos, pode não abalar muito uma região estruturada, porém pode transformar-se em uma grande tragédia em uma área vulnerável, que recebeu poucos investimentos e atenção e tem poucas possibilidades de enfrentamento nessas situações. Esse tipo de atuação pode ocorrer em diferentes momentos: muitas vezes, mesmo após a ocorrência da emergência ou do desastre, essa preocupação deve pautar a atuação profissional no sentido da prevenção. Nesse contexto, a mídia pode ser uma boa parceira.

O psicólogo que atua em situações de emergência e desastre deve estar consciente do seu papel e não se deixar influenciar pela vaidade que os meios de comunicação envolvem. Além disso, o acesso que os psicólogos têm às vitimas e ao cenário do desastre pode ser um grande atrativo para o jornalismo, e cabe a esse profissional educar os demais, incluindo os jornalistas, para a atenção necessária ao elevado grau de sofrimento humano.

Finalizando, corroboramos as ideias de Newman, Shapiro e Nelson (2009) sobre a constatação de uma postura muitas vezes hostil dos que trabalham na resposta aos acidentes em relação aos jornalistas, em razão dessa diferença de postura. Entendemos que a melhor resposta que se possa dar a um desastre se apoie em uma ação multiprofissional que inclui o profissional da mídia. Em seu papel, antes, durante e após o desastre, esse profissional é central na mobilização de recursos, na conscientização de riscos e na ratificação do papel da sociedade civil em seu exercício de cidadania. Cabe aos detentores de autoridade na resposta aos desastres a função de sistemicamente integrar diferentes olhares e ações, de maneira a aperfeiçoar o papel do profissional da mídia e estabelecer uma relação de parceria entre os atores da resposta ao desastre.

REFERÊNCIAS BIBLIOGRÁFICAS

ARBEX-JÚNIOR, J. *Showrnalismo: a notícia como espetáculo*. São Paulo: Casa Amarela, 2001.

BRASIL. *Comunicação eficaz com a mídia durante emergências de saúde pública: um manual da OMS/Organização Mundial da Saúde*. Brasília: Ministério da Saúde, 2009.

DANIELI, Y. *Sharing the front line and the back hills: international protectors and providers, humanitarian aid workers and the media in the midst of crisis*. Amityville: Baywood Publishing, 2002.

DIAS, A. R. F. "Mídia e interação: estratégias de envolvimento do leitor na construção do discurso da notícia". In: PRETI, D. (org.). *Oralidade em diferentes discursos*. São Paulo: Associação Editorial Humanitas, 2006. (Projetos Paralelos – NURC/SP; v. 8).

_____. *O discurso da violência: as marcas da oralidade no jornalismo popular*. 3. ed. São Paulo: Cortez, 2008

ECHTERLING, L. G.; WYLIE, M. L. "In the public arena: disaster as a socially constructed problem". In: GIST, R.; LUBIN, B. (orgs.). *Response to disaster: psychosocial, ecological and community approaches*. Washington: Taylor & Francis, 1999, p. 327-46.

EHRENREICH, J. H. "Managing stress in humanitarian aid workers: the role of the humanitarian aid organization". In: REYES, G.; JACOBS, G. A. (org.). *Handbook of international disaster psychology. Intervention with special needs populations*, v. 4. Westport: Praeger Publishers, 2006, p. 99-112.

FRANÇA, A. "Ser imagem para outro". In: MÉDOLA, A. S. L. D.; ARAÚJO, D. C.; BRUNO, F. (orgs.). *Imagem, visibilidade e cultura midiática*. Porto Alegre: Sulina, 2007.

KOVÁCS, M. J. *Educação para a morte: temas e reflexões*. São Paulo: Casa do Psicólogo/Fapesp, 2003.

KURIANSKY, J. "Working effectively with the mass media in disaster mental health". In: REYES, G.; JACOBS, G. A. (org.). *Handbook of international disaster psychology. Fundamentals and overview*, v. 1. Westport: Praeger Publishers, 2006, p. 127--46.

MILAZZO, D. "'O bairro acabou', diz vítima de tragédia em Teresópolis (RJ)". *UOL Notícias*, 12 jan. 2011 Disponível em: <http://noticias.uol.com.br/cotidiano/

ultimas-noticias/2011/01/12/o-bairro-acabou-diz-vitima-de-tragedia-em--teresopolis-rj.htm>. Acesso em: 10 abr. 2012.

Newman, E. "Journalists and traumatic stress". In: Danieli, Y. *Sharing the front line and the back hills: international protectors and providers, humanitarian aid workers and the media in the midst of crisis.* Amityville: Baywood Publishing, 2002, p. 305-15.

Newman, E.; Shapiro, B. "Helping journalists who cover humanitarian crises". In: Reyes, G.; Jacobs, G. A. (orgs.). *Handbook of international disaster psychology. Intervention with special needs populations*, v. 4. Westport: Praeger Publishers, 2006, p. 131-39.

Newman, E.; Shapiro, B.; Nelson, S. "Journalism and media during disasters". In: Neria, Y.; Galea, S.; Norris, F. H. (orgs.). *Mental health and disasters.* Cambridge: Cambridge University Press, 2009, p; 291-301.

Regehr, C., Goldberg, G. e Hughes, J. "Exposure to human tragedy, emphaty, and trauma in ambulance paramedics". *American Journal of Orthopsychiatry*, v. 72, n. 4, 2002, p. 505-13.

Reynolds, B. *Crisis and emergency risk communication.* Atlanta: Center for Disease Control and Prevention, 2002. Disponível em: <http://www.cdc.gov/>. Acesso em: 10 abr. 2012.

Sontag, S. *Diante da dor dos outros.* Trad. Rubens Figueiredo. São Paulo: Companhia das Letras, 2003.

Thomé, J.; Benyakar, M.; Taralli, I. *Intervenções em situações limite desestabilizadores: crises e traumas.* Rio de Janeiro: ABP, 2009.

Os autores

Adriana Silveira Cogo

Psicóloga, graduada pelo Centro Universitário Franciscano (Unifra), de Santa Maria (RS), em 2004. Especializada em Teoria, Técnica e Intervenção em Luto pelo 4 Estações Instituto de Psicologia de São Paulo (SP) em 2006 e mestre em Psicologia Clínica – Laboratório de Estudos e Intervenções sobre o Luto (LELu), Núcleo de Família e Comunidade, pela Pontifícia Universidade Católica de São Paulo (PUC-SP) em 2010, com estudo voltado para o trabalho do profissional de psicologia em emergências. Aprimoramento clínico em Luto pelo LELu, da Clínica Psicológica Ana Maria Poppovic da PUC-SP (2008). Professora do curso de pós-graduação de Oncologia do Hospital Israelita Albert Einstein e psicóloga atuante nos projetos de filantropia da instituição. Integrante do Grupo de Intervenções Psicológicas em Emergências (IPE) desde 2007.

Adriana Vilela Leite César

Psicóloga formada pela Universidade Presbiteriana Mackenzie. em 2005. Aprimoramento clínico em Psicoterapia para Pessoas Enlutadas pelo Laboratório de Estudos e Intervenções sobre o Luto (LELu) e em Psico-Oncologia pelo Hospital A. C. Camargo. Curso de Atenção e Intervenção em Crises de Emergência Pós-desastres pelo 4 Estações Instituto de Psicologia. Especialista em Psicologia Hospitalar pela Irmandade da Santa Casa de São Paulo. Membro do Grupo IPE de 2008 a 2013. Atualmente, trabalha em clínica e na área hospitalar.

Ana Lucia Toledo

Psicóloga formada pela Pontifícia Universidade Católica de São Paulo em 1992, com especialização em Terapia Comportamental Cognitiva: Teoria e Aplicação, pelo Instituto de Psicologia da USP, em 2000; Terapia Sexual e Educação Sexual, pela Sociedade Brasileira de Sexualidade Humana (SBRASH) e Faculdade de Medicina do ABC, respectivamente em 1996 e 1997. Membro do Grupo IPE de 2001 a 2014. Atualmente, realiza atendimento clínico em consultório particular.

Ariana Oliveira

Psicóloga pela Universidade Federal do Rio Grande do Norte em 2001. Especialista em Psicologia da Saúde: Desenvolvimento e Hospitalização pela mesma universidade, também em 2001. Especialista em Psicologia Clínica Aplicada a Cardiologia pela FMUSP, Incor, em 2003. Especialista em Teoria, Pesquisa e Intervenção em Luto pelo 4 Estações Instituto de Psicologia, em 2007. Membro do Grupo IPE de 2008 a 2014. Psicóloga responsável pela UTI adulta do Hospital da Luz desde junho de 2011.

Cibele Martins de Oliveira Marras

Psicóloga formada pela PUC-SP e mestranda em Psicologia Clínica, pelo Laboratório de Estudos e Intervenções sobre o Luto (LELu), pela mesma universidade. Especialista em Psicologia Clínica Hospitalar pelo InCor-HCFMUSP e em Psicologia Analítica pelo Cogeae da PUC-SP. Formada para atendimento a pessoas enlutadas pelo 4 Estações Instituto de Psicologia. Cofundadora do Percurso Instituto de Psicologia, membro do Grupo de Intervenções Psicológicas em Emergências desde 2005 e psicóloga da Elipse Clínica Multidisciplinar. Trabalhou no InCor – HCFMUSP como psicóloga clínica, coordenadora da brinquedoteca hospitalar e membro do núcleo de coordenação.

Claudia Gregio Cukierman

Psicóloga formada pela PUC-SP em 1998, com mestrado em Psicologia Clínica no Laboratório de Estudos e Intervenções sobre o Luto (LELu), da PUC-SP, em 2005. Especialização em Psicologia Hospitalar pela Irmandade Santa Casa de Misericórdia de São Paulo. Atualmente realiza atendimento clínico em consultório particular. Membro do Grupo de Intervenções Psicológicas em Emergências (IPE) desde 2001.

Cristiane Corsini Prizanteli

Psicóloga pela Universidade de Ribeirão Preto (Unaerp), em 2000, com mestrado em Psicologia Clínica pela Pontifícia Universidade Católica de São Paulo (PUC-SP), Laboratório de Estudos e Intervenções sobre o Luto, em 2008. Especialização em Psicologia Hospitalar pela Faculdade de Ciências Médicas da Universidade Estadual de Campinas (Unicamp), em 2003. Aprimoramento clínico e institucional em Psicoterapia para Pessoas Enlutadas pelo Laboratório de Estudos e Intervenções sobre o Luto (LELu) da PUC-SP, em 2006. Membro do Grupo IPE desde 2004. Coautora dos capítulos: "Morte, luto e gênero: a questão do gênero do profissional de saúde e do paciente frente às vivências do luto e da morte" e "Solidão e impotência do profissional, do familiar e do paciente diante da morte" no livro *Nada sobre mim, sem mim: estudos sobre vida e morte*, organizado por Maria Helena Pereira Franco (Livro Pleno, 2005). Atualmente, trabalha como psicóloga responsável pelo serviço de psicologia do Hospital de Câncer de Ribeirão Preto – Fundação SOBECCan, desde 2008, e realiza atendimento clínico em consultório desde 2001.

Cristina Foloni Delduque da Costa

Psicóloga formada pela Pontifícia Universidade Católica de São Paulo (PUC-SP) em dezembro de 2006, com aprimoramento clínico no Laboratório de Estudos e Intervenções sobre o Luto (Lelu) pela PUC-SP em 2007. Acompanhante terapêutica pela Atua em 2005 e especialista em Hippoterapia e Equoterapia pela ANDE-Brasil em 2010. Membro do Grupo IPE desde janeiro de 2008. Atualmente, trabalha no Clube Hípico de Santo Amaro como hippoterapeuta desde agosto de 2010.

Eleonora Jabur

Psicóloga formada pela PUC-SP em 2002. Tem especialização em Psicanálise pelo Departamento Formação em Psicanálise do Instituto Sedes

Sapientiae, São Paulo, em dezembro de 2011. Especialização em Teoria, Pesquisa e Intervenção em Luto pelo 4 Estações Instituto de Psicologia, em junho de 2007. Aprimoramento em Psicologia clínico-hospitalar pelo Instituto Dante Pazzanese de Cardiologia em fevereiro de 2005. Está no Grupo IPE desde janeiro de 2008. Atualmente, trabalha em consultório particular e na UTI de um hospital, fazendo o atendimento psicoterápico a adultos, crianças e adolescentes.

Ester Passos Affini

Graduada em Psicologia pela Universidade Metodista de Piracicaba, com mestrado e doutorado em Psicologia Clínica pela Pontifícia Universidade Católica de São Paulo (PUC-SP), ambos pelo Laboratório de Estudos e Intervenções sobre o Luto (LELu). Atua como psicóloga clínica nas áreas de atendimento hospitalar e domiciliar, psicoterapia familiar e individual. Integrante do Grupo IPE desde 2001.

Gabriela Casellato

Psicóloga formada pela Pontifícia Universidade Católica de São Paulo em 1995, com mestrado e doutorado em Psicologia Clínica pela mesma Universidade, Laboratório de Estudos e Intervenções sobre o Luto (LELu), em 1998 e 2004, respectivamente. Especialista em Hipnoterapia Ericksoniana pelo Instituto Milton Erickson de São Paulo e membro do Grupo IPE entre 2001 e 2011. Cofundadora, professora e supervisora do 4 Estações Instituto de Psicologia. Organizadora do livro *Dor silenciosa ou dor silenciada? Perdas e lutos não reconhecidos por enlutados e sociedade* (Polo Books, 2013), autora de diversos capítulos em livros sobre o tema do luto e consultora *ad hoc* das revistas de Psicologia da USP e PUC-Campinas e da *Gerais: Revista Interinstitucional de Psicologia.*

Iara Boccato Alves

Graduada em Psicologia pela PUC-SP em 2007. Especialização em Psicologia da Saúde pela Unifesp/EPM, em 2010, em Teoria, Pesquisa e Intervenção em Luto pelo 4 Estações Instituto de Psicologia, em 2011, e em Epidemiologia em Saúde do Trabalhador pela UFBA, em 2013. Foi membro do Grupo IPE entre 2008 e 2011.Atualmente, atua em consultório e na Prefeitura de Taboão da Serra, São Paulo, no setor de saúde do servidor.

Isabela Garcia Rosa Hispagnol

Psicóloga, formada pela Pontifícia Universidade Católica de São Paulo em 2005, com mestrado em Psicologia Clínica pela mesma unversidade, Laboratório de Estudos e Intervenções sobre o Luto, em 2011. Aprimoramento em atendimento psicológico a pessoas enlutadas pelo Laboratório de Estudos sobre o Luto (LELu) da PUC-SP em 2006. Especialista em Teoria, Pesquisa e Intervenção em Luto pelo 4 Estações Instituto de Psicologia em 2006. Membro do Grupo IPE desde 2007. Curso de extensão universitária em Psiquiatria Infantojuvenil pela Universidad Complutense de Madrid, Espanha, em 2007. Curso de Trauma e Desenvolvimento na Harvard University, Cambridge, nos Estados Unidos, em 2011. Atualmente, trabalha em clínica e cursa doutorado em Psicologia Clínica na PUC-SP, Laboratório de Estudos e Intervenções sobre o Luto.

José Paulo da Fonseca

Psicólogo pela Universidade Metodista de São Bernardo do Campo, de São Paulo, em 1976. Mestre em Psicologia Clínica pela PUC-SP, Laboratório de Estudos e Intervenções sobre o Luto (LELu), em 2001. Especialização em EMDR pelo EMDR Institute, Estados Unidos, em 2006. Especialização em Psico-Oncologia pelo Neppon de São Paulo em 2002. Especialização em Psicoterapia de Casais e Famílias pela APSRC de São Paulo em 1998. Especialização em Sociodrama e Psicodrama pela APSRC de São Paulo em 1987. Especialização em Técnicas de Relaxamento pela PUC-SP com Petho Sandor em 1979. Membro do Grupo IPE de 2001 a 2014. Autor do livro *Luto antecipatório (as experiências pessoais, familiares e sociais diante de uma morte anunciada)*, reeditado em 2012 pela Polo Books. Escreveu os seguintes capítulos de livros: "Religião, morte e luto" em *Nada sobre mim sem mim (estudos sobre a vida e a morte)*, organizado por Maria Helena Pereira Franco, em 2005, pela editora Livro Pleno; "Luto antecipatório" em *Estudos avançados sobre o luto*, organizado por Maria Helena Pereira Franco, em 2002, pela editora Livro Pleno; "Luto antecipatório" em *Família e comunidade vol. I*, organizado pelo Nucleo de Família e Comunidade da PUC-SP, em 2004. Trabalha atualmente como psicólogo clínico em consultórios (São Paulo e Santo André) e em domicílios – consultor institucional.

Julia Schmidt Maso

Psicóloga formada pela Pontifícia Universidade Católica de São Paulo (PUC-SP), com mestrado em Psicologia Clínica pelo Laboratório de Estudos e Intervenções sobre o Luto (LELu), da mesma universidade. Especialista em Psicologia Hospitalar pela Irmandade Santa Casa de Misericórdia de São Paulo, realizou curso avançado em Reabilitação Física pela mesma instituição. Tem Aprimoramento Clínico Psicoterapia para Pessoas Enlutadas pelo LELu e em Casal e Família pela PUC-SP. Realizou curso de Trauma e Desenvolvimento pela Harvard University (EUA). No Grupo IPÊ desde 2004, atualmente é membro do Comitê de Bioética do Hospital Alemão Oswaldo Cruz de São Paulo e psicóloga do Hospital Sírio Libanês, além de atuar como psicóloga clínica em consultório particular.

Karina Kunieda Polido

Psicóloga formada pela Universidade Presbiteriana Mackenzie em 2004. Especialização em Teoria, Pesquisa e Intervenção em Luto, pelo 4 Estações Instituto de Psicologia, em 2008. Especialização em Psicologia Hospitalar pela Irmandade da Santa Casa de Misericórdia de São Paulo, em 2007. Aprimoramento clínico em Psicoterapia para Pessoas Enlutadas, Laboratório de Estudos e Intervenções sobre o Luto (LELu), pela Clínica Psicologica Ana Maria Poppovic, da Pontifícia Universidade Católica de São Paulo, em 2006. Membro do Grupo IPE desde 2006. Coautora do livro *Atendimento psicoterapêutico no luto*. Sócia-fundadora e psicóloga coordenadora do Ciclus Espaço de Cuidado Integral ao Luto, em Porto Alegre, Rio Grande do Sul, desde 2012.

Lilian Godau dos Anjos Pereira Biasoto

Psicóloga formada pela Pontifícia Universidade Católica de São Paulo em 1993 e mestre em Psicologia Clínica (Núcleo de Família e Comunidade), pela mesma universidade, em 2002. Especialista em Mediação Familiar e em Situações de Violência com formação pelo Instituto Diálogos-Bilden-Entidad/Argentina, em 2000. Membro do Grupo IPE desde sua formação, em 2001. Professora universitária. Consultora em Mediação e Solução Pacífica de Conflitos, mediadora comunitária, criminal e em segurança pública. Atua como psicóloga e supervisora clinica em consultório particular.

Luciana Mazorra

Psicóloga formada pela PUC-SP em 1997, com mestrado em Psicologia Clínica, pela mesma universidade, em 2001. Doutorado em Psicologia Clínica pela PUC-SP, em 2009. Especialização em Clínica e Psicoterapia Psicanalítica pela Universidad Pontificia Comillas, em Madri, em 2003. Aprimoramento em Psicoterapia do Luto, pelo LELu, e Psicoterapia com Crianças pela PUC-SP. Foi membro do Grupo IPE de 2001 a 2008. É psicoterapeuta, professora e supervisora do 4 Estações Instituto de Psicologia, do qual é cofundadora. Coautora do livro *O dia em que o passarinho não cantou* (Livro Pleno, 2000), co-organizadora do livro *Luto na infância: intervenções psicológicas em diferentes contextos* (Livro Pleno, 2005), coautora do capítulo "Luto complicado: considerações para a prática", do livro *A arte de morrer – Visões plurais, volume* 2, organizado por Franklin Santos (Comenius, 2009), coautora do artigo "Criança e luto: vivências fantasmáticas diante da morte do genitor" (Revista Estudos de Psicologia, 2007, v. 24, n. 4, p. 503-11), coautora do capítulo "Fatores de risco para luto complicado em uma população brasileira", do livro *Estudos avançados sobre o luto* (Livro Pleno, 2000).

Luiz Antonio Manzochi

Psicólogo formado pela Pontifícia Universidade Católica de São Paulo (PUC-SP); doutor em Psicologia Clínica pela mesma universidade, Laboratório de Estudos e Intervenções sobre o Luto (LELu); mestre em Gerontologia também pela PUC-SP; ; especialista em Teoria, Técnica e Intervenção em Luto pelo 4 Estações Instituto de Psicologia e em Psicologia Hospitalar pelo CRP/06. Membro do Grupo IPE de 2009 a 2014. Atualmente, é docente das Faculdades Metropolitanas Unidas (FMU-SP), ministrando aulas na Faculdade de Psicologia e realizando atividades de supervisão na Clínica Escola. Realiza atendimentos em consultório particular desde 1996.

Marcelo M. S. Gianini

Psicologo pela Faculdade de Filosofia, Ciências e Letras de Guarulhos em 1993. Psicólogo clínico e hospitalar com ênfase em Psico-Oncologia e Cuidados Paliativos. Doutorado em Psicologia da Educação em 2012 e mestrado em Psicologia Clínica em 2004 pela Pontifícia Universidade Católica de São Paulo (PUC-SP). Professor universitário, supervisor clínico e orientador de Psicologia Hospitalar pela Universidade Paulista (Unip). Integrante do Grupo IPE desde sua formação, em 2001.

Maria Angélica Ferreira Dias

Psicóloga formada pela Pontifícia Universidade Católica de São Paulo (PUC-SP), em 2003, com mestrado em Psicologia Clínica, pelo Núcleo de Família e Comunidade da PUC-SP, em 2008. Doutorado em Ciências pela Faculdade de Saúde Pública da Universidade de São Paulo, e em Gerontologia e Geriatria, com ênfase em Gerontologia, pela Universidade do Porto, em 2014 (cotutela). Tem aprimoramento em Luto pelo Laboratório de Estudos e Intervenções sobre o Luto (LELu) e em Psicanálise e Sociedade, ambos pela PUC-SP, em 2004. Está no Grupo IPE desde 2010.

Maria Helena Pereira Franco

Psicóloga, mestre e doutora em Psicologia Clínica pela Pontifícia Universidade Católica de São Paulo (PUC-SP), da qual é professora titular na Faculdade de Ciências Humanas e da Saúde e no Programa de Estudos Pós-graduados em Psicologia Clínica. Com pós-doutorado no Departamento de Psiquiatria da University College London e na London School of Hygiene and Tropical Medicine, é fundadora e coordenadora do Laboratório de Estudos e Intervenções sobre o Luto (LELu) da PUC-SP, responsável por ensino, pesquisa e extensão em luto e temas correlatos. Idealizadora e cofundadora do 4 Estações Instituto de Psicologia. Idealizadora e coordenadora do Grupo IPE, é autora de artigos e livros sobre morte e luto. Tradutora da obra de Colin Murray Parkes, publicado no Brasil pela Summus Editorial, é membro do International Work Group on Death, Dying and Bereavement (IWG).

Maria Inês Fernandez Rodriguez

Psicóloga, graduada pelo Centro Universitário Faculdades Metropolitanas Unidas (UniFMU). Mestre em Psicologia Clínica pela Pontifícia Universidade Católica de São Paulo (PUC-SP), Laboratório de Estudos e Intervenções sobre o Luto (LELu), em 2014. Especialização em Teoria, Técnica e Intervenção em Luto pelo 4 Estações Instituto de Psicologia de São Paulo, em 2009. Aprimoramento em psico-oncologia pelo Hospital do Câncer A. C. Camargo, em 2004. Esta no Grupo IPE desde julho de 2010. Atualmente, trabalha na Instituição Pró Ativa, realizando atendimento domiciliar com pacientes idosos crônicos em equipe transdisciplinar, desde junho de 2012, e realiza atendimento clínico desde fevereiro de 2003.

Mariangela de Almeida

Psicóloga clínica, graduada pela Universidade Paulista (Unip). Psicodramatista pela SOPSP – Sociedade de Psicodrama de São Paulo. Psicóloga hospitalar pelo Instituto Sedes Sapientae. Aprimoramento em Teoria, Pesquisa e Intervenção em Luto pelo 4 Estações Instituto de Psicologia. Atendimento clínico em consultório particular. Atendimento domiciliar, hospitalar e cuidados paliativos. Membro do Grupo de Intervenções Psicológicas em Emergências (IPE) desde 2008.

Priscila Diodato Torolho

Psicóloga formada pela Pontifícia Universidade Católica de São Paulo (PUC-SP), em dezembro de 2006, com mestrado em Psicologia Clínica, pela mesma universidade, em 2011. Aprimoramento clínico em psicoterapia para pessoas enlutadas pelo LELu, pela PUC-SP, em 2009. Membro do Grupo IPE de 2009 a 2014. Atua como psicóloga clínica em consultório particular e em programa interdisciplinar em ambulatório.

Rachel Roso Righini

Psicóloga graduada pela Universidade São Marcos (Unisa), com especializações em Psicologia Hospitalar (Unisa), Psico-Oncologia (Hospital Beneficência Portuguesa), Psicologia Perinatal (Gerar – Instituto Brasileiro de Psicologia Perinatal) e Neuropsicologia (Hospital das Clínicas). Integrou as equipes de Psicologia no Instituto do Câncer do Estado de São Paulo (Icesp) como psicóloga hospitalar ambulatorial e coordenadora do Grupo de Atendimento em Câncer de Cabeça e Pescoço, no Hospital Beneficência Portuguesa e Hospital das Clínicas da Faculdade de Medicina de São Paulo – Instituto de Psiquiatria. Formada na Fundação Susan G. Komen, ONG americana voltada à conscientização sobre o câncer de mama. É membro do Grupo de Intervenções Psicológicas em Emergências (IPE), do 4 Estações Instituto de Psicologia, desde 2007. Desde 2014, é psicóloga hospitalar do Hospital São Luiz – unidade Anália Franco, responsável pelos casos de pacientes de alta complexidade.

Reginandréa Gomes Vicente

Psicóloga formada pela Pontifícia Universidade Católica de São Paulo (PUC-SP) em 1993, com mestrado em Psicologia Clínica (Núcleo de Família e Comunidade), pela mesma universidade, em 1999. Especialização em Mediação Familiar e em Situações de Violência com formação pelo Instituto Diálogos-Bilden-Entidad/Argentina, em 2000. Está no Grupo IPE desde 2001. Atualmente, trabalha como Professora adjunta na Universidade Paulista (Unip) e supervisora no Centro de Psicologia Aplicada (CPA-Unip). Membro do Grupo de Pesquisa Relacionamentos interpessoais e Familiares na contemporaneidade (Unip-CNPQ) e da RIMI (Rede Internacional de Mediação Interdisciplinar), como associada e docente. Atua como psicóloga clínica em consultório particular.

Régis Siqueira Ramos

Psicólogo formado pela Universidade Paulista (Unip), em 2007. Especialização em Terapia Cognitiva-Comportamental pelo Ambulim/IPQ/FMUSP, em 2011, e em Teoria, Pesquisa e Intervenção em Luto, pelo 4 Estacoes Instituto de Psicologia, em 2012. Tem aprimoramento em psicologia hospitalar pelo Núcleo de Ensino, Qualidade e Humanização em Saúde (Nelis), em 2008. Está no Grupo IPE desde janeiro de 2008. Atualmente, trabalha em consultório particular, atendimento domiciliário, interconsultas em hospitais a pacientes terminais e professor convidado do Curso de Especialização em Terapias Cognitivas do Ambulim/IPQ/FMUSP.

Samara Klug

Psicóloga formada na Universidade Presbiteriana Mackenzie, em 2002. Tem especialização em Dependência Química pela Escola Paulista de Medicina (EPM/Unifesp) em 2005 e em Teoria, Pesquisa e Intervenção em Luto pelo 4 Estações Instituto de Psicologia em 2007. Participou do Grupo IPE de 2010 a 2014. Colaboração no livro *Álcool e drogas: uma visão fenômeno-estrutural*, organizado pelo prof. dr. Guilherme Messas (Casa do Psicólogo, São Paulo). Atualmente, trabalha em consultório com atendimento em português e inglês a adolescentes, adultos, casais e famílias de brasileiros e estrangeiros.

Sandra Regina Borges dos Santos

Psicóloga formada pela Pontifícia Universidade Católica de São Paulo (PUC-SP) em dezembro de 1985. Mestre (2000) e doutora (2005) em Psicologia Clínica (Núcleo de Família e Comunidade), pela mesma universidade. Membro do Grupo IPE desde sua formação, em 2001, até 2014. Professora universitária. Professora do curso de especialização em Psicanálise da Família e do Casal (Laços/Instituto Pieron). Atua como psicóloga e supervisora clínica em consultório particular. Capítulos de livros publicados: "A teoria do apego e o luto". In: Franklin Santana Santos (org.). *A arte de morrer: visões plurais*. 1. ed. Bragança Paulista: Comenius, 2010, v. 3; coautoria em *Morte, luto e gênero: a questão do gênero do profissional de saúde e do paciente frente às vivências do luto e da morte* e coautoria em "Ética e bioética". In: Maria Helena Pereira Franco (org.). *Nada sobre mim sem mim: estudos sobre a vida e a morte.* 1. ed. Campinas: Livro Pleno, 2005.

Sandra Rodrigues de Oliveira

Graduação em Psicologia pela Pontifícia Universidade Católica de São Paulo (PUC-SP), em 2003. Mestre em Psicologia Clínica – Casal e Família pela Pontifícia Universidade Católica do Rio de Janeiro (PUC-RJ) em 2008 e doutora em Psicologia Clínica – Casal e Família pela mesma universidade em 2014. Tem aprimoramento em Atendimento Psicológico a Pessoas Enlutadas pelo Laboratório de Estudos sobre o Luto (LELu) e Atendimento em Abordagem Fenomenológica pela PUC-SP (2004). Especialista pela Psicologia Hospitalar pelo Hospital das Clínicas da Universidade de São Paulo (2005). Membro do Grupo IPE desde 2004. Primeiro-tenente OTT Psicóloga do Exército Brasileiro. Atuações: Centro de Recuperação de Itatiaia – RJ (de 2008 a 2011)/Centro de Estudos de Pessoal e Forte Duque de Caxias – RJ (de 2011 até os dias atuais).

Suzana Padovan

Psicóloga formada pela Universidade Paulista (Unip), em 1984. Aprimoramento em Psicologia Hospitalar Aplicada à Mastologia no Instituto de Ginecologia e Mastologia (IGM) do Hospital Beneficência Portuguesa de São Paulo em 2001 e 2002. Psicóloga do Instituto de Ginecologia e Mastologia do Hospital Beneficência Portuguesa de São Paulo de 2002 até dezembro de 2009, com especialização em Psico-Oncologia pelo Núcleo de Estudo e Pesquisa em Psico-Oncologia (Neppon), em 2002 e 2003. Membro do Grupo IPE de 2004 até o momento. Psicóloga trainée da implantação do Programa Educação Salvando Vidas, pela Iniciativa Global para a Conscientização do Câncer de Mama Susan G. Komen e HIAE em 2009. Aprimoramento clínico para pessoas enlutadas no Laboratório de Estudos e Intervenções sobre o Luto da PUC-SP em 2009.

Viviane Cristina Torlai

Psicóloga formada pela Universidade Paulista em 2009, com mestrado em Psicologia Clínica (Núcleo de Família e Comunidade, Laboratório de Estudos e Intervenções sobre o Luto) pela Universidade Pontifícia Católica (PUC-SP) em 2010. Especialista em Psicologia Hospitalar pelo Nêmeton/Centro de Estudos em Psicologia e Saúde, com formação em EMDR (Eye Movement Desensitization and Reprocessing), reconhecido pelo EMDR Institute (Estados Unidos) e EMDR Iberoamerica. Membro do Grupo IPE desde 2004. Autora do capitulo "Impacto do luto em crianças hospitalizadas: o trabalho na clínica de hematopediatria", do livro *Luto na infância: intervenções em diferentes contextos* (Livro Pleno, 2005), organizado por Mazorra e Tinoco. Atualmente, trabalha como professora adjunta da Unip e supervisora no Centro de Psicologia Aplicada (CPA-Unip). Atua como psicóloga clínica em consultório particular.